U0128594

离乱弦歌

我们的西南联大

·求知卷·

梅贻琦 等著

中国文史出版社
CHINA CULTURAL AND HISTORICAL PRESS

图书在版编目（CIP）数据

我们的西南联大 . 求知卷 / 梅贻琦等著 . -- 北京：
中国文史出版社，2022.1
（离乱弦歌）
ISBN 978-7-5205-3349-2

Ⅰ . ①我… Ⅱ . ①梅… Ⅲ . ①西南联合大学—纪念文
集 Ⅳ . ① G649.287.41-53

中国版本图书馆 CIP 数据核字（2021）第 229589 号

责任编辑：高　贝

出版发行：中国文史出版社
社　　址：北京市海淀区西八里庄路 69 号院　邮编：100142
电　　话：010-81136606　81136602　81136603（发行部）
传　　真：010-81136655
印　　装：廊坊市海涛印刷有限公司
经　　销：全国新华书店
开　　本：787 毫米 × 1092 毫米　1/16
印　　张：18.75
字　　数：210 千字
版　　次：2023 年 4 月第 1 版
印　　次：2023 年 4 月第 1 次印刷
定　　价：58.00 元

代序

国立西南联合大学要览

梅贻琦

一、学校沿革

民国二十六年七月，平津陷于倭寇，北方各大学南迁，北京大学、清华大学、南开大学奉教育部命于长沙联合筹设新校，定名为长沙临时大学。以北京大学校长蒋梦麟、清华大学校长梅贻琦、南开大学校长张伯苓、湖南教育厅厅长朱经农、湖南大学校长皮宗石，及教育部代表杨振声等为临时大学筹备委员会委员，于十一月一日筹备就绪。理、法商、工三学院在长沙韭菜园圣经学校，文学院在南岳圣经学校分别上课。迨年终首都沦陷，武汉震动，乃西迁入滇。大部员生步行，于二十七年二月二十日离长沙，四月二十八日到昆明。并奉教育部命，改校名为国立西南联合大学，仍由三校校长为常务委员主持校务，于五月四日恢复上课，租借蒙自海关旧址等地为文、法商两学院校舍，租借昆明西门外昆华农业学校为理学院校舍。并租借昆明拓东路迤西会馆、全蜀会馆为工学院校舍。总办公处则设于城内崇仁街四十六号。同时在城西三分寺附近购地百二十余亩建筑校舍。是年夏，以文、法两学院远在蒙自，管理不便，并奉教育部命增设师范学院，因此又增租西门外昆华师范学校、昆华工业学校，并向云南省政府商借城内昆华中学南院、北院为校舍。师范学院即设于昆中北院，以南院为女生宿舍。文、理、法商三学院则分别在农校、工校等处上课，总办公处则迁设于才盛巷二号。二十八年春，复为办事便利计，迁至昆华工校。是年夏，新建校舍落成，勉敷理、文、法商三学院之用，并恢复各科研究所，仍由北京、清华、南开分别办理，以存三校之旧。二十九年夏，工校租约届满，迁总办公处于昆中南院。是时安南屈服于倭寇，云南戒严，奉教育部命于四川叙永筹设分校，置一年级生于分校上课，以备万一。是年冬，昆中南、北两院被敌机炸毁，复将师范学院迁入工校，总办公处迁至新校舍。三十年夏，以昆明局势稍稍稳定，复将叙永分校结束，另租昆华中学新校址一部为一年级生课室及宿舍。八月中，新校舍又遭敌机轰炸，旋赶即修复，十月初仍得按期上课。自去冬以来，因空袭渐少，省立各校陆续迁回昆明，至今夏昆中新校址及昆工之一部均须让还，而本年学生人数较去年复稍有增加，校舍支配遂更感困难。去年曾有于距城五里之龙院村附近购地另建师范学院校舍之计划，嗣以经费无着，而年来工料价目又复大涨，盖亦难望进行矣。

二、行政组织

本校行政由常务委员主持。遵照部章分设教务、训导、总务三处。教务处分设注册组及图书馆（兼理讲义印刷事宜）。训导处分设生活指导、军事管理、体育卫生三组（设校医室）。总务处分设文书、事务、出纳三组。

三、校舍及设备

本校仓促迁滇，员生众多，值当地各学校疏散至各县，乃得租借应用，同时并购地鸠工赶筑新舍，其间因租约及敌机轰炸等关系，仅工学院始终设于拓东路迤西及全蜀、江西三会馆内；此外，各学院屡经播迁，二十八年夏，自建校舍落成，文、理、法商三学院乃有稳定校舍。自总办公处迁入新舍后，全校重心，亦移于此，计占地一百二十余亩，位于昆明大西门外，负山附廓，远隔市廛，地既清静，宜于读书。图书馆即设于此，阅览室可容八百人，拓东路工学院分馆阅览室系一会馆大殿改造，可容四百人，师范学院分馆可容二百人。分设于各学院之专门期刊室，每室可容三五十人不等。截至三十年底自购藏书，计中文书籍二万九千七百余卷，西文书籍一万二千一百余册，其中大部分系三校藏书迁运来滇供本校利用者，其余系在湘滇就地采购及由国外购来或经外人赠送者。至于理工方面设备，本校成立时，曾得中华教育文化基金董事会补助十万元。又管理中英庚款委员会补助二十五万元，用于理工设备者约二十万元。是时物价尚未上涨，海外交通未受阻隔，本校得以购备急需之物品，嗣后三校运滇之仪器机械已有相当数量，加以本校历年经常费内陆续增购者，以较三校原有设备虽相去甚远，尚能勉敷教学之用。各系实验室自新校舍落成后，亦粗具规模。工学院学生所需实习工厂，则就租用之会馆房屋，商得业主同意，加以改筑，一切设备，皆由理工设备设计委员会负责筹划。本校成立之初，每年预算保留百分之二十作添置图书设备之用。近两年来一因海外交通断绝，一因物价腾涨，薪津、办公各费常感不敷，不得不将设备预算酌为匀减。此亦目前权宜之办法耳。

四、院系情形

本校现设文、理、法商、工、师范五学院，计分二十六系。工学院附设电讯专修科，师范学院附设初级部。三十一年度注册学生，计男二千四百五十一人，女三百二十七人，共二千七百七十八人（梅注："此数最后尚有增加，请与注册组核对。"）。分院统计文四百一十二人，理三百二十二人，法商八百九十一人，工七百八十四人。师范二百七十六人，先修班九十三人，研究所六十人，各院系教师计文七十七人，理一百零六人，法商四十二人，工七十三人，师范三十六人，连同先修班及各系共同修习之体育军训等教师共计三百五十八人。历年毕业生共计五百八十一人（三校旧生在联大毕业者未计入），除入研究院深造者外，大都服务于军政学及各实业机关。每届暑假，各界纷纷来函征用，供不应求，尤以理工两院毕业生为甚。然本校各科研究所系由三校分别办理，已见上述，现设科部，计文科研究所，设有：（一）中国文学部；（二）外国语文部；（三）历史学部；（四）哲学部。理科研究所设有：（一）算学部；（二）物理学部；（三）化学部；（四）生物学部；（五）地学部。法科研究所设有：（一）法律学部；（二）政治学部；（三）经济学部；（四）社会学部。工科研究所设有：（一）土木工程学部；（二）机械（附航空）工程学部；（三）电机工程学部。

五、学生生活

本校学生大多数来自战区，生活至为艰苦。全校学生二千八百余人，持贷金及补助金生活者，达十分之七八。但贷金仅勉敷膳食。年来昆明物价高涨，以较战前约在百倍以上，各生必需之书籍纸笔以及布鞋等费，最少限度亦月需二百元左右。唯在艰难困苦中，反易养成好学勤勉之习。每值课后，群趋图书馆，

第四辑　教授群像：先生之风，山高水长

第一辑

校风校制：坚毅刚卓，民主治校

西南联大的校风和校训

杨光社

一、西南联大的校风

西南联合大学的校风，不是北大、清华、南开三校优良传统的简单相加，而是在新的环境和历史条件下，相互依存、联系、渗透、影响以至融合而发展形成的。在三校原有的基础上，经过融会贯通、发展创新，形成了既与三校有共同之处，又独具特点的新的联大校风。笔者 1942—1946 年在联大师院国文系后转文学院中文系毕业，对联大校风有深切的感受。我以为，联大校风概括起来是："民主自由、严谨认真、团结合作、开拓创新。"

（一）民主自由

西南联大的民主自由蔚然成风，"内树学术自由之规模，外举民主堡垒之称号"，是人所共知的。现就治校方针、培养目标、组织机构、教学科研与民主运动等几方面简述如下：

1. 治校方针

西南联大治校方针，是在学校领导和广大师生与国民政府的教育统制政策斗争中，继承和发扬优良传统而形成的。抗战初期，国民政府的态度比较积极，在政治上开放了某些民主，在教育上

西南联大的组织机构和管理工作

杨光社

　　西南联合大学（以下简称西南联大），自一九三八年五月四日在昆明正式上课，至一九四六年五月四日胜利结束，历时整整八年。八年中，"尽笳吹，弦诵在山城，情弥切"（西南联大校歌）。西南联大人才荟萃，学者云集，成绩卓著，闻名中外，在我国教育史上谱写了新的篇章，留下了光辉的一页。著名教授王力的《缅怀西南联合大学》一诗，是很好的真实写照："卢沟变后始南迁，三校联肩共八年。饮水曲肱成学业，盖茅筑室作经筵。熊熊火炬穷阴夜，耿耿银河欲曙天。此是光辉史一页，应叫青史有长篇。"（癸亥立秋前三日录缅怀西南联合大学附《春城晚报》留念）

　　一九三七年七月，抗日战争爆发后，北平国立北京大学、国立清华大学、天津私立南开大学南迁湖南长沙。一九三七年十一月一日，联合成立"国立长沙临时大学"。一九三八年二月，学校西迁昆明，四月二日改名为国立西南联合大学，在昆明设理、工学院，并增设师范学院。在蒙自设文、法商学院（一学期后迁来昆明）。一九四〇年在四川叙永设分校，有一年级和先修班，第二年亦迁来昆明。

　　全校共有五个学院，二十六个系，两个专修科，一个先修班，是当时全国规模较大的一所综合性大学。教师三百余人，以一九四二年为例：教师 358 人，其中，文学院 77 人，理学院 106 人，法商学院 42 人，工学院 73 人，师范学院 36 人，其他 24 人，教师分教授、副教授、讲师、助教四级，其中，教授、副教授 170 余人，占教师总数约二分之一。全校职工 400 余人。

……

西南联大之所以人才辈出、举世闻名，有多方面的原因和条件，其中，精简严密的组织机构和独具特色的管理工作是重要因素之一。笔者 1942—1946 年在联大中国文学系学习，身历其境，亲见亲闻，有比较深切的感受。

一、严密的组织机构

西南联大的领导管理体制和行政组织系统，是常务委员会领导下的处、院、系分工负责制。现分述如下：

1. 最高行政领导机构——常务委员会

常务委员会负责领导全面工作，管理一切校务。由北大校长蒋梦麟（分工负责总务）、清华校长梅贻琦（负责教务）、南开校长张伯苓（负责建筑设备）三人和秘书长杨振声组成。设主席一人，由三校校长按年轮流担任。但因蒋梦麟、张伯苓在外地另有其他任务，经常不在学校，一直是梅贻琦担任主席。张伯苓委托蒋梦麟参与学校大政。蒋梦麟则对梅贻琦说："联大校务还请月涵先生多负责。""在联大我不管就是管，这是实话，从而奠定了三校八年合作的基础。"常委会定期召开会议（一般都开扩大会），请各处、院长参加，讨论决定重大事宜。常委会的决定，由主席负责执行。

2. 常委会领导下的行政机构——处、组、馆、室

常委会下设秘书、教务、总务、训导四个处。除秘书处外，

会，财务财政设计委员会，学生宿舍管理委员会，实习工厂稽核委员会，战区学生救济及苦寒学生贷金委员会，毕业生成绩审查委员会，国防技术指导委员会，聘任委员会，防空委员会，迁校委员会，编制"校歌""校训"委员会等，不再一一列举。以编制"校歌""校训"委员会为例：1938 年 10 月 3 日，成立编制"校歌""校训"委员会，选出主席和委员，并进行工作。主席：冯友兰；委员：朱自清、罗常培、罗庸、闻一多。1938 年 11 月 26 日，决定以"刚毅坚卓"为联大校训。

7. 科研机构——三校研究所

北大、清华、南开三校联合后，各研究所仍各自独立，分校管理。

三校共有五个研究所：

①文科研究所。下设十个学部和部分：中国文学部（语言文字组、文学组，均属清华），外国文学部（清华），哲学部（清华），历史学部（清华），史学部分（北大），哲学部分（北大），语学部分（北大），中国文学部分（北大），考古部分（北大）；人类学部分（北大）。

②理科研究所。下设七个学部和若干个组：算学部（北大、清华、南开），物理学部（清华、北大），化学部（北大、清华、南开），生物学部（动物学组属北大、清华，植物学组属清华、北大，昆虫学组属清华，生物学组属清华、北大），地学部（地质学组属清华，地理学组属清华，气象学组属清华），地质学部（北大），心理学部（清华）。

③法科研究所。下设四个学部和若干个组：法律学部（分三个组：中国法律史及法律思想史组、国内司法调查组、犯罪学组，均属北大），政治学部（国际法组属清华，行政组属北大，国际关系学组属北大），经济学部（经济理论组属清华、北大，国际经济

组属清华，财政与金融组属北大），社会学部（清华）。

④商科研究所。下设经济部，共有五个组：经济理论组、经济史组、农业经济组、工业经济组、统计学组。均属南开大学。

⑤工科研究所。下设三个学部和若干组：土木工程学部（下设水利工程组、结构工程组），机械及航空工程学部，电机工程学部（下设电力工程组、电讯工程组）。均属清华大学。

研究所所长一般由原校学院院长担任。学部主任由各学系主任担任。

二、独特的管理工作

西南联大的管理工作是独具特色的。西南联合大学，联合了些什么？联大八年，是三校优良传统互相融合并取其所长、避其所短的八年。其共同点是"民主办校、重视科研、学术研究自由"。联大的整个管理工作，我不能全面概述，只能就自己的亲见亲闻、亲身体验，写几点具体感受。我的感受可用下面几句话来概括："围绕中心，谨严认真；团结合作，民主精神；发扬传统，开拓创新；筚路蓝缕，不辞艰辛。"

（一）围绕中心，谨严认真

西南联大既以教学为中心，又以科研为中心。教学与科研并重，二者并不矛盾，相辅相成，互相促进。学校一切工作都把教学与科研融为一体，并围绕这个中心，积极为它服务。

常委会主席梅贻琦系1909年（宣统元年）清华第一届留美公费生，工科博士。回国后，多年担任清华大学校长职务，经验丰富，治学严谨，富有远大理想，一向重视教学与科研的领导和管理工作。他对师生员工，既严格要求，又热情关怀。在极端困难的情况下，仍尽量提供图书、仪器、设备和有关条件。

各院系领导人和广大教师都在教学第一线，充分备课，认真教学。并以科研成果丰富更新教学内容，提高教学质量。学校学术空气浓厚，既研究传统基础科目，也研究新的理论科技，并能面向社会，调查研究，在教学中检验是否充实。

在广大教师中，教学与科研并重，做出显著成绩的，数不胜数。仅就我所熟知的举一两个例子来说明。如举世闻名的民主战士、著名教授闻一多，在教学上，他开《诗经》《楚辞》、唐诗、《庄子》等课程，在科研方面，他研究的著作有《神话与诗》《楚辞校补》《尔雅新义》《庄子内篇校释》《唐诗杂论》《诗选与校笺》等等。他的科研考索赅博，立说新颖，与教学紧密结合，有很多独到见解，深受同学欢迎。又如著名教授朱自清，开中国文学史、历代诗选等课程；研究著作有《〈文选序〉"事出于沉思，义归乎翰藻"说》《古诗十九首释》《中国文学史纲要》等。教学、科研结合，质量很高。他讲课认真，对学生要求严格。他说："文化是继续的，总应该为下一代人着想。"要"做尖兵的一份儿"。他既重视基础知识的讲授，又提倡学生独立思考。定期要求学生交读书报告，仔细批改。除期中、期末考试外，还有多次小测验。考试题目，除基础知识方面的以外，还有大量的让学生独立思考、发表创见的内容，对学生的启发教育是很大的。

学校的规章制度比较健全，并且能严格执行。各级领导人一般都能以身作则，作出榜样。教学、科研、行政事务工作紧密结合，浑然一体，有条不紊。聘请教师、招收新生、期中期末考试、评定成绩、升级留级、毕业、开除等，都能做到秉公正直，一视同仁，不讲情面。任何人包括校常委会主席，各处、院、系领导人和社会上达官显贵的子女，都不例外，所以保证了学生的质量。

师资的聘任提升由各系推荐，常委会讨论决定，层层负责，不是个人说了算。招生严格，要求较高，不易录取，因是名牌大学，学生慕名报考，人数较多，挑选余地大，录取质量高。学校不定招生指标，按报考志愿合格人数，决定招生人数，所以有的系只有一个或几个学生。大学一年级，要求特严，共同必修课，多是院系负责人或名教授担任，如许宝騄的微积分，杨石先的普通化学，李继侗的普通生物学，郑华炽的普通物理，雷海宗、吴晗的中国通史等，都很不容易考及格。各院系都注重本学科的基础，本院系的大一必修课，必须在 70 分以上，才能进入本学系，所以有的人被迫转系。还注意课程的连续性，上年的学科不及格，不得选下一年的有关学科，如大一英文不及格，不能学大二英文。三分之一学分不及格者留级，二分之一学分不及格者开除，毕业论文不及格不得毕业，必修课不及格必须重学，直到及格为止。

教授对讲师、助教一向要求严格，一丝不苟。如中文系教授、系主任罗常培对中文系一助教把"病入膏肓"读成"病入膏育"非常生气，严肃批评，又经过考核，那个助教确实不称职，即予以解聘。反过来，教授"反求诸己"，对自己要求更严，孜孜不倦，刻苦钻研，以高质量的教学、教育感染学生。通过考试、作业、论文，发现人才，选拔人才，为留助教、招收研究生做好准备。著名物理学家，诺贝尔奖获得者杨振宁说："西南联大的教学风气是非常认真的。我们那时所念的课，一般老师都准备得很好，学生习题做得很多。所以在大学的四年和后来两年的研究院时间，我学了很多东西。""在联大我有十分扎实的根基。"

学校机构精简，人员精干。对职工要求也很严格。一般职工都能遵守纪律制度，按时上下班，恪尽职守，完成各自的任务，工作效率是比较高的。有一天上午九时，常委会主席梅贻琦发现有一个办事员，预行警报后就离开工作岗位，马上召集职员开会，"严予警诫"。

第一辑　校风校制：坚毅刚卓，民主治校

（二）团结合作，民主精神

常委会主席梅贻琦接受原北大校长蔡元培"囊括大典，网罗众家""兼容并包"、清华大学"治学谨严"和南开大学校长张伯苓"允公允能"的思想，并能结合联大的实际，运用裕如，进一步结成"通家之好"。他勤勤恳恳、公正廉明，以诚待人，博得广大师生的信任，有很高的威望。沈刚如说："八年之久，合作无间，取长补短，相得益彰。梅校长主持期间，以集思广益，兼容并包之精神，内创学术自由之规模，外树民主堡垒之称号，卓有成就地完成战时教学之使命。"全校师生之间、上下左右之间，相处融洽，团结一心。《国立西南联合大学纪念碑》中指出："三校有不同之历史，各异之学风，八年之久，合作无间，同不妨异，异不害同，五色交辉，相得益彰，八音合奏，终和且平。"这段记载言简意赅，非常中肯。

西南联大确实是精诚团结的。精诚所至，金石为开，大家为着一个共同的目的，即办好联大，培养人才，团结奋斗，终于取得显著效果。著名教授郑天挺说："大家互相尊重，互相关怀，谁也不干涉谁，谁也不打谁的主意。学术上、思想上、政治上、经济上、校风上，莫不如此。后期，外间曾有压力，谣言不时流布，校内则始终团结。"本来教师有不同的思想作风和学术观点，师生有不同的政治见解，意见分歧乃至互相争论是难免的，也是正常现象。特别是在民主运动中，政治态度、思想观点上的斗争，尤为激烈。但大家都有强烈的爱国思想，在艰苦抗战的岁月里，必须共度时艰，越是困难，越要紧密团结，才能把学校办好。大家都有热爱联大的思想感情，有共同的荣誉感和责任感，什么门户之见、师承关系，都不那么强调了。所以，大家都能互相尊重，互相支持，密切合作。特别是在形势紧急时期，更是不分彼此，风雨同舟，和衷共济，完成事业。敌机疯狂轰炸昆明的时期，为了保障师生工作和生命财产的安全，不少教师对待工作，不分分内分外，抽出时间和学校职工一起，为教师和家属找安全的疏散住地，同时疏散图书、仪器和设备。还远到外县去买粮、运粮，使全校不至于断绝粮食，影响工作和生活。

在管理工作上，充分发扬民主，实行民主管理。

西南联大不仅在政治上、思想上和学术上是民主的，而且在管理工作上也显示了民主精神，实行民主办校。梅贻琦曾经说过："大学者，非谓有大楼之谓也，有大师之谓也""吾从众"。他的作风十分民主，很尊重大师们的意见，尊重各级领导人，各专门委员会和教授会成员们的意见。各院、处长列席常委会，加强了领导力量。全校大事，召集校务会议和教授会讨论，请大家充分发表意见。在讨论中，各抒己见，有时争论很激烈。梅贻琦能"从容审度其间"，作出"各如其意"的正确决策，得到大家的一致拥护。

常委会对各处、院、系的领导也是民主的，给予充分的自主权。各处、院、系领导人可以放开手脚，大胆负责地干。但他们不是个人专断，每遇重大问题，即召集有关人员开会，让大家充分讨论，虚心听取意见，然后作出决定。因为这样，调动了大家的积极性，广大教师不仅出主意，想办法，献计献策，而且实际努力，埋头苦干，做好工作。

各级机构领导人都比较精干，只设一个正职，从来没有副职，也不要什么秘书。这些领导人，凡是他分内的事，都是亲自动手，工作效率很高。他们不是单纯地只搞行政领导工作，而是都教一门主要课程，还要保证较高的教学质量。各级领导人，如果出缺，就立即选择恰当的人补上，衔接很好，顺理成章，有条不紊。各处、院、系领导人从来没有青黄不接、无人负责的混乱现象。

腹，何谈营养？穿的多是蓝大褂、破袜子、旧皮鞋，破了又补，补了又破。因经济困难，不得不到校外兼职，有的做家庭教师，有的到中学兼课，有的做商店会计，有的甚至卖报、当役差，什么都干。总计到校外兼职的约占学生总数的二分之一。有的同学被迫休学，读书又去教书，教书又来读书，好不容易才读到大学毕业。

教师也很艰苦，生活待遇每况愈下，薪水微薄，物价飞涨，难以维持一家人的生活。有的教授一天只能吃一餐干饭、一餐稀饭，勉强度日。"马约翰家里，常常没菜而吃白饭。""汤用彤卖掉皮氅，常吃稀饭过活。"由于生活所迫，很多教授不得不到校外兼课。这样也还感到困难，如闻一多教授，还要刻制印章，每天在油灯下工作，直到深夜。

在困难殷忧、物力维艰的情况下，学校领导和广大教师节衣缩食，为国分忧，勤勤恳恳，献身教育事业。这种精神是难能可贵的。1941年，教育部对兼行政工作的教授发给"特别办公费"。但各处、院、系负责人不愿接受，联名上书："抗战以来，从事教育者无不艰苦备尝……十儒九丐，……故虽啼饥号寒，而不致因不均而滋怨。"校常委张伯苓主张"办事认真，时时事事请求效率，用人少，花钱少，办事多"。校常委会主席梅贻琦坚持勤俭办学，处处精打细算，修旧利废，物尽其用，人尽其才。不讲排场，不摆阔气，不弃置一物，不浪费一分，把有限的钱物用在无限的教育事业上，用在教学、科研和全体师生的生活上。

梅贻琦本人，严以律己，身体力行。租住民房，因为房屋太窄，只好在阶沿放上椅子，作为客厅。他艰苦朴素，穿的经常是一件灰长衫，吃的是白饭拌辣椒，有时吃上菠菜豆腐汤就很满意了。为了工作，有时去乡下，步行一二十里，来往奔波，不辞艰辛。有时出差，为了节省开支，尽量坐车，不坐飞机。他常以孔子"东奔西跑，恓恓惶惶，被困于蔡，绝粮于陈，但对教育事业始终如一"的精神自勉，并勉励他人。

常委会主席梅贻琦真是"其身正，不令而行"啊！

谈联大的选课制及其影响

李　埏

西南联大是从北国播迁而来的。它的校舍设备极为简陋，师生生活十分清苦，一切物质条件不唯不能和昔年的清华、北大、南开相比，事实上也远不如战前的二三流大学。可是，它培育的人才之盛，却为解放前的任何大学所不及。许多人赞誉它，称它是中国高等教育史的奇迹。怎么会出现这个奇迹呢？这就很值得治现代中国教育史者之认真探讨了。我们，作为曾在这个大学里的亲受业者，有义务将亲见亲闻以及切身感受写出来以供采择。这里，拟就西南联大的选课制度和与之密切联系的学风问题回顾一下，希望得到校友们的订正和补充。

西南联大由北大、清华、南开三校联合组成。三校都是著名学府，在国内外享有盛誉。它们各有各的特点和风格，培育了各种人才。现在，三校联合为联大，它们的特点风格也汇合在一起，成为联大的特点和风格。但这种汇合不是简单的相加，而是融合成一种既同于北大、清华、南开，而又不完全同于任何一校的新特点和新风格。这种情况表现于联大的各方面，选课制度也是这样。

关于联大的选课制度，《云南师范大学校史稿》第四章第二节

《学分制及其他》已有记述。它指出：按照当时的《大学规程》，文、理、法商、工学院学生 4 年中必须修满 136 个学分，其中包括必修课和选修课两种。这两种课程的学分比数，各学院略有不同。文学院的必修课为 50 学分，选修课为 86 学分，后者所占比重很大。法商学院、理学院的选修课学分也大致如此。显而易见，选修课学分之多是这一制度的突出特点。然而不仅如此，西南联大还把选修办法扩大于必修课程。如文法学院学生，按规定，必修一门自然科学，但可以由学生在数学、物理学、化学、生物学、生理学、地质学中任选一门。学校又规定，必修两门社会科学，由学生在经济学、政治学、社会学中任选其二。又如哲学概论和科学概论二者都是必修课，但学生选修其一便可以了。如中国通史、西洋通史、大一国文、大一英文等课程，都同时开出几个班，由不同教师担任，学生也可以选修某一个班。我在校学习时，中国通史分别由三位教授担任，我选的是钱穆先生讲授的。英文的班次更多，我选的是潘家洵先生讲授的。由此可见，选课制也渗入必修课程之中，不过范围略有限制罢了。

至于 86 个学分的选修课，那就没有院系的限制了。你可以选本系的课，也可以选别系的，还可以跨学院选课。例如，潘家洵先生开的英语语音学是外国语文学系的必修课，陈梦家先生开的文字学概论是中国文学系的必修课，而我并非该两系的学生，也都选习过。只要上课时间对你没有什么不便，得到任课教师在你的选课单上签字同意，你就可以正式选修它。假如你听课后，觉得对你不合适，在两周之内还可以退选，改选别的课程。很显然，这种选课制给学生们对于学什么的问题以很大的自主权。可以说，这是西南联大教学制度上的一大特点。

这个特点也是优点。它的优越性由于有下列的特殊条件而更加突出了。

一个是教师阵容的强大。西南联大教师中著名学者之多，水平之高，是无与伦比的。如果不是某方面的专门学者不可能得到西南联大的教授聘书。教授所讲多是自己的创造性研究成果。如：陈寅恪先生讲授隋唐史，开始时他首先说明："前人讲过的，我不讲；近人讲过的，我不讲；外国人讲过的，我不讲；我自己过去讲过的，也不讲。现在只讲未曾有人讲过的。"一学年的实践证明，寅恪先生所讲确是他发人之所未发的独到之见。当然，能与寅恪先生比肩的人并不多，但也总得各有自己的"一手"。没有相当水平的专长，任何一个教师是不能走上讲坛的。而许多选修课程又都是教授研究有了新的成果而新开的，有些则是按照当时时代的需要和国外学术上的新发展而增设的，因此年年都有新课开出。至于有些比较专门因而选修人数不多的课程，即使只有几个同学选修，也照样开设。因此，每当学年伊始，教务处公布全部课程，无数的课程单把好几堵墙壁都贴满了，真是壮观！学生们一连几天在课程表前挤来挤去，记下自己要选的、想听的课程。那是知识的海洋、学术的群峰。莘莘学子有幸跃入这个烟波浩渺的海洋，踏上攀登那些高峰的道路，他们深恐竭尽四年的青春年华，还望不到大海的彼岸和高峰的光辉顶点，所以许多人都按学分数的上限多选课程，但多不能选尽自己想听的课程，于是出现一种令人惊异的现象——不少课程旁听的人数比选课的还多。例如钱穆先生的中国通史，选课者数十人，而旁听者竟多达数百人，以至座无虚席，门前窗外皆满。陈岱孙先生的经济学概论也是如此。若不能捷足先登，抢个座位，那就很难好好笔记所闻了。选修课门数之多，质量之好，加上选课范围之广泛和自由，就使选课制的优越性得以充分显现出来。

另一个条件是学生多属一时之秀，能够较好地利用选课制度。西南联大是驰名中外的学府，吸引着无数有志青年的向学之心。

当时是各大学自行招考，考生只要有中学毕业文凭，便可自由报考。只要考试时间不冲突，考生可以考了甲校，又考乙校、丙校。但谁都想考上西南联大，所以报名者特别多。这就给学校提供了一个优先地、广泛地挑选高才生的机会（西南联大录取新生很严格，从未有"走后门"之说），因此，经选拔录取的学生一般都是成绩优异、基础扎实，特别是中、英文水平都较高，自学能力较强的。

大家怀着爱国的热忱，学习的积极性很高。许多同学读完一年级后，便开始确定自己的努力方向和中心，然后围绕自己的方向和中心，选习有关的课程，为造就自己成为某种专门家而"配套"。不少人的毕业论文就是这种"配套"学习的成果，因而具有一定的学术水平，受到学术界的重视。选修课的门类繁多，学生们不难依据自己的爱好和志趣去选习。当然，他们可以请教老师和同学指导修订配套的方案。这种选课制是多出人才、快出人才的最佳途径。它激发每个学生的学习积极性，最大限度地排除对学生特长的局限。选课制的优越性从学生方面显现得更清晰了。

又一个条件是课程设置的合理性。大部分必修课开在一年级，小部分开在二年级，以后几乎就全是选修课了（三、四年级的专业必修课只是少数几门）。必修课就是现在叫做基础课的那些课程，如大一国文、大一英文、中国通史、西洋通史、两门社会科学、一门自然科学等。这些课给学生以宏观的通识，奠定学生的广阔基础。有了这种宏观通识和广阔基础，学生乃能结合自己的爱好和特长，寻求自己努力的方向和中心，从而计划选习哪些课程。尤其值得注意的是，西南联大对这些基础课程，总是延聘学问最渊博、教学经验最丰富、最为学生景仰的知名教授去讲授。例如：大一国文、大一英文，开设班次多，几乎是全系主要教授都参与教学，而教学经验较少的教师，却很少被分配担任这最基础的课程。中国通史请钱穆先生、雷海宗先生、吴晗先生讲授，哲学概论请汤用彤先生、金岳霖先生、贺麟先生讲授，经济学概论请陈岱孙先生讲授……（青年教师一般只能开专题式的选修课）。从教学效果看去，这样安排课程是最佳的选择。因为这些必修课范围广，内容多，系统性强，非学识渊博、经验宏富的老教授难以驾驭，并给学生以最大教益的。西南联大的学生入学后就能够听那些知名教授的深入浅出的讲课，因而能很快地对所学专业获得宏观通识的基础知识，这就为建立自己的方向和中心创造了前提条件，并为如何选课、选什么课，换言之，为如何"配套"，提供独立思考和工作的一定能力。这个条件使选课制的优越性得以较好的体现，并获致预期的效果。

当时，全国各大学都实行选课制，但西南联大获得的成效最为显著。考其原因，就是西南联大的条件最好。这些条件不唯使选课制的优越性充分显现出来，而且通过选课制（也只有通过选课制）把自己的优越性发挥出来。下面，让我们略谈一谈选课制所结出的丰硕成果。

第一，它造就的人才既多且优。不言而喻，任何学校总是以培育优秀人才为目的的，因此，我们评价一所学校也应以此为首要标准。其他方面，如校舍之美、图书之富、仪器设备之先进……当然也很重要，但比之培育人才之多寡，就显得次要了。试看，有的大学虽然物资设备很好，但培育出的人才寥寥，所以仍不为社会所重。反之，物资设备即使简陋如西南联大，但人才辈出，则仍被海内外誉为第一流的。有人估计，西南联大教师中著名学者人数与教师总数之比和学生中毕业后成为知名人士的人数与毕业生总数之比，均是最高的；不仅在国内堪称巨擘，即较之国外著名大学亦不稍让。就我所知，不少同学毕业时已具备成为某种专家的条件；他们的本科毕业论文多达到相当高的水平，受到学术界的重视。只要毕业后继续努力,不要很久,就可以有所建树。还有一些更杰出的同学,尚未毕业就已经成为某方面的年轻专家了。其所以然,配套选课使他们的爱好和长处得以迅速成长和较好发挥,是关键的契机。因为年轻人的爱好和长处是多种多样、各不相同的。对他们的教育,应该是因材施教、因势利导,尽可能使他们每个人的爱好和长处得以充分发展。若用一套课程把不同爱好、不同长处的学生捆在一起学习,这样做的结果常常是爱之适足以害之,使许多学生的爱好、长处,甚至于天才,被抑制、被伤害了。矫正的办法只有多开设选修课程,破除院别、系别的界限,让学生们自行选习,而且由于学生的爱好和长处多种多样,应允许他们跨学科、跨学系、跨学院,配套选课。对于扩大知识面、活跃思想、接触更多的老师和同学,莫此为便。同时,也使自己选定的努力方向和中心得到最好的发展。与我同窗的许多学长和畏友便是这样成长起来的。我在钱穆、吴晗、张荫麟诸位老师的启迪下,也是这样做的(虽然由于鲁钝,我未能实现他们的期许)。当然,不能说每个学生都能很好地、充分地利用选课制的优点,但只要这种制度存在,任何学生都有可能得到成才的最好机会。因此,西南联大能够培育出很多人才,学生成才率达到很高的程度。

第二,教师的素质和教学的水平不断提高。选课制既然给学生们以选课的自由,学生们便可以自行决定选什么和不选什么。每个学生如何决定,不仅取决于他如何配套,而更多的是取决于教师讲得怎么样。因为配套并无一个固定的、不可稍事改变的方案。围绕学习的方向和中心,完全可以灵活地去选配。比方,本应选某门课程,但没有那门课程,那么改选一门内容相近的或虽不相近但与方向和中心也有关系的课程,也是常有的事。好在选修课是那么多,配套总是不难的。假若应选的那门课程虽有,但教师讲课质量不佳，那么，学生当然可以不选或改选其他课程。前面讲过，学校规定：开学后两周之内，学生对已选课程可以退选、改选。选课时须任课教师签字，退选时也须那位教师签字。不言而喻，一位教师开出课程，若无学生选习，他还能教下去吗？即使有学生选习，但不几天又纷纷退选，那就更难堪了。西南联大的学生，由于基础好，又经过一年级听著名教授讲必修课的训练，一般都具有较好的鉴别力，口味是比较高的。他们怎么肯把宝贵的时光花去听索然无味的讲课呢？这对于教师们，尤其是年轻的教师们，是一种巨大的推动力量。它促使他们努力研究，尽力提高自己的教学质量。同时，它也是一种钳制力量。它使掌握聘请教师权力的领导者不能容许不学无术的人尸位素餐（即使是他的至亲好友）。西南联大的课程开设还有一种情况，就是常见几位教师同时分别开一门课。不仅公共必修课，因学生多，总是分为几个班，由几位教师分别讲授，就是选修课也有一门课程由几位教师同时分别开出的。学生们常常这个老师的听一听，另一个老师的也听一听，总觉得各有千秋，难分轩轾。记得，有一年《楚辞》这门选修课，同时开出三个班，闻一多、游国恩、罗庸三位教授分别讲授，此外彭仲铎、唐兰教授也先后开过这门课。这样开设课程，结合学生的自由选修，便无形中使教师之间展开竞争。不过，这种竞争是"其争也君子"，只会促使每位教师努力增进学殖，提高教学质量，而不致引起互相倾轧排挤的弊病，因为竞争优劣的鉴定既不是靠手腕，也不是靠谁的庇护，而是靠学生的选课单和校园舆论。而选课单和校园舆论，是只有学术水平和教学质量能得到学生敬重的教师方能赢得的。

第三个重要成果是树立起优良的学风。学生的自由配套选课符合学生的爱好和长处，因而能最大限度地激发学生的学习热情，在学生中造成一种刻苦好学的风气。教师方面，由于开课成败的刺激和鼓舞,也人人思奋,于是形成一种勤奋治学、力求有所创获的学术气氛。这种气氛使绝大部分教师毕生尽瘁于学术研究和教学工作。许多知名教授,尽管学术地位已经很高了,但仍孜孜矻矻,至老不衰。这对青年学生有很大的感染力,实是一种不言之教。

西南联大的学风还有一个值得称颂的特点,那就是,门户之见、文人相轻的陋习是比较少的。这个大学,像不择细流的湖海一样,把许许多多的专家学者汇集在一校之内。一位教授,在他研究的那个学术领域内可能是不容争辩的权威,但在那个领域之外,还有很多领域、很多权威。对那许多领域,即使是最渊博的学者,也总有很多不是他专长的。那成百上千的选修课,个人所能开出的不过数门,这就不能骄人了。我在校时,常常听到我很心折的一些老师谦逊地说,自己对某方面所知甚少,某个问题最好向某位教授去求教。这种态度给我以深刻的教育。我又看到已经颇负盛名的教授去到别位教授的讲堂里,和学生们同坐在下面一齐听课。例如沈有鼎先生就是这样。这里顺便谈一件小小的掌故。20世纪40年代初,二十来个青年,有的是毕业不久的,有的是尚未毕业的,有的是学历史的,有的是学哲学或社会学的,相约组织了一个学会,我参加了。闻一多、潘光旦等好几位教授也乐意地参加了。学会叫作"十一学会"("十一"二字合起来是"士"字),意即"士子学会",由丁则良、王逊、何炳棣召集,每两周聚会一次,轮流一人(教授或学生)做学术报告。教授报告时,学生们固然去听讲;学生作报告时,教授同样去听讲。听后都同样地加以讨论。教授们一再向学生说:"你们也可以做老师嘛!"当我做毕业论文时,我的导师张荫麟先生鼓励我说:"在学问的总体上,你们青年现在不可能超过我们,但在某一点上,你们已经完全可以超过我们了。"这种学术空气,回忆起来,真是如沐春风，令人不胜神往。

　　以上所述，当然不能说全是选课制的产物，但选课制起了决定性的作用，我想是可以肯定的。作为一个曾在西南联大亲受业的学生，我是深有感受的。当然，我当时是一个学生，对学校的全局不甚了解，所见所闻以及所感受者不过是管中所见的一斑。但这一斑也是弥足珍贵的呀！

西南联大优良传统激励我们前进！

杨绍鸿

在我心灵深处，回旋着一曲感人肺腑的歌曲："万里长征，辞却了五朝宫阙。暂驻足衡山湘水，又成离别。绝徼移栽桢干质，九州遍洒黎元血。尽箜吹，弦诵在山城，情弥切。千秋耻，终当雪，中兴业，须人杰。便一成三户，壮怀难折。多难殷忧新国运，动心忍性希前哲，待驱除仇寇复神京，还燕碣。"这是四十多年前抗日战争时期在昆明经常听到的西南联大的校歌。它概述了联大产生的时代背景，抒发了联大师生热爱祖国的壮志豪情，境界高，胸怀远，联大历尽千辛万苦，为国家培育人才，意志坚，决心大，充满乐观必胜的民族精神。这首歌集中反映了时代风貌，具有一定的历史意义。

西南联大是抗日战争的产物，它的优良传统，校风是"热爱祖国，孜孜好学"的"艰苦奋斗"精神，校歌对此作了高度概括。北大、清华、南开，三个大学，原在故都，物质条件比较优越，但日寇入侵，使师生流离失所，艰苦备尝，进行"万里长征"，不愿做奴隶，为的是救亡。据当年经济学家杨西孟教授调查了1937年上半年到1946年上半年的生活指数，大学教授的薪津数字和薪津实值，如果以1937年一个大学教授的工资是350元的话，那么，到 1943 年，由于物价上涨，大学教授的工资只等于战前的 8 元，等于削减了原来待遇的百分之九十八。由于生活所迫，例如闻一多先生不得不到昆华中学兼一个专任教员，以便每月可以得到一公石平价米，还要挂牌刻图章，添补生活用度。闻先生是诗人、古典文学专家，富有民族气节，他立下心愿，抗战一天不胜利，他便一天不剃胡子，从而成为有名的"美髯公"，与李公朴媲美，看上去是位老教授，实际上他才 47 岁。抗战胜利，闻先生才剃掉蓄了八年的胡须，一时传为佳话。可惜两位举世景仰的爱国志士、国之瑰宝，竟被反动派杀害。但他们的音容节操，才华思想的高大形象，却永远活在人民心中。

联大同学热爱祖国、孜孜好学、艰苦奋斗的形象，也给昆明人民留下深刻的印象。他们住茅屋，居陋室，穿蓝布大褂，吃烧饼，半工半读，培养出大批优秀人才。这些办学的历史经验是值得借鉴的。

西南联大的另一个优良传统是"学术自由""民主作风"，追求真理的精神很突出。北大是我国历史悠久的名牌大学，素以"学术自由，兼容并包"著称。清华大学是我国工程师的摇篮，求实科学精神为世人所称道。南开从严求实，活泼创新，闻名于世。西南联大校风兼有三校之长，而人才荟萃，教授名流云集景从，为全国青年所向往。联大师生不仅埋头钻研学术，而且关心国家大事和世界风云的变幻，不仅追求自己美好的未来，而且更关心国家民族的前途和安危。联大学术空气自由，百家争鸣，政治空气浓厚，"民主墙"壁报耀眼，是供人呼吸新鲜空气获得营养的"窗口"。联大大草坪的民主集会，经常吸引成千上万求进步的青年和市民，加入学习天下大事的课堂。

西南联大的校风，在昆明有广泛的影响，对云南的政治、经济、文化教育的发展是一个很大的促进。那时昆明四所大学之间，教师有交流，云大、中法和许多中学就有联大的教师去兼课，有些中学就是联大学生创办的。联大师范学院为云南培养了一大批师资，提高了云南的教育质量。

解放前的昆华师范，是云南历史悠久的第一所省立师范学校，是云南培养中小学教师的摇篮。抗战胜利后，西南联大的组成部分北大、清华、南开复员北返，昆华师范曾一度继承和发扬联大的优良传统，把学校办得生气勃勃。我作为一个联大和昆师的校友，对此，感受深刻，至今记忆犹新。

1946 年初至 1948 年秋，西南联大教授倪中方先生出任昆师校长。他是云南知名的一位学者，心理学、哲学博士，治学严谨，为人敦厚。他聘请一大批西南联大师生，联大云南同学会的不少同学都到昆师任教，进步教师较多，有些还是地下党同志。因此，西南联大的优良校风，对昆师有特别良好的影响。学术空气浓厚，民主自由校风并有发展。倪校长鼓励同学勤学勤业，对各班学业成绩名列前三名的，给予精神奖励，参加荣誉学会活动，带领参观纺纱厂，接触社会，增长见识。这是办学上的一种创举，因而昆师培养了一批有真才实学的学生。

当年的昆师，图书馆里进步书刊较多，学生看书的也多。我当时是图书馆主任，便和当时的进步教师成立每周读书会，参加的学生有一二百人之多，学校训导主任王岫（地下党员）则大力支持以开展活动，我们还邀请十多位教师作为该书会的辅导教师。有一段时期，我们每周六都举行学术晚会或时事座谈会，介绍新方式谈论国家大事，我有一次还专题介绍艾思奇的《大众哲学》给同学阅读。有时，我们还邀请住在昆师的楚图南教授参加我们的活动。晚会上，组织艺术科的师生表演文艺节目，内容丰富多彩，既有思想性，又有艺术性，深受学生的欢迎和好评，寓思想教育于生动活泼的活动之中，既教书，又育人。昆师民主自由的校风，一度较为活跃，对学生政治思想有好影响。昆师不少师生，后来投入革命斗争的洪流。解放后，许多联大和昆师校友，成为社会主义建设事业的人才。这是西南联大的优良传统，激励我们前进！这是联大在昆明播下的民主自由之种，在云南开放的绚丽之花和结下的丰硕之果。

联大的回忆与思考

熊德基

1936年，我在北平中国大学读书。抗战爆发后，我回到江西，在南昌民众教育馆《大众日报》做了两年事。1939年初夏被迫西行，走了一个多月才到达昆明，秋季开学以插班生进入我向往已久的西南联大师范学院史地系三年级。

初到昆明，我的一位从长沙参加步行团跋山涉水来到昆明的老同学就笑着对我说："你怎么也跑到这个'难民大学'来了！"原来他们步行团一行风尘仆仆、衣衫褴褛地走到昆明近郊农村时，有的农民根本看不出这是一批大学生，便说："又是一批外省的难民来了。"于是大家便把联大戏称为"难民大学"。这个名称虽然不雅，但联大师生绝大部分确是从沦陷区辗转流亡万里，才到祖国西南边疆昆明的，家庭经济来源断绝，身无长物，加上物价飞涨，衣食难周。联大迁到昆明，除借用当时因躲避空袭已疏散下乡的一些中等学校简陋的校舍和拓东路三个会馆之外，自行营建的新校舍，也因经费支绌，只好夯土为墙，捶泥作地，茅草盖顶（教室原是用铁皮作顶，后来也因经费困难，拆下铁皮卖给美军，改成茅草顶了）。绝大多数师生生活困窘，实在和"难民"无异。但是大家都怀着报国的赤诚，以"中兴业，须人杰"为己任，在昆明八年间，弦歌不辍，继承发扬了北大、清华、南开三校的优良学风和民主传统，不仅为国家培育出大量人才，在学术科研上也卓有成就，在中国的教育史和民主运动史上都有着不可磨灭的贡献。我虽然从 1939 年到 1941 年在联大学习、生活仅仅三年，然而这么多年过去了，却时刻引起我亲切的回忆和深沉的思考。

西南联大是由北大、清华、南开三校联合组成的，原来三校的校长都是联大的常委，常委会是联大的最高领导机构。但实际上南开的张伯苓校长和北大的蒋梦麟校长长期在重庆做官，联大的行政工作实际是由清华梅贻琦校长主持的。在联大时期，三校仍各自保存着自己原来的行政系统，各有一个办事处。原属三校的教师都同时由原校和联大分别发给聘书。各院院长、各系系主任，由三校教授分担，但三校仍各保留原有的系主任。三校也各自有其研究所，研究生是由三校的研究所分别招收的联大早期学生，还有一批原在平、津三校的老同学和 1937 年在长沙由三校分别录取的同学，因此联大同学的学号分别冠以 P（北大）、T（清华）、N（南开）、A（联大），但不论是什么学号，在联大的待遇都是一样的。

三校各有其优良的传统和学风。由京师大学堂演变而来的北京大学，自蔡元培先生主持校政以后，它的兼容并包、学术自由的学风，促进了学术的繁荣，但同学生活却也在一定程度上保留了"老北大"的遗绪；清华大学的前身是留美预备班，受西方的影响较大，功课要求严格，对体育一贯重视，同学的生活则比较自由活泼。张伯苓先生创建的南开原是一所私立大学，从办私塾、中学发展到办起著名的大学，靠的是坚韧不拔、一心为教育的毅力。南开校友的向心力特别强，很多教授是宁可放弃较优厚的待遇，也要献身为母校服务的。由于张伯苓的提倡，同学对体育、演剧等活动有热烈的兴趣和较高的水平，故有以"山（南开）、海（北大）、云（清华）"为比喻。在经济基础和物资设备上，清华因尚有庚款可用，而且抗战前就已做了南迁的准备，实力最为雄厚；北大则是仓促南迁，学校的图书、仪器设备运出的不多，靠政府拨款，也每每拖欠；南开则抗战爆发，即毁于日军炮火。但三校也有其共同的爱国主义传统，五四运动、"一二·九"运动，都以平津学生为中坚。三所风格不尽相同、实力也不相当的大学，在整个联大八年多的历史中，却始终能够同舟共济，亲密无间，从未因门户之见而发生过什么矛盾；而且能把三校优良校风融为一体，发扬光大，形成联大独特的校风，这不能不说是一种奇迹。

前面谈到，联大虽有三个常委，张、蒋两位对梅常委充分信赖支持。各院院长、各处处长、各系主任都由三校教授分担，从未有过争逐权力之事。相反地，每逢有哪一位同事因病不能视事，不论时间长短，都必请人代理，原任返校后，必进行工作交接。人员虽也有更替，但既有相互谦让之风，也有义不容辞、勇担重任的美德。老师的风范，对联大的校风是有着深刻影响的。

联大的"精兵简政"，工作效率之高，也是极有特色的。各学院、系、处，都不设副职，而且除梅贻琦常委总管全局，不担任课程外，院长、系主任以及教务长、总务长都是教授兼任，并不比其他教授少开课，各院、系大都是只有一两位助教或助理员协助处理日常工作，没有冗员。各处的职能科室，工作人员也都很少，但工作效率却极高。例如，三校师生从平津辗转汇集到长沙已是 1937 年 10 月，但 11 月 1 日就正式开学上课；西迁云南是在 1938 年 1 月以后分批离湘，4 月下旬才陆续到达，但 5 月 4 日就开始第二学期上课。而主持这些工作的，也只是几位教授和少数职员，就把觅借校舍、准备上课和师生们的食宿等都安排妥了。联大也常因某一项工作的需要成立一些委员会，也都是由教授兼任，工作结束，委员会也就相应撤销。以统管全校同学学籍、排课程表、登记同学选课、印刷考卷、计算和公布同学考试成绩等业务非常烦琐细致的注册组为例，总共也只有十来个工作人员，但只要考试结束，教师把评定的分数送到，最多一两天，成绩就公布出来了。同学有事，只要找到主管的人，大都能当场解决，既不需层层请示，更不会有踢皮球的现象。

联大的许多名教授，除去认真教学，钻研学术之外，还热心地兼任行政职务，并极其认真负责，任劳任怨。例如1938年新增设师范学院，师院各系的系主任大都由原来各系的系主任兼任。教务长潘光旦先生除总管全校教务工作外，还开设优生学、人类学等课程，还积极参加社会调查，以及中国民主同盟等社会政治活动，著译也很多。总务长郑天挺先生统管全校的后勤工作，学校经费困难，要靠他奔走向银行贷款来发放工资，食米不足，也不辞辛劳，亲自下乡采购，但他还同时担任北大文科研究所的领导工作，指导研究生。他所开的明清史的课程，讲授十分精彩，深受同学欢迎。各系的系主任一般都至少同时开设两门课程，不少人还担任文、理、法、工、师各院一年级同学的基础课。学校两次搬迁，并曾在1940年赴四川叙永办分校，也是先由几位教授风尘仆仆、跋涉山川，走遍川滇许多县城，踏勘校址。这些都属于教学以外的任务，但无人感到屈尊而不受命。至于课余为同学的活动进行辅导，应邀作学术报告或时事演讲，甚至为个别同学解决特殊困难，都十分热情，有求必应。老师们这种身体力行的风范，对广大同学的影响、教育，使我们受益良多，永难忘怀。

虽然教育部曾经发过训令想要统一各大学的课程设置和教学内容，但是联大继承三校优良的传统学风，并未完全照办。联大聚三校的著名教授于一堂，并有一些留学海外的爱国学者，在抗战开始后陆续排除万难回国到联大任教，真可谓大师云集，全国无二。开设的课程极其丰富，同一课程由不同的教授讲授时的内容也各有特色。按照三校的传统，课程分为必修课和选修课两种，各系各专业都有规定的必修课程。大学一年级新生，不论是哪个学院、哪个学系，都要先学共同的基础课程。

同学选课，主要由系主任批准，只有极个别的情况才需要由教务长批准。每学期开学，注册组公布出各系、各教授开设的课程、学分和上课时间、地点，同学可以按自己的愿望选择安排。但一年级的共同必修课如国文、英文等则是事先由注册组按照入学考试的成绩和院系分好班的；中国通史等课程有几位教授同时开课，大体也要按不同院系来选修。学校设有由各院系教授组成的大一学生课业生活指导委员会，来分别指导同学选课。各系规定的必修课大约只占应修学分的三分之二左右，给同学留下选修本系或外系课程的余地。

我是个"自由主义"者，我念书是想多学些离开大学后自己无法钻研的课程，有些课我认为比较容易，虽然选了却不常去听课，而去旁听汤用彤先生为哲学系开的魏晋玄学。汤先生的讲课确有独到之处（后来他出版过《魏晋玄学论稿》一书），不但哲学系的同学绝少缺席，冯友兰先生也每堂不缺地去旁听。此外我还旁听了陈寅恪先生的魏晋南北朝史和佛教翻译文学，给我的教育很大，我每堂课后都认真整理笔记，至今还保存着。还有邵循正先生的元史，也是我无法自学的，因此听得比较认真。邵先生讲了一年，还未讲完成吉思汗，但通过他的指引，为我以后自学准备了很好的基础。

三年学习中，我认为联大在教学中的特点很多，归纳起来有下列几点：

（一）基础课抓得特别紧。联大的基础课大都是由系主任或名教授担任的，这和清华的主张通才教育有一定关系。不论文、理、法、工、师范各学院的大一同学，基础课大体相同。国文、英文和中国通史是大家都要学的，学文、法的必须选一门自然科学的概论。现在看来，文理渗透确有好处。特别是英语，虽然据说不如当年的清华，但文法学院不仅要在大一打下基础，大二英文或第二外国语也是必修的。联大许多教授上课时常夹用英语讲课，指定的参考书很多也是英文原版书，有的教授甚至要求写读书报告、答卷也要用英文，逼得大家不得不学好外语。

（二）百家争鸣，各展所长。联大的教授多，很多是学贯中西有独到见解的专家，因此开设的课程多，同一门课，不同的教授讲授的内容、重点、观点也不一样。以中国通史为例，先后有雷海宗、钱穆、吴晗三位先生开设。雷海宗是斯潘格勒的历史循环论者，他讲通史是按编年一个朝代一个朝代地讲，他的博闻强记令人佩服，上起课来口若悬河，历史年代滚瓜烂熟，根本不用查书或讲稿。钱穆是士大夫治国论者，他的讲稿后来写成《国史大纲》，列为"大学丛书"之一，但我到昆明不久，他就去了浙江大学，没听过他的讲课。吴晗的中国通史则是按照经济、政治组织、文化制度等方面的问题讲授。只要你时间安排得过来，是可以两位教授的课都去听，以便比较的。再以中文系开的课程为例，《庄子》一课，闻一多开，刘文典也开，讲法自然各有千秋。先后开《楚辞》课的就有闻一多、游国恩、彭仲铎等先生，当然也是各具特色。《史记》《左传》，历史系既作为史学名著选读开课，由毛子水担任，中文系也作为文学名著开课，由许维遹等担任。同是哲学概论，金岳霖和贺麟两位讲的各自有其系统。这类例子不胜枚举。若是选修课，同学们可以自由选择。至于预先分好班的共同必修课，若有心钻研，可以通过旁听，兼采不同教授的长处。因为在联大旁听是不受什么限制的，不但同学可以听，教授也常去旁听自己认为有兴趣的课。

（三）经常开出新课程，介绍新科学。联大的教授在教课之余，从不放弃对学术的钻研，每有新的研究成果，就开出新的课程。例如闻一多先生的"古代神话"，就是一例。即使是过去常讲的课程，也因有了新的研究收获而改变原来的论点，例如闻先生对屈原的研究，就是每次重开都有所发展的。抗战开始之后，有好多位原在国外游学的教授，突破重重困难回到联大任教，他们带回了国外科学技术新成就的信息，回来开出了许多新的课程。抗战时期，昆明是大后方与国际交往的重要通道，联大的教授也千方百计通过各种渠道得到国外新的科学、学术刊物，从中了解国际科研的新情况、新动态，提出自己新的研究课题，并开出新的课程。这在理学院方面尤为突出，像数学系的陈省身、华罗庚，物理学系的周培源、王竹溪、吴大猷、赵忠尧、张文裕等许多教授，都有新学科的课程。工学院方面则根据抗战的需要也开出了战前大学没有的兵器学、堡垒工程、军用桥梁等课程。其他学系，也充分利用云南地区边疆少数民族众多的特点，开拓了新的教学研究领域，例如张印堂先生开的中国边疆地理，就率领同学到云南西部边疆片马、江心坡等地实地调查研究，中国文学系的语言组也在罗常培等先生的倡导下开出了藏缅语系研究的课程，这些都比战前有新的突破，取得了新的成就。

（四）特别重视调查研究和野外实习及社会实践。联大的图书仪器设备，远不如战前三大学那样充实，而且补充困难。联大的图书馆，除清华运到后方的一部分外，还借用了原北京图书馆的一部分藏书（中文书籍同学们还可以到附近的翠湖云南省立图书馆借阅一些），但仍然很不够用，所以每天图书馆开馆时，同学们争先恐后，为的是能借到指定参考书，并占据一个看书的座位。有些教科书，则大都是高年级同学用过，转售给低年级的同学，"代代相传"。实验仪器设备，有些只能自制些代用品。工学院自己有个简陋的实习工厂，后来成立了清华服务社，添置了一些设备，居然不但借此有些营业收入，帮助解决部分教职员的生活补助，有些产品还提供给云南地方解决市场急需。当然，工学院的同学还可以到云南的一些工厂实习，也直接参加一些云南的建设项目，这都给同学提供了实践的机会。

云南有广大而丰富的自然资源，理科的一些学科如地质、地理、生物等可以通过野外实习来丰富教学实践。例如对云南动植物的调查研究，结合对云南提高农业生产水平进行的病虫害防治和品种改良的研究等，收益都是极大的。地质系的师生，跋涉云南的崇山峻岭进行野外实习，写出报告，再由教师核对，不仅锻炼了人，也为云南勘探了许多宝贵的矿产资源。特别是在野外实习中，师生打成一片，同住山村野店，风餐露宿，可以随时向老师提问质疑，也可以随意谈天说地，其收获远比教室里听课深刻具体。在人文科学方面，社会系主任陈达负责的国情普查所，组织师生对昆明附近滇池沿岸的几个县和一些工厂做了深入细致的调查，其成果也是十分宝贵的资料。还有不少同学不惧艰险深入少数民族地区，对语言、风俗、社会情况以及自然资源做过深入的调查研究，也取得了重大的收获。

（五）联大的教授对同学毕业论文的指导都很认真。我只说我个人的体会。我从大理的友人处得到一些尚未著录的宋元时期的碑文，因此我选定以南诏大理国的研究作我的毕业论文，由系主任雷海宗推荐中西交通史专家向达教授担任我的导师。向达教授了解到我已读了《唐书》和《云南备征志》并看了我搜集到的碑文拓片和已抄录的史料，才答应下来。他介绍我先读《桂苑笔耕录》等书，我把我认为有关的史料制成了卡片，他看过之后，指出我漏了许多重要的材料。我又逐篇逐句地读了一遍，做了补充，他看了仍说还漏了不少，并细心指出许多有用的材料。他还经常向我介绍治史的方法。由此，我才体会到做研究工作必须十分认真的重要意义。他还拿出他端楷写成的《蛮书校注》给我参考。

老师这种把尚未出版的手稿无私借给学生写论文的精神实在令人感佩。据我所知,像闻一多先生等许多名教授,都常把自己多年研究的手稿借给同学参考,可见当年的老师们的道德风范。

此外,联大在课余请教授或校外专家来演讲,开各种讨论会、辩论会,举办系列讲座,都十分活跃,内容包罗万象,观点各有不同,听由大家选择,也大大开拓了同学们的视野。

囿于我个人的见闻,上述介绍虽远不能全面概括联大优良的学风的全貌,但这些琐事却使我久久难忘,并引起我深沉的思考。联大何以多出人才,其许多做法不是很值得我们今天借鉴吗?

第二辑

三大校长：一人掌舵，两人护航

西南联大掌门人
——梅贻琦

谢本书

《中华读书报》2008 年 3 月 12 日发表了金星的一篇文章，题目是《一种正在缺失的故事》，其中说道："眼下教授们没有故事或缺少故事，至少已是文化教育界一个不乏现实的话题。"教授没有故事，是非常遗憾的事。因为在作者看来，"有故事的教授总以其良知和素养，以鲜明的学术个性和独具魅力的人品文章在不知不觉中成为后学者的坚实的见证"。

西南联大之所以有名，原因很多，然而教授们的"故事"之多，恐怕也是原因之一吧。过去人们讲得较多的是那些学术上顶尖的教授们的故事，而较少提及西南联大的实际掌门人——梅贻琦的故事。这里例举性地谈一谈梅贻琦的几个故事，也许对于了解西南联大的成功之道有所裨益。

梅贻琦（1889—1962），天津人，南开学堂毕业生，曾留学美国，获得硕士学位。回国后任清华大学教授兼教务长，1931 年起任清华大学校长，年仅 42 岁。1938—1946 年间，即他 49—57 岁时，担任西南联大常委，人称"梅校长"或"梅常委"。因为西南联大在抗战时期由北京大学、清华大学、南开大学迁昆明后联合组成，由北京大学校长蒋梦麟、南开大学校长张伯苓和清华大学校长梅贻琦三人担任常委，而张伯苓、蒋梦麟两位校长在重庆另有职务，主持联大的校务工作实际上常落到了三人中较为年轻的梅贻琦校长的身上，因而使他成为西南联大的实际掌门人。

西南联大在昆明坚持近九年之久，北大、清华、南开风格各异的三校，能够一直联合到底，做出杰出成绩，直至抗战胜利后北迁，这是非常不容易的。梅贻琦曾说："抗战中好多学校联而不合，只有联大是唯一联合到底的。"（北平《益世报》1946年11月2日）因为，国民政府曾设想组成东南、西北、西南三个联合大学，但东南联大胎死腹中，西北联大先合后分，唯西南联大坚持到底。西南联大原三校虽风格各异，却又并非貌合神离的联合，这与主持联大工作的梅贻琦是分不开的。梅贻琦的故事也许有助于了解这种联合的奥妙。

一、梅贻琦，又一个"梅迷"

《人民政协报》2005年12月22日发表了张晓唯的一篇文章，题目是《琐话梅贻琦》，讲到清华人有"梅迷"情结，是令人感动的。他说："清华人对梅先生孺慕情深，像听戏的人对梅兰芳一样入迷，我们却是另一种梅迷。"联大人又称之为"无我的梅校长"。梅贻琦，是中国近代文化教育史上的又一个"梅迷"。

清华人以至联大人的"梅迷"情结，是与梅贻琦人品风格不可分割的。梅贻琦1938年春到达昆明，1946年9月辞别春城，在昆明生活工作近9年之久。他曾坦言这是其一生中最艰苦的岁月。这一时期抗战形势十分艰难，而联大内部事务繁多，又有诸多矛盾，敌机频繁轰炸，正在上课的师生也要不断跑警报，教学秩序维持与安排颇费周章，物价飞涨、经费奇缺带来生死困窘，"党化教育"、政府操控与守护大学本质的抗衡周旋，知识界上层左右分化及其伴之而来的学潮汹涌，等等。梅贻琦面对着这些复杂纷繁的局面，呕心沥血，上上下下做了诸多艰苦的工作和调解，对左右纷争、学术异见，皆本着"兼容并包"之精神予以对待，使联大得以顺利维系，确实不易。当联大数次被敌机轰炸，"人心惶惶，形势极为危急"的形势下，"在梅先生的镇定领导下，全校师生照常上课，弦诵之声未尝或辍"。1941 年后，"在抗日前线仍能照常进行教学和科研工作，是和梅先生艰苦而镇静的领导分不开的。"（施嘉炀《怀念梅贻琦先生》）

"梅迷""无我的梅校长"之声，是与梅贻琦的人品、作为联系在一起的。

二、多听少说，一言解纷

梅贻琦是个沉着冷静，说话不多，甚至沉默寡言的人。然而，在关键时刻却能一言解纷。这在那个纷繁复杂、矛盾丛生的时期，处理问题是很有效的，至少不会激化矛盾。许多人回忆及记载，梅贻琦是一个"多听少说"的人。然而一到他说的时候，矛盾、工作就差不多到解决的时候了。抗战时曾任经济部次长的张静愚回忆："凡是曾与梅校长接触过的人，都知道他是一个沉默寡言的人，无论在任何时候、任何地方，他都不肯轻易发言，甚至与好友或知己相处，亦是慎于发言。但当某种场合，势非有他发言不可，则又能侃侃而谈，畅达己意，而且言中有物，风趣横溢。"清华同人注意到："他开会很少说话，但报告或讨论，总是条理分明，把握重点；在许多人争辩不休时，他常能一言解纷。"熟悉他的人则认为，梅"平日不苟言笑，却极富幽默感和人情味，有时偶发一语，隽永耐人回味"。赵元任夫人杨步伟女士也说："月涵（梅贻琦字）与元任都有慢吞吞的诙谐习惯。"

西南联大校园内曾经流行一首打油诗，其中有"大概或者也许是，不过可见不见得"两句，形容梅贻琦公开演讲时喜用不确定语气。而有人则将梅贻琦使用不确定语气的习惯，归结为处事严谨的特性。叶公超回忆道："我认识的人里头，说话最慢最少的人，就是他（梅）和赵太侔两个。陈寅恪先生有一次对我说：'假使一个政府的法令，可以和梅先生说话那样谨严，那样少，那个政府就是最理想的'。"（张晓唯《琐话梅贻琦》）

梅贻琦的多听少说，不仅是考虑问题严谨周到，而且也体现了对别人的尊重和礼貌。遇到什么问题，梅总是先问人："你看怎么样？"当得到回答，如果是同意，就会说："我看就这样办吧！"如不同意，就会说，我看还是怎样怎样办的好，或我看如果那样办，就会如何如何，或者说："我看我们再考虑考虑"。他从无疾言愠色，所以大家都愿意心平气和地和他讨论。即使有不同意见，也感到受到了尊重，而不会激化矛盾。

三、严以律己，宽以待人

张曼菱女士在其《西南联大启示录》的《照片里讲述的西南联大故事》中强调："严以律己，宽以待人"，是梅校长为人处世之信条，也是他能够以崇高的威望，将西南联大维持到抗战胜利的原因之一。"严以律己，宽以待人"，说起来容易，做起来难。这就是要从点点滴滴的事情做起的。

首先是对工作的认真负责，不怕辛苦，不怕艰难。他不仅担负了西南联大掌门人的角色，承接了繁多的日常事务，而且有时教务长或总务长缺员，他就自己暂兼，认真负责，从不怨天尤人。

工作忙乱起来，常常后半夜才上床休息，早晨还要按时起来工作，以至没有时间洗澡、沐浴。据日记记载，1941年1月4日，"下午小睡后至太华浴室洗澡，盖又月余未曾入浴也"。同年4月15日，"四点至八点间做事颇多，先访梁大夫，继至爱群浴室洗澡，未入浴盆者已三月有余矣"。作为从西方留学归来的学者，受西方生活方式的熏陶，而能忍受一月多至三月多才入浴，在正常情况下，是难以想象的。

其次，梅贻琦的廉洁自守、生活朴素，尤为人所称道。据曾任西南联大总务长的郑天挺回忆，1941 年 7 月，郑与梅贻琦、罗常培在成都办事后，准备转重庆回昆明。梅贻琦联系买飞机票后，恰好又得到搭乘邮政汽车的机会。虽然邮车比飞机晚到一天，但可以为公家节约两百多元钱，于是他决定坚决退飞机票。郑天挺感慨道："俭朴正是他的廉洁的支柱。"（郑天挺《梅贻琦先生和西南联大》）

1940 年以后，物价飞涨，联大教授们的薪水不能按时发放，家里揭不开锅的日子迫在眉睫。梅贻琦将政府拨给他和行政人员的津贴全部捐出，坚持"同舟共济"之联大精神。

这一时期，教授们的生计不同程度发生了困难，教授们的夫人亦疲于奔命地维持生活。梅贻琦着了急，向重庆政府教育部为大家申请了一些补助。还有一次，教育部发给联大学生一部分补助金，梅家有四个孩子在联大上学，是可以领到一些补助金的，但是梅贻琦却不让任何一个孩子去领补助金，而把补助金让给更困难的学生。

这些似乎是"小事"，却真实地再现了梅贻琦的人品，也再现了联大的精神。

四、"定胜糕"，值得回味

著名作家兼学者林语堂先生，对西南联大有一个惊世骇俗的评论，这就是"物质上不得了""精神上了不得"。的确，在相当一个时期，联大在物质上确乎是"不得了"的，教授们的生活相当的困难，即使是常委的梅贻琦也不例外。

梅贻琦夫人韩咏华就曾说：梅贻琦 1939 年每月的薪水，可维持 3 个星期的家用，后来勉强只够半个月。家中常常吃的是白饭拌辣椒，连青菜也没有，偶尔吃上菠菜豆腐汤，大家就很开心。1940 年 3 月，全校工友总罢工，要求增加工资；而联大亦曾为教职员生活问题开过一次教授会议。1941 年底，教授们生活日益难熬，王竹溪、华罗庚、陈省身、吴晗等 54 位教授联名写信给西南联大常委会，呼吁改善待遇。呼吁书说，教职员生活"始以积蓄贴补，继以典质接济，今典质已尽，而物价仍有加无已"，要求增加津贴。为此联大一方面函请教育部解决，另一方面召开教授会共商办法。在这次教授会上，"经济学教授供给物价的指数，数学教授计算每月的开销，生物学教授说明营养的不足"。王力感慨地说，"可惜文学教授不曾发言，否则必有一段极为精彩动人的描写"。（游宇明《联大教授的坚守》）

在这种"不得了"的特殊困难条件下，教授们及其夫人亦各显神通，多方设法，以维持生计。梅贻琦夫人韩咏华自制蛋糕售卖，以赚钱维持生计就是一例。

韩咏华回忆，教授们的月薪，多不能维持全月的生活。不足之处，只好由夫人们去想办法，有的绣围巾，有的做帽子，也有的做食品，拿出去卖。"我年岁比别人大些，视力也不好，只能帮助做围巾穗子，以后庶务赵世昌先生介绍我做糕点去卖。赵是上海人，教我做上海式的米粉碗糕，由潘光旦太太在乡下磨好七成大米、三成糯米的米粉，加上白糖和好面，用一个银锭形的木模做成糕，两三分钟蒸一块，取名'定胜糕'（即抗战一定胜利之意），由我挎着篮子，步行四十五分钟到冠生园寄售。月涵（梅贻琦）不同意我们在办事处操作，只好到住在外面的地质系袁复礼太太家去做。袁家有六个孩子，比我们孩子小，有时糕卖不掉时，就给他们的孩子吃。"还有一次，韩咏华还到大西门旁铺一块油布摆地摊，把孩子们长大后穿不上的小衣服、毛线头编织的东西以

及我们自己的衣服等，摆出来卖，一个早晨卖了十元钱。（韩咏华《同甘共苦四十年》）

联大生活的艰苦以及梅贻琦一家生活的艰苦，于此可见一斑。即使如此，梅贻琦也绝不利用职权，不多占一分好处，而且还利用职权，不准家属、孩子们去占任何一点好处。

梅夫人的"定胜糕"，是一个值得回味的品牌。这个品牌名字曾经叫响了西南联大和昆明城。张曼菱女士在其著述中呼吁，"我以为冠生园其实应该保存这个名牌，永远让人们看到。现在满昆明都是西式糕点，何不留我'定胜糕'之品位？"这值得深思。

五、"大师说"，经典名言

早在 1931 年，梅贻琦出任清华大学校长时，在一次视察中曾说："所谓大学者，非谓有大楼之谓也，有大师之谓也。"这句不经意的话，竟然成为"大师说"的经典名言。今天，不少学校的老师和文教部门的官员都喜欢把这一句话挂在嘴边，以示他们对人才的尊重和期盼。

梅贻琦的"大师说"之所以能脱口而出，其实并非偶然，是他的教育思想一贯的表现。梅贻琦在 1940 年的一次会议上，把自己比作"王帽"，这既是一种谦虚的表现，也是尊重教师的反映，是其"大师说"的解释和发挥。他说："诸位大概也喜欢看京戏，京戏里有一种角色叫'王帽'，他每出场总是王冠整齐，仪仗森严，文武将官，前呼后拥，像煞有介事。其实会看戏的绝不注意这正中端坐的'王帽'，因为好戏通常并不是由他唱的，他只是因为运气好，搭在一个好班子里，那么人家对这台戏叫好时，他亦觉着'与有荣焉'而已。"（《清华校友通讯》6 卷 9 期，1941 年 9 月）这个"王帽"，其实是唱好戏主角的陪衬而已。

唱京戏，"王帽"不是主角；学校亦同此理，校长也不是主角，真正的主角是教师。所以梅贻琦强调"教师是学校的主体"，还说"校长不过是率领职工给教授搬椅子、凳子的"（《清华大学校史稿》）。"大师说"，对于梅贻琦来说，不仅是这样说的，而且也是这样做的。"大师说"意义深刻，流传甚广，至今仍有其借鉴意义。

梅贻琦的故事，寓意深远。

西南联大与梅贻琦校长

梅祖彦 [*]

　　先父梅贻琦，字月涵，1889 年 12 月 29 日生于天津，自幼家境清贫。1900 年全家到保定避庚子之乱，回天津后家境更加困难。作为 5 个兄弟和 3 个姊妹中的长兄，他帮助父母抚养弟妹，很早就承担起家庭的责任。在以后的学习和工作过程中，他锻炼成为一个谦虚、勤谨、忠诚、敬业和责任心很强的人。1904 年父亲考入当时属于新学性质的天津南开学堂，成为张伯苓先生的学生，1908 年以优秀成绩毕业，被保送到保定高等学堂。1909 年考取了利用庚子赔款派送留学生的第一批名额，到美国吴斯特理工学院去留学。1914 年毕业于该学院电机工程系。归国后即在清华学堂工作，后来利用教师休假年在芝加哥大学学习物理，获硕士学位。在清华他从教学到行政，担任过许多不同职务，逐渐坚定了他办教育的决心。父亲出生于 19 世纪，那是清朝丧权辱国，中国沦为半殖民地的时代。那时的知识分子都深切体验到国家民族危急存亡的深重灾难，醒悟到救国图存，必须放开眼界追寻西方先进科学文化。1925 年清华改制增办大学部，他任教授兼教务长，对如

---

[*] 作者系水力机械专家、清华大学教授，梅贻琦之子。

何将清华办成一所一流大学作了深入的思考，发表了《清华的教育方针》一文。同时发展了清华国学研究院。1929 年他到美国任留学生监督。1931 年回国任国立清华大学校长，坚持民主办学、学术自由的方针，以他一贯廉洁奉公、公正严明的作风，得到全体师生的欢迎和敬重。他在学校工作近 50 年，直至 1962 年在台北逝世，将毕生精力献给了两地清华的创建与发展，成为清华唯一的终身校长。

1948 年 12 月父亲离开北平南下，次年在巴黎参加联合国教科文会议，1950 年初到美国，在纽约华美协进社内管理清华在美基金。台湾当局曾多次欲动用清华基金，但父亲始终坚持了基金的办学用途。1954 年春他首次赴台参加“国民大会”，1955 年 11 月再次去台，和当局商定了在台湾建立清华研究所，附办研究生院。当时台湾急需发展电力以恢复经济，而原子能在战后是最新的一种能源，所以决定先建原子能研究所，利用美国对和平利用原子能的支援建造原子炉（核反应堆），同时选定了在新竹的新校址。1956 年 2 月父亲去日本及美国广泛参观考察原子能设施，1957 年 11 月与美商洽谈原子炉合同，次年正式订货。

1956 年 10 月新竹清华第一届研究生入学，1957 年 9 月新竹办公楼启用（在 1965 年，父亲去世以后，在新竹成立了清华大学，招收本科生，1969 年第一届学生毕业）。1958 年 7 月经台湾政府强揽，父亲以清华大学校长身份出任“教育部长”职，还兼任原子能委员会主任，后来又主持制订“长期发展科学计划纲领”的工作。在此期间，还定期到新竹过问原子炉工程。因工作过重，简食少眠，积劳成疾，于 1959 年 9 月病倒，不能正常工作，1960 年 2 月辞去部长职。

父亲于 1960 年 7 月在台大医院做前列腺手术，医生认为病情严重，已不能长久，靠大量输血延续生命，借此才能看到原子炉完工。1961 年 12 月，父亲在病榻上象征性地按动电钮启动原子炉。以后病情不断恶化，终于 1962 年 5 月 19 日与世长辞，享年 73 岁（曾与父亲同住台大医院的胡适先生先他两个月辞世，对他的心理打击很大）。父亲的一生，全部精力都献给了清华的事业，可谓鞠躬尽瘁矣。

父亲在台北去世后，葬于新竹清华大学校园内，学校修建了墓园，取名为梅园，每年都有师生校友前往吊谒致敬。台湾学界以及社会人士均推崇他为教育先导，备受各界的尊敬。

1989 年为父亲诞辰 100 年，北京清华大学举行了纪念会，由海外校友捐赠的半身铜像同时揭幕，海外不少校友发来纪念函电，《校友通讯》刊印了纪念专栏。

1996 年，我经过多次努力，才首次获得机会到台湾访问，在新竹由清华大学校长沈君山先生和老教授张昌华先生（当年建造原子炉的总工程师）陪同，在父亲坟墓前行礼，献上迟到了 34 年的一束鲜花。

任联大常委

抗日战争初期，北京大学、清华大学和南开大学经历了千里迢迢的迁徙，在边陲山城昆明组成西南联合大学。从 1938 年起至 1946 年抗战胜利，这所大学与昆明结下不解之缘，提到西南联大就使人想到昆明，而提到四季如春的昆明又使人想起为它平增了无限文化气氛的西南联大。国难当头的八年中，西南联大在物资匮乏、生活条件极其简陋的环境中，培养了一届又一届的优秀学子、国家栋梁之材，他们中不少人对国家乃至世界的文化与科学技术作出了贡献。

昆明四季无寒暑的气候，丰富的物产，为联大的办学提供了方便。昆明地处边陲，在政治上与中央政府保持了相对隔离的形势，使西南联大的学术思想自由因此而受益。联大利用了昆明天时、地利、人和的条件，保证了办学的顺利进行。同时联大纯朴的学风受到了云南人民的支持，联大师生同云南人民建立了深厚的情谊，把云南看成自己的第二故乡，并对云南的经济文化、实业发展也作出了自己的贡献。

西南联大由三校校长张伯苓、蒋梦麟、梅贻琦组成常务委员会，领导学校工作。由于张、蒋两位校长常在重庆并另有职务，主持西南联大校务工作实际上落到先父梅贻琦校长一人肩上。但是对工作之艰辛，责任之重大，他是有充分的准备的。这是先父一生经历中最艰难的一段时期，也是他任校长的第二次考验。第一次考验是1931年他在北平出任清华大学校长时，那时的清华刚由清华学堂改制为国立大学不久，处于百事待兴的起步阶段。这第二次考验可说较第一次更为严厉，因为在烽火连天的抗战时期，全校师生员工背井离乡来到异乡土地，如何解决他们的食住，兴建起必需的校舍，都是很艰巨的任务。在当时，即使是最简单的生活，最粗陋的茅舍都求之不易。父亲本着克勤克俭、忠诚于我国教育事业的精神，没有辜负众望，使联大的办学取得了丰硕成果，创造出中国大学的奇迹。这样成绩的取得不能不说是由于他曾经经历过第一次考验。在30年代他成功地维护并巩固了清华大学独立自主办学的优良传统，保障了大学学术思想自由及知识分子在学校中应有的地位。这样的治学思想和抗战前在清华建立的一套井井有条的规章制度，成为新的联合大学办学的依据。

到了抗战中后期，国民党政权与地方政府的矛盾不断加剧，进步思想的影响日渐扩大，并不断与反动势力进行斗争，学校环境很难平静。同时经过多年的战争消耗，后方物资匮乏，物价飞涨，学生与教师的生活愈趋艰苦。再加之敌机频繁轰炸，不仅打乱了正常的教学秩序，且使联大校舍多处受毁，这些都需要学校当局明智抉择和妥善处理。父亲为维持学校顺利运转，曾花费很多精力和时间与中央政府以及当地实力派保持关系，使得在办学经费、物资供应、运输工具、学生校外活动及就业安排等，均取得了有关方面的支持。每年父亲必须奔走重庆一次或几次，那时由昆明到重庆乘飞机是件大事，要半夜起床，很早到机场去等候，飞机不定什么时间起飞，可能一天走不成，第二天再来试。1941年春夏，父亲和郑天挺、杨振声两先生到重庆办事，后去四川叙永分校看望师生，又到李庄北大文科研究所了解情况，最后到成都访问了武汉大学和四川大学。途中饱尝了敌机轰炸、阴雨饥寒及车船不便的艰辛，在旅途中耽搁了近3个月才回到昆明。

针对当时艰苦的环境，他在一次会上说："在这风雨飘摇之秋，清华正好像一条船，漂流在惊涛骇浪之中，有人正赶上驾驶它的责任，此人必不应退却，必不应畏缩，只有鼓起勇气，坚忍前进，虽然此时使人有长夜漫漫之感，但我们相信，不久就要天明风定。到那时，我们把这条船好好开回清华园；到那时，他才能向清华的同人校友敢告无罪。"当时这段话虽然是对清华同人说的，但最充分地表现了在昆明办学的沉重心情，也显示了他对前途的希望。

1931年父亲在北平清华大学校长就职演说中谈到了他教育思想的几个重要方面，首先是办大学的目的。他说："办学校，特别是办大学，应有两个目的，一是研究学术，二是造就人才。"这主导着他毕生办学的方向和实践，无论是在北平的清华，或抗日战争中的西南联大，还是后来在新竹的清华，办学的目的都是围绕这样的核心思想：研究学术与造就有用的人才。他很早就看到学术研究是立国兴邦的命脉所系，不学无术将使国家民族陷于愚昧的深渊，招致外侮与欺凌，这在中国近代历史上是极为惨痛的教训。

　　他为此坚持了两项措施，即保证学术自由和聘请学有专长的学者来校任教。就是在这次就职演说中他提出了有名的"大师"说："一个大学之所以为大学，全在于有没有好教授。孟子说：'所谓大国者，非谓有乔木之谓也，有世臣之谓也。'我现在可以仿照说：'所谓大学者，非谓有大楼之谓也，有大师之谓也。'"这一主张突出了高层知识分子在大学中的特殊地位，并且把他们的作用提到很高的程度，此后清华大学延聘了一大批学贯中西的知名学者，一时清华教授阵容之强在国内是无与伦比的。他们使文学院、理学院、法学院、工学院及研究院得以充实并发展。清华当时也很注意教师能力的提高，是国内第一个支持教授出国进修的学校。大师的作用不仅在抗日战争以前国家形势相对平静、学校物质条件较好时的清华得到充分的发挥；即使在抗战困难时期，物资极其匮乏，根本不存在"大楼"的西南联大，也起了极其辉煌的作用，其中也包括若干位外籍教授，如温德等。清华及后来的西南联大，一届一届的毕业生担负起国家各个方面的工作，对我国的文化及经济建设起了重要的作用，在几十年后的今天，他们的影响依然存在。

　　对于应用科学，父亲同时给予了很大关注。当时有不少学者提倡科学，但是科学对于他们只是寻求真理的一种方法，而父亲更强调应用科学（工程教育）对国计民生的重要性。在工学院的建立上，父亲倾注了最多的精力，使清华成为综合了两种体制的新型大学，即兼有以人文科学为主的哈佛大学和以技术科学为主的麻省理工学院的特点，这在我国教育史上是开拓之举，当时在西方国家也不多见。

　　如何办好中国的教育事业，如何培养一个现代国家所需的人才，使清华成为有自己风格与特点的大学，父亲对古今中外的教育思想与实践作了研究比较。

他认为大学教育应具有儒家思想主张的"新民"使命，人才的培养应向格物、致知、诚意、正心、修身、齐家、治国、平天下的目标发展。同时，为"克尽学术自由之使命"，他推行了蔡元培先生"兼容并包"的办学主张。在清华和西南联大的校园内始终汇聚着学术思想上的各家各派。有的校友在回忆他时说："梅校长主掌清华，始终以民主思想、学术自由的开明政策为治校原则，他对左、右派的思想兼涵并容，从不干涉。"

在他孔孟之道的思想中，融会了始终保持不变的希腊及西方学校自由及民主法治思想，甚至希腊人崇尚体育的精神，也在清华得到有力的贯彻。当时规定所有学生体育课必须及格，否则不能毕业，一时清华在华北各大学中成为一所体育强校，这种注重体育的校风一直延续到西南联大以及复员后的清华。对于青年学子，他采取了西方的通才教育或"自由教育"（liberal education）的模式。这种教育要求学生不仅应有专门知识，更应受到贯穿在整个大学课程中的普通教育，使每个学生对于自然科学、社会科学皆能融会贯通。他曾说过："学问范围务广，不宜过狭，这样才可以使吾们对于所谓人生观得到一种平衡不偏的观念。对于世界大势文化变迁，亦有一种相当了解。如此不但使吾们的生活增加意趣，就是在服务方面亦可以加增效率，这是本校对于全部课程的一种主张……"

在抗战以前，清华有一个比较民主的领导体制，它包括3个机构：一是承担学校日常行政责任的校务委员会，由校长、教务长、秘书长和各学院院长组成。二是教授会，由全体教授和副教授组成，对学校的各项事务进行讨论。三是评议会，由校务委员会的成员加上教授会选举的7位（后来发展成9位）代表组成，凡学校的重要事务，如聘请教师、学校规划、制度改革等，都需评议会决定才能施行。

教授会和其他会议的作用体现了"教授治校"的指导思想，但实际上是一种"土制度"，和当时政府的法令和规定有某些抵触。在抗战时期，国家的政治形势和战前不同，所以西南联大的办学体制也不能和抗战前清华的体制完全一致。西南联大也有一个教授会，由全体教授、副教授组成，但主要为咨询机构。另由常委、教务长、秘书长、训导长、各院院长及教授代表组成校务委员会，是决策机构。西南联大基本上沿袭了清华用人精简的制度，校长、教务长、秘书长、各院院长以及各系系主任均由教授兼任，没有副职。职工人数也比较少，常是一人兼任数职。学校很多的专门性任务都交给由教授组成的委员会去研究和办理，委员会根据需要有常设的，也有临时性的（任务完成后即结束，有新任务时再另行组织），这是一种很好地发挥教授主导作用的办法。西南联大由三个已有相当传统的大学联合在一起，是一种新生事物，在过去是没有的。实际上三校的教学力量和设备条件有一定差别，为使三校在联大体现较好的平衡，父亲提出了各校按条件另外建立独立的研究所，而没有把所有南迁的人员都列入联大编制，这些研究所在整个抗战时期，在科学研究上也都起了很好的作用。在昆明时期，联大教职工的工资虽随生活指数有一定调整，但远远赶不上飞涨的物价，教职人员的生活均极困难，曾有教授以自制物品到外面贩卖，以弥补生活费用的不足。学校利用清华某些教师的技术专长，设立了技术咨询机构，为国家及地方建设部门服务，将所获利润逐季分配给西南联大同人。

抗日战争时期，大敌当前，学生们有强烈的抗敌报国思想。不少学生离开学校，投笔从戎，包括参加军事机构或技术部队，报考空军，担任美军翻译员等。学校对很多优秀学生离开学校感到十分惋惜，但在国家危急存亡之秋，对他们这种爱国举动给予了全面支持。

父亲和多数教授提倡培养学生的独立判断能力，使他们靠这种能力去决定自己的取舍与政治方向。对青年学生向政府进行的抗议活动，他则尽力给予保护。1941年在昆明发生了学生"倒孔"风潮，当时父亲多次走访云南省政府要人，进行疏通工作，才避免了学生游行时发生意外。1936年和1948年前后，国民党政府数次来学校捉拿进步学生，学校事先得到名单后立即通知学生躲避，使很多学生免遭逮捕。

怀念梅贻琦先生

施嘉炀

我于 1915 年考入清华留美预备学校，在高等科二年级学习时，梅贻琦先生是我的物理学老师。现在回忆起来，梅老师对学生的学习是非常关心的，他经常在实验室里指导学生做实验，并且总是以诲人不倦的态度为学生解释课本上和实验中的疑难问题。以后在担任留美学生监督时期，梅先生也是经常到各地了解学生学习情况，就地解决他们在专业选择上以及学习上的各种困难。

1931 年梅先生回国担任清华校长时，我已在清华土木系任教。由于那时我兼任学校工务委员会的事务，以后又负责工学院的教学，与梅先生接触较多。给我印象最深的是，梅先生一向尊重教授会经过充分讨论后的意见，以此来处理学校的重要问题，并且加以贯彻执行。对负责各系教学的老师，也是完全信任，从不把自己的意志强加于人。现在简述以下几件事，用以说明梅先生在旧中国时期以其全部精力为大学教育事业服务的精神，以志怀念之忱。

一

梅先生在 20 世纪 30 年代担任校长后，极其重视培养学校内的学术气氛，特别注重聘请有学术成就的教师。过去清华在聘请教授及专任讲师（相当于副教授）时，都先要经过聘任委员会的审查同意，再经评议会核定。在 20 世纪 30 年代初期，清华正先后修建各斋宿舍、化学馆、生物馆、机械馆、电机馆及扩建图书馆等，梅先生就曾向全体师生讲过："所谓大学者，非谓有大楼之谓也，有大师之谓也。"以后在抗战胜利复员后，他又在《校友通讯》中写道："纵使新旧院系设备尚多欠缺，而师资必须蔚然可观，则他日校友重返故园时，勿徒注视大树又高几许，大楼又添几座，应致其仰慕于吾校大师又添几人，此大学之所以为大学，而吾清华最应致力者也。"

梅先生除致力于发展大学本科外，对创办各学科研究所亦极重视，特别是与国防有关的研究所更积极筹办。继文、法、理各学院的成立，1933 年工学院亦告成立。其后不久即将机械系航空工程组的教师队伍扩大，创设航空研究所于江西南昌。当时我国航空工业尚处于开创时期，该门科学及人才均远不足以适应国防及民用的需要。该研究所建立的风洞是我国第一个研究飞机结构的较大型风洞。为了适应当时国家的迫切需要，原拟在长沙创设的无线电研究所因抗战迁到昆明，装设了那时国内少有的真空管制造设备，并致力于超短波和微波方面的研究。除以上二研究所外，那时清华还设有农业、金属及国情普查三个研究所。

此外，鉴于抗战时间可能较长，而国家迫切需要国防方面的科学技术人才，梅先生在迁校昆明、经济极度困难的情况下，仍力谋设法调用一部分清华所得到的庚款基金利息，继续派遣留美公费生。1942 年，在后方共录取留美公费生 16 名，招考的 13 个部门中，属于国防及以后工程建设迫切需要的学科，如航空结构及发动机工程、造船工程、无线电学及汽车工程等共 10 门。但梅先生还认为选送留美学生需费较巨，名额有限，究非长久之计，因而决定恢复清华原设置的研究院，使大学毕业生在国内即有继续深造的机会。在昆明时，除恢复原有的文、理、法各科的研究部外，又增设土木、机械、电机、航空等 4 个部。

二

1937 年北平沦陷后，清华和北大、南开首先迁至湖南长沙，成立长沙临时大学。是年冬，南京为敌所占，长沙已迫近前线，临时大学又于 1938 年春再迁昆明，成立西南联合大学。在此期间，抗日战争烽火连天，师生转徙数千里，历尽艰苦。西南联合大学的行政组织，名义上是由清华、北大、南开三校校长组成常务委员会领导，但北大和南开两校校长在昆明仅留数月，以后就到重庆去了。西南联大只有梅先生一人独力支撑，一方面要和地方政府联系解决校舍问题，另一方面要设法增添教学所需图书和实验设备。梅先生任劳任怨，克服各种困难，使联大很快就能开学上课。以后经过全校师生的惨淡经营，三年后规模增至 5 个学院共 26 个系，在校学生达 3000 人。

1941 年太平洋战争爆发后，日本帝国主义先后占领了安南和缅甸。与缅甸比邻的我国云南省西部的腾冲、龙陵二县亦相继沦陷。这时昆明已由后方变成前方，距前线 400 余公里，西南联大校舍曾数次被敌机轰炸，人心惶惶，形势极为危急。在梅先生的镇定领导下，全校师生照常上课，弦诵之声未尝或辍。每次空袭警报，梅先生总是和其他师生从容走进防空洞。西南联大在胜利复员前数年，在抗日前线仍能照常进行教学和科研工作，是和梅先生艰苦而镇静的领导分不开的。

在西南联大时期，梅先生曾积极提倡师生为抗战工作而努力。1938 年春，国民党政府发动训练机械化部队。在梅先生的倡导下，清华机械系的二、三、四年级学生大多数均进入交辎学校受训，并于毕业后分赴各地工作。1939 年 2 月，又在电机系附设电讯专修科，培育抗战期间所需的电讯人才。该专修科学员于一年半后结业，多数分配在军事机关服务。1943 年盟军来华，迫切需要翻译人员。在梅先生动员下，四年级学生大多数参加受训，学校并给予各种便利。当时应征者共 400 余人。教师中亦有十余人脱产协助训练。连同加入青年远征军及空军的西南联大学生，前后共达 800 余人。

三

梅先生认为合作事业可由机关供给经费，由学校贡献人才与设备，这在抗战期间能促进后方建设，收到事半功倍之效，曾大力加以倡导。那时机械系即增设有实习工厂，接受外界委托的机械制造与修理业务，同时使学生参加工作以获得实际经验。

学校南迁后，清华工学院首先与交通部合作，进行有关滇缅公路修建时所需的各种试验。以后又与水利部合设昆明水力实验室及研究云南省螳螂川流域暴雨现象；与昆明昆湖电厂合作研究有关电机制造方面的问题；与资源委员会合设云南省水力发电资源勘测队，查勘云南省大部分地区的水力蕴藏资源；以及与云南省经济委员会合作，设计并监修腾冲、下关和大理、喜洲的水力发电站。

1942 年起，昆明物价飞涨，西南联大教职工生活极为艰苦。清华部分教师曾建议在教学之余组织一个有关科学技术的咨询机构，为在滇国营企业及地方建设部门服务，以所得劳动报酬供补助同人生活之用。此项建议得到梅先生的大力支持，认为可协助抗战后方生产和调剂西南联大同人生活，自助助人。梅先生并建议该组织命名为"清华服务社"。开始时即承接昆明飞机场的测量与扩建设计，以后范围逐渐扩大，从事生产当时社会上缺乏的用品以及机制木材等。该社所获利润逐季分配给西南联大同人。

四

1948 年初夏，国民党政府要逮捕清华进步学生，事先曾将名单通知梅先生私人。他即行召集校务委员会商讨如何处理此非常事件。梅先生一向不多发言，总是听取别人意见细加分析，但那时很快就表示学校应对进步学生尽力加以保护。参加会议的人也都完全同意梅先生的主张，只讨论应采取什么步骤。最后决定派人通知有关同学十余人当晚立即离校躲避，使他们及时受到了保护。

梅贻琦先生对清华大学、西南联大的贡献，是我们永难忘怀的。

爱国教育家张伯苓先生

梁吉生　杨　珣

张伯苓先生（1876—1951），名寿春，天津人。他青少年时，正是中国在帝国主义侵略下沦为半殖民地半封建社会的苦难时代。他痛感清廷的腐败和民族灾难的深重，努力寻求救亡图存的道路，决心通过办教育使国家独立自主，兴盛富强。他先后创办了南开中学、南开大学、南开女中、南开小学以及重庆南开中学，担任校长40余年，对中国教育文化事业的发展作出了卓著的贡献。

为了实现教育救国的理想，张伯苓先生特别强调爱国主义教育。他把爱国视为促进国家团结统一的基础，要求学生必须有爱国的精神和爱国的本领，"有爱国之心兼有爱国之力，然后始可实行救国之宏愿"。新生一入南开，他就大讲"国帜三易"对他的刺激。每周的修身课，他常常向学生讲清朝的腐败，激励学生团结救国。辛亥革命后，军阀连年混战，国家日益贫弱，人民日益困苦。他痛恨"军阀政客之妄为"，认为中国革命并未结束，学生受高等教育"宜于此数年内，预备充分之学问与能力，以期异日尽责于国家"。学校还经常举行各种"国耻"纪念活动，激发学生的爱国主义情绪。

张伯苓先生坚决反对日本对中国的侵略。1927年4月，他到东北各省视察，对日本在东北的侵略十分愤慨。回校后不久，即在南开大学成立东北研究会，专门研究东北的地理、经济和日本侵略东北的情况。九一八事变以后，该会很快编出《东北经济地理》的专门教材，作为南开中学的必修课，对学生进行生动的爱国主义教育。南开学生还用多种方式宣传日本的侵略罪行。南开在天津的抗日救亡运动中一直站在斗争的前列。因此，日本侵略者对南开十分仇视。1937年7月底，日军武装进攻天津，首先轰炸南开大学，使张伯苓先生惨淡经营了30余年的南开化为灰烬。当时正在南京的张伯苓先生悲愤填膺，发表公开谈话："敌人此次轰炸南开，被毁者为南开之物质，而南开之精神，将因此挫折，而愈益奋励。"他的坚定、乐观的态度，使南开师生受到鼓舞。

张伯苓先生一生从事教育，积累了丰富的办学经验，他是近代中国学习西方教育的资产阶级先进代表之一。他敢于冲破封建主义束缚，大胆改革教育，宣传科学。1904年，张伯苓与严范孙赴日本考察教育，回国后成立的敬业中学堂（南开中学的前称），全盘仿效日本，一些课本及教学仪器标本等都取自日本。虽受到封建保守势力的攻击，但他并没有屈服。以后他又赴美入哥伦比亚大学师范学院学习，并在美国各地考察教育情况，回国后则进一步推行美式教育，教员多用留美学生，教材除国文、中国历史外，一律是美国中学或大学的原文课本，积点（学分）制、选科制等也采自美国学校。1919年创办南开大学，逐步感到不顾国情地全盘照搬，带来严重弊端，因此在1928年春他主持制订《南开大学发展方案》时，提出以"土货化"为今后发展的根本方针："以中国历史、中国社会为学术背景，以解决中国问题为教育目标"，加强了与中国实际的联系。在这一方针指导下成立了东北研究会、经济研究会、应用化学研究所等机构，形成了南开的一个特色。

张伯苓先生在长期的教育实践中，积极提倡德智体全面发展。他认为"教育一事，非独使学生读书习字而已，尤要在造就人才，三育并进而不偏废"。他所倡导的南开校风就贯彻了这一主张。他为南开制定"允公允能"的校训，意在培养学生"爱国爱群之公德，与夫服务社会的能力"。南开创办时他就提倡团结、友爱、尊敬师长，他亲自给学生讲修身课，讲授为人做事、处世治学之道。南开中学在校门侧专置一个大镜子，镜旁镌有镜箴，使学生出入，知所做戒，箴词为："面必净，发必理，衣必整，纽必结，头容正，肩容平，胸容宽，背容直。气象：勿傲，勿暴，勿怠。颜色：宜和，宜静，宜庄。"为培养学生文明行为和良好的生活习惯，专门编制了《学生卫生习惯自省表》及《学生每日生活的正规》，进行对照反省。他还十分强调师表作用，常说："正人者，必先正己。要教育学生，必先教育自己。"为了禁止学生吸烟，他曾折断自己的烟杆，当众销毁自己所存的吕宋烟，终其一生不再吸烟。他严格要求自己，以身作则，博得人们的称赞。

张伯苓先生强调基础知识和基本技能的学习。不论中学和大学，都由最好的教师开设基础课以提高教学质量。中学的生物、化学、物理课规定每周各两小时实验，每两个学生发一组实验仪器，使学生从中学时代开始就受到严格的科学训练。他重视智育，但反对学生读死书，他说："一个人念书要念活的，不要念死的书。"他常常邀请专家学者作学术报告，开阔学生的知识视野，还力主学生多接触社会实际。他认为："吾国学生之最大缺点，即平日除获得书本上知识外，鲜谙社会真正的情状，故一旦出校执业，常觉与社会隔阂，诸事束手。"这是很有见地的。

张伯苓先生在办学中注意发展学生专长。1921 年他召开大学校务会议，专门通过《特材生办法案》，决定对优秀生"特别优长之门类宜设法使之尽量发展"，并且实行积点（学分）制和选科制，使学生有条件发展自己的爱好和特长。为了有利于较快地培养人才，学校专门设立特种奖学金，奖励在学习上有创见的学生，鼓励他们奋发学习，勇攀高峰。

张伯苓先生也很重视体育，"注意体育，锻炼强健之国民"，是他一贯的主张。他从教学馆时起，就设体育课，以后，南开始终把体育列为必修课，《南开大学学则》明文规定，学生须习毕三年规定之体育课程，才"准予毕业"。南开有比较完备的体育设施，体育运动有广泛的群众基础，学校经常组织各种体育比赛。张伯苓先生还是全国体育运动的积极倡导者和组织者。他是 1909 年的首届华北运动会、1910 年首届全国运动会的主要发起人之一，运动会就在南开中学操场举行。他长期担任华北和全国运动会的总裁判和全国体育协会的副主席。曾作为全国体育代表队领队参加过远东运动会。1923 年 5 月 3 日，第 10 届华北运动会在南开中学举行，负责大会组织筹备工作的张伯苓一改前规，裁判全部由中国人担任，裁判术语全用国语，张伯苓先生对发展我国体育事业也作出了贡献。

张伯苓先生说过，学生"不单要从书本上得学问，并且还要有课外活动，从这里得来的知识学问，比书本上好得多"。在他的倡导下，学生组织各种社团，积极开展丰富多彩的课外活动。不但有学术研究会，还有文艺、体育、书画、武术、外语等组织。学校不但安排活动场所，补贴经费，还派教师指导。南开的新（话）剧运动，在五四以前就誉满京津。张伯苓先生是南开新剧运动的倡导者和支持者，南开的第一个剧目（《用非所学》）就是他亲自编导的。南开的课外活动不但培养了学生的集体观念、爱国主义精神和组织纪律性，还发扬了学生的多种爱好和特长，锻炼了学生的组织能力、办事才能，有利于学生在德智体诸方面得到生动活泼的发展。

张伯苓先生从多年辛勤实践中积累的经验，虽然有其历史的局限性，但仍然值得我们很好地研究总结，批判地吸收、借鉴，为发展社会主义教育事业服务。

抗战开始后，南开大学和北京大学、清华大学组成长沙临时大学，迁到昆明后改称西南联合大学。西南联大的学风和校风中，也继承了南开的优良的传统。张伯苓先生是联大三位常委之一。由于他担任国民参政会副会长的关系，他常年在渝，很少过问校务，他充分信任他的学生梅贻琦常委。1948年夏，他又任国民政府考试院院长。但他看到了当时国民党统治的黑暗腐败，发出了"无官不贪，无吏不污"的慨叹，因此，1948年底即以养病为名，离开了考试院，避居重庆沙坪坝津南村寓所。以后又坚决要求辞去考试院院长的职务，拒绝国民党要他赴台湾的"催请"，终于在重庆迎来新中国的诞生。

……

1950年9月15日他返回天津，住在三子张锡祚的家中。当时南开的一些负责人常去看望他，商谈学校的大事。张伯苓先生兴奋地对家人讲："从前办南开坎坷不平，以后就是平坦大道了。我还可以干20年。"正当他满怀信心决心在人民政府领导下，为建设新中国而努力时，1957年2月14日突患脑栓塞，于2月23日不幸病逝。他患病后，左臂麻木，口不能言，进而喉咙麻痹，不能进食，只靠鼻饲延续时日。还在他神志清楚时，有一天他伸出手指画圈，在场的家人和南开校友知道他要写字，便商量代为他拟写遗嘱，请黄子坚先生代笔。黄子坚先生是张伯苓的学生，1927年起担任南开大学部主任、秘书长，同张先生最接近，深知他的思想和为人，张先生的许多讲稿与书信，就是由黄子坚拟稿的。张先生回天津后，黄先生又常去看他，对解放后的思想和言谈最为清楚。遗嘱拟好后，于2月19日清晨，将遗嘱念给他听。

当时张伯苓先生虽不能讲话，但神志清楚，听后点头称是，并挺起大拇指表示称赞。遗嘱全文如下：

> 1897年，余愤于帝国主义之侵略，因严范孙先生之启发，从事教育，50年来，矢志未渝。凡余所致力而未逮之科学教育、健康教育、爱国教育，以允公允能，日新月异，与我同学共勉者，今将在人民政府之下，一一付诸实施。余所尝效力之南开大学、南开中学、重庆南开中学，在人民政府之下，亦将积极改造，迅速发展。今日之人民政府为中国前所未有之廉洁良好政府，其发展生产、友好苏联之政策，实为高瞻远瞩，英明正确之政策。凡我友好同学，尤宜竭尽所能，合群团结，为公为国，拥护人民政府，以建设富强康乐之新中国。无限光明远景，余将含笑待之。友好同学，务其努力。

这确是张伯苓先生饱历沧桑后的肺腑之言，"拥护人民政府"，是他颠扑踬蹶，摸索奋斗一生得出的最后结论。

张伯苓逝世后，周总理闻讯立即赶到天津，在天津市市长黄敬、副市长许建国等陪同下，到张宅吊唁。为悼念张伯苓，当时由周恩来、傅作义及天津市和南开大学负责人等组成治丧委员会，并在南开女中举行追悼会。周总理送了花圈，白色缎带上写着："伯苓师千古！学生周恩来敬挽。"周恩来总理曾对南开校友说："人民政府对张校长很关心，对他寄予希望。没想到他故去了，很可惜。"又说："张校长办教育多年，确实是有贡献的，咱们都是他的学生。"这是党和人民对毕生办学的爱国教育家张伯苓先生的高度评价。

蒋梦麟在西南联大

左　右

蒋梦麟（1886—1964），原名梦熊，字兆贤、少贤，号孟邻，笔名唯心，浙江余姚人。国民政府第一任教育部长、北京大学任职最长的校长、西南联大校务会常委、中国红十字会会长、行政院秘书长、农村复兴委员会主任，中国近代教育家。

蒋先生5岁入私塾，经过几年学习，父亲让他选择经商还是仕途时，他毫不犹豫地选择了继续努力求学，12岁，进了颇负盛名的绍兴中西学堂。次年冬，蔡元培先生出任中西学堂监督，蔡、蒋师生之谊从此开始。1902年，考入浙江省立高等学堂，因其名入闹事学生名单，遂改梦熊为梦麟。1903年回绍兴参加郡试，录取为余姚县附生，后又考入上海公学。

1908年，蒋先生乘船赴美，迟到未能赶上秋季班，遂专心补习英语。次年2月进入加利福尼亚大学农学院。秋，转入社会科学院。是年，蒋先生与孙中山先生相识，当时蒋先生兼《大同日报》撰述。孙中山先生对他如此评价："少贤他日当为中国教育泰斗，非知之艰，行之惟艰，少贤有焉！然对于革命议论，风发泉涌，笔利如刀，又宣传家大手笔也。文字革命时期，不能少此人！"武昌起义后，蒋先生独立担任了每日一篇《大同日报》社论的写作。

1912 年 6 月，蒋梦麟毕业于加利福尼亚大学教育系，获学士学位。旋入哥伦比亚大学研究院，师从杜威研究教育。1917 年 6 月，获哥伦比亚大学哲学博士学位，毕业论文名为《中国教育原理之研究》。回国后任商务印书馆编辑，开始发表文章。

1919 年 7 月，受蔡元培校长之托，蒋先生代其主持北京大学校务。次年，再次代理。1923 年初，蔡元培先生辞职离校，蒋先生第三次出任北大代理校长，并任"国立北京八校校长联合会"主席。

1927 年，任第三中山大学校长，次年学校改称浙江大学，继续任校长。10 月 24 日，国民政府特命蒋梦麟为教育部长，兼浙江大学校长，主持浙江大学区，又任命为"中意庚款委员会"委员。1930 年 11 月 27 日，因中央大学易长及劳动大学停办之事，与国民党元老意见相左，被迫请辞教育部长职。12 月 4 日，国民政府任命蒋梦麟为国立北京大学校长。从此开始，蒋先生独立主持北京大学近 20 年，他在任上这 20 年是北大历史上极为灿烂夺目的年代，不仅奠定了北京大学在中国教育史上的地位，而且实在是使北大走上现代教育之坦途的关键年代，有人曾作过如下评述：

就其教育主张及其教育的根本理念而言，早在 1918 年，蒋梦麟就在中国道德倡导进化社会的人格教育，以高等学术作教育的基础，培养活泼的、能生产的个人，以为家庭增资产，为国家求富强。此后数十年来，蒋梦麟努力迈向这一目标，始终不懈地进行艰苦的奋斗。在他主持北京大学近 20 年的时间里，不顾内乱外患的困扰，勇于负责，殚精竭虑，为北京大学的发展做出了巨大的贡献，为北京大学历史上最有

名的校长之一。北大后来之成就，实际上应该包含蒋氏的一份心血。（马勇：《蒋梦麟传》）

1937 年 8 月 28 日，教育部指定蒋梦麟、梅贻琦、张伯苓为北大、清华、南开校内迁筹委会常务委员。蒋先生不知此一去何日再能见老父，抽空回去看了父亲一转，便赶至长沙参加筹建联合大学。

蒋先生至长沙时，清华大学校长梅贻琦已经先到了。9 月 13 日，长沙联合大学筹备委员会在长沙举行了第一次会议。

长沙临时大学的校务由原三校校长共同主持，蒋梦麟兼校务长、梅贻琦兼教务长、张伯苓兼建设长。在动乱时期主持一个大学本来就是头痛的事，而在战时主持大学校务自然更难，尤其是要三个个性不同、历史各异的大学共同生活，而且三校各有思想不同的教授，各人有各人的意见。在这种情况下，蒋先生一面为战局担忧，一面还为战区里或沦陷区里的亲戚朋友担心，身体有些支持不住了，胃病在急和累中复发了。虽然"外忧内患"，他仍然打起精神与梅贻琦校长共同担负起责任，但毕竟是靠许多同人的共同努力和同舟共济，他们才使这条由混杂水手操纵的危舟渡过惊涛骇浪。

1937 年底，南京沦陷后，日军溯江占领南昌，长沙随之成为日机轰炸目标之一。蒋先生飞到武汉，想探探政府对联合大学继续迁往内地的意见，教育部要他去找蒋介石，他只得去了。蒋介石赞成对联合大学再往西迁，蒋梦麟建议迁往昆明，因为那里可以经滇越铁路与海运相衔接，从而有利于维护联合大学将来与海外的联系。蒋介石马上表示同意，并提议应先派人到昆明勘察寻找校址。1938 年 1 月，联合大学就在准备搬迁中度过了。

长沙临时联合大学在第一学期结束后，按大多数人的意见于

1938 年 2 月底向西南迁往昆明。

其时交通困难，除女同学及部分体弱之男同学由粤汉铁路到广州经香港、越南入滇外，男同学组织了湘黔徒步旅行团，在闻一多教授的带领下，由长沙步行 3000 里至昆明。

蒋先生于迁校工作大体完成后，由长沙飞香港，搭法国邮轮到海防，然后乘火车至河内，再乘滇越铁路往昆明。4 月 2 日，湘黔滇徒步旅行团抵达昆明，已先期到达的蒋先生、梅先生及临时大学的其他负责人一起到昆明东城门去迎接他们，几位教授夫人还献了花篮，小孩们还唱："It's a long way to 联合大学，It's a long way to go！"向 3000 里风尘仆仆的师生表示祝贺。未参加步行者，全程耗时约半月，长短时间各有不同。约 350 名学生留在长沙，参加各种战时机构。

旅行团到达昆明当天，国民政府教育部电令："国立长沙临时大学改名国立西南联合大学。简称西南联大或联大。"

早在 3 月初，由于在昆明学校校舍不足，蒋梦麟便到云南第二大城市蒙自去了解情况。3 月 14 日，这位主要负责外事的校务会常委回到昆明，次日下午即在四川旅行社开会，到会者有蒋梦麟、张伯苓、周炳琳、施嘉炀、吴有训、郑天挺等人，会议决定将联大文法学院设在蒙自，理工学院设在昆明，由北大、清华、南开各派一人到蒙自筹备。19 日，西南联大常务委员会在昆明召开首次会议，鉴于联大在昆明实在不能立即找到合适房子容纳这许多新客，会议决定接受蒋先生等人建议，把文学院和法商学院设在古城蒙自，并成立"国立西南联合大学蒙自办事处"。蒙自原是中国边疆军事重镇，元代时已设县。近代，更是中国与越南通商的一个重要城市，那里设有海关。滇越铁路通车后，蒙自失去了原来的重要性，海关自然迁走。人去楼空，联大文学院就设在海关衙门里，称西南联大蒙自分校。分校只办了一个学期，同年 9 月，文学院与法商学院即迁回昆明。因为当地各中小学已迁往乡间，原校舍可以出租，房舍问题已不如过去那么严重。

1938 年 5 月 4 日，西南联大开始上课。联大开学时，四个学院学生总数仅 1300 人左右。由于没有集中的校舍，学校一开始分成两部分，理学院、工学院设在昆明，借昆华农校、昆华工校、昆华师范、昆华中学及拓东路迤西会馆、全蜀会馆、江西会馆上课，称为西南联大本校。本校设一校务会议，由两院院长、教务长、总务长、建设长及教授代表 5 人组成，负责处理两院院务及本校经常事务。

1938 年 8 月初，"房荒问题已不如过去那么严重，又奉教育部命令成立师范学院"。蒋梦麟高兴不已，说："真是双喜临门。"他代表联大找黄钰生谈话："校常委会希望黄先生能出来担任联大师范学院院长。" 8 月 16 日，联大常委会决定聘任黄钰生为联大师范学院院长。1938 年底正式上课。

联大师范学院是在全国新设的 8 个师范学院之一。建院之初，将原北大教育系、南开哲学心理教育系的教育组及云大教育系师生划归联大师范，三系组原有教师不过四五十人，而 1938 年新招生的 5 年制本科共设有教育、公民训育、国文、英语、数学、史地、理化等 7 个学系，此外还设有两年制文史地、数理化专修科、云南省在职教师进修班等。因此，联大师院多数系主任和教师都由联大其他系教师兼任，或与联大各院系开设的相应课程一同上课。

联大院系设置在长沙临时大学基础上略作调整。工学院则增设了航空工程学系、电讯专修科、大学先修班。至此，西南联大共有 5 院 26 系、两个专修班、一个先修班，成为当时国内规模最大的高等学校。1939 年 3 月 1 日，蒋梦麟致信胡适，告知西南联大的情况：

> 此间诸事顺利，学校进行如常，情形颇佳。学生增至三千零九十余人，所建简陋校舍完全竣工。校中纪律颇严，校风亦颇好。教员勤于教学，学生勤于读书，一般舆论认联大为全国冠，是为同人之自胜弗愧者也。三校以互让为风，三位已成一体，实内部之纯一化比任何单独学校为优。两年奋斗，竟告成功，事在人为，良不为诬也。弟自去年8月患胃病起，静养4个月，于11月底告痊愈。现则一切如常，精神颇佳，胃口亦好。现家移乡间居住，新构茅屋20余间，为此处同人疏散之备……地离昆明四英里（即北郊冈头村，笔者注）。每逢警报，高朋满座。两星期前，几乎每日有警报。近来颇安静也。并斋赴川大任教务长，联大总务长以郑毅生继任，樊逵仍任教务长。昆明一年以来百物腾贵，米每石已涨至100元以上，前年每石7元。人人叫苦……炭每石近16元。猪肉每斤1元7角。白菜每棵大者5角，小者3角。盐每斤6毛。鸡蛋每枚1角。同人八折支薪，每月入不敷出。人口较多之家，有午吃饭而晚饮粥者。学生方面，政府每月给贷金14元，幸官米每石50元，犹能吃菜饭充饥。营养大成问题矣。

1939年春，联大新校舍落成，总办公室及文、理、法商学院集中至新校舍。是年夏，联大开始使用在昆明大西门外所购的120余亩土地所建造起来的新校舍。9月间，联大规模再度扩大，学生人数已达3000人。过去10个多月来联大新建的百幢茅屋刚好容纳新增的学生。联大学生"来之不易"，蒋先生说：

多数学生是从沦陷区来的。他们往往不止穿越一道火线才能到达自由区，途中受尽艰难险阻，有的甚至在到达大后方以前就丧失了性命。

我的儿子原在上海交通大学读书，战事发生后他也赶到昆明来跟我一起住。他在途中就曾遭到好几次意外，有一次他和一群朋友坐一条小船，企图在黑夜中偷渡一座由敌人把守的桥梁，结果被敌人发现而遭射击。另一次，一群走在他们前头的学生被敌人发现，其中一人被捕，日本人还砍了他的头悬挂树上示众。

我有一位朋友的儿子从北平逃到昆明，在华北曾数度穿越敌人的火线，好几次都受到敌人射击。他常常一整天吃不到一点东西，晚上还得在夜色掩护下赶好几里路。他和他的兄弟一道离开北平，但是他的兄弟却被车站上的日本卫兵抓走送到集中营去了，因为他身上被搜出了学生身份的证件。他们是化装成商店学徒出走的，但是真正的身份被查出以后，就会遭到严重的处罚。

据说北大文学院的地下室已经变为恐怖的地牢。我无法证实这些传说，不过后来我碰到一位老学生，在他设法逃出北平到达大后方以前，曾经被捕坐了两年牢。据他说，他曾被送到北大文学院地下室去受"招待"。那里简直是活地狱，敌人把冷水灌到他鼻子里，终致使他晕过去。他醒过来时，日本宪兵上村告诉他，北大应该对这场使日本蒙受重大损害的战争负责，所以他理应吃到这苦头。上村怒不可遏地说："没有什么客气的，犯什么罪就该受什么惩罚！"他曾经连续3天受到这种"招待"，每次都被灌得死去活来，他在那个地牢里还看到过其他的酷刑，残酷的程度简直不忍形诸笔墨。女孩子的尖叫和男孩子的呻吟，已使中国历史最久的学府变为撒旦统治的地狱了。

留在北平的学生在敌人的酷刑下呻吟呼号，在昆明上课的联大则受到敌机的无情轰炸。轰炸行为显然是故意的，因为联大的校址在城外，而且附近根本没有军事目标。校内许多建筑都被炸毁了，其中包括总图书馆的书库和若干科学实验室。联大的校舍约有 1/3 被炸毁，必须尽速再建。但是敌机的轰炸并没有影响学生的求学精神，他们都能在艰苦的环境下刻苦用功，虽然食物粗劣，生活环境也简陋不堪。

1940 年 8 月，西南联大奉命在四川叙永设立分校，作为以后迁川准备。分校成立校务委员会，由杨振声任主席兼分校校长，下设三院及一个先修班。1941 年后，日寇轰炸减少，昆明局势渐趋稳定，迁校之议作罢，是年 8 月底，叙永分校结束，师生迁回昆明，并入本校。

联大成立之初，以学校的历史与校长资历而论，蒋梦麟应该居于领导的地位，但蒋先生为了三校的团结与整个中华民族的事业，坚定主张沿用长沙临时大学时的体制，不设校长，实行常务委员制，由三校校长蒋梦麟、梅贻琦、张伯苓及秘书主任杨振声组成，共同主持校务。大政方针实行合议制，推梅贻琦为主席，实际主持学校日常行政事务。原定校长轮流担任常委会主席，实际上常驻昆明掌理校务的仅梅贻琦，并一直任常委会主席，负责学校日常事务。蒋先生主要负责对外。他们三人之间的友谊与团结是西南联大能在艰难困苦时期支持下来的根本因素。据郑天挺在《梅贻琦先生与西南联大》中回忆："联大初成立，南开大学校长张伯苓对北大蒋梦麟校长说，'我的表你戴着'。这是天津俗语'你做我的代表'的思想。蒋梦麟对梅贻琦校长说，'联大事务还要月涵先生多负责'。三位校长以梅贻琦先生年纪较轻，他毅然担负起这一重任，公正负责，有时教务长或总务长缺员，他就自己暂兼，认真负责，受到尊敬。蒋梦麟校长常说，在联大我不管就是管，这是实话，这奠定了三校在联大八年合作的基础。"

在整个联大时期，三校之间有联合的部分，也有不联合的部分，联大之外，各校保留着自己的某些行政机构和教学组织系统，各自设有办事处，负责处理纯属各校自己的事务。北大办事处内设校长办公室，秘书为章廷谦，教务处教务长为樊际昌，秘书处秘书长为郑天挺。另外还设有文牍、会计、事务、出版组及图书馆等机构。北大教职员参加联大工作，除由联大发给聘书外，北大还发给聘书。北大并建设有自己的宿舍区。北大学生战时入联大就读的，仍然保留北大学籍，并在毕业时领取北京大学发给的毕业证书。自 1938 年至 1946 年，北大的毕业生总计有 372 人。由于日本侵华而停止活动的北大研究院，于 1939 年夏在昆明开始恢复活动，并招收研究生。北大研究院属北大系统，不受联大领导，所招研究生属北大学籍。到抗战后期，北大研究院共设有 3 个研究所，12 个学部。

既有共同的事业与目标，又有各自按校情去发展的自由与自主，这或许就是不散不倒的西南联大与东南联大、西北联大的根本不同处。"和而不同"或许就是要揭开西南联大之"谜"者的"入口"与"正道"。"极高明而道中庸"用于联大领袖，误差不会大吧。

三所校情不一、境遇各异、能力有别的学校走在一起，上了一条船，坐站处不同，不可能没有点不愉快，不可能没有摩擦，不可能没有意见，而且在长沙时已有之。蒋先生总以大局为重，总是耐心劝说大家。俗话说"小不忍则乱大谋"，这是极有道理的。联大的一位亲历者陈雪屏在《"和光同尘"与"择善固执"》中写道："西南联大所以能始终如一联合在一起以至抗战胜利，三校复员，而三校之间精神上的契合无间，且更胜于前，我们不能不归功于蒋梦麟。"

孟邻先生的性格

叶公超

孟邻先生长我 17 年。民国十四年（1925 年）我回国在北京大学任教时，他已是代理校长，他当然是我的前辈。这些年来，我一直都以先生称呼他。不过，我们单独在一起时，彼此从未有年龄或辈分的隔阂。那天在极乐殡仪馆，我参加了台湾北大同学会的蒋梦麟先生公祭之后，走回家来，忽然想起这一点，一时找不出答案。我想这当然与性格、教育、兴趣不无关系，但主要因素，则大概是孟邻先生有一种极自然的真诚，这在中国人里是很罕见的。这种自然的真诚，在传统社会里，往往不被人鼓励，甚至过分地表露还需避免。这种个性并不易描写，当你与他接触便会觉得此人没有什么使你需对他提高警觉之处。至少在情感上，你很容易对他产生一种随和亲切的感觉；换言之，无论他说的话合理不合理，你至少感觉到他不是在欺骗或愚弄你，感到这是一个不善权术的人。记得他做代理北大校长时，有人说他是个政客，会玩弄手段。我却没有这种感觉。孟邻先生若听见我的话，也许会幽默地说："我没有玩弄过你吧！"

他不是一个溺于忧郁的人；常在极艰苦的时候开些玩笑，说了他自己还要笑，有时笑得比别人还起劲。我常把人分为"笑的""愁的"和"怒的"三种典型。孟邻先生是属于第一种人。他具有幽默感，不易被环境征服，也不易失去均衡。

然而，笑并非没有主张或不坚定的象征。孟邻先生处理问题时，在没有作决定之前，态度可能游移不定，而且很容易被各种意见所侵袭；但一旦有所决定，却是非常坚定，甚至于利害毁誉在所不计。这是他个性中最强的一点，也是他最弱的一点。他的成就及许多痛苦的遭遇，也都是根源于这种性格。有一次，适之先生和我谈到为什么中国人缺乏幽默感，他的解释是，唯有认真做事的人，才会有幽默感。中国社会经济落后，多半的人都只能忙于谋生，所以对于任何事都是得过且过，因此不易有幽默感。适之先生这话，我不完全同意；不过有一点是很重要的，就是唯有能辨别是非、认识事实的人，才会有真正的幽默感。幽默不是一般的开玩笑，或是讽刺，或是讪谤，而是把一种情况中反乎情理，反乎真实或现实的因素，用最经济的方式衬托出来；换句话说，能看出一桩事理或一句话中本身的矛盾冲突的人，才可能有幽默感，所以幽默是一种属于理智的产物。孟邻先生往往了解一桩事的变化，而能看出其中矛盾冲突的因果，觉得可笑，但是并不愤怒。假使看出一桩事的幽默的转变，而就激动，那便很不像蒋孟邻！

严格说来，孟邻先生不是一位我们中国所谓治学的人。一般挽词中所谓"一代儒宗""学术导师"等，当然只是对亡者的传统的尊敬。（我相信他自己听了也一定会发笑！）据他自己对我说，他早年在美国西部办中文报的时候，曾经写过一篇文章讨论东西文化的异同，他的主要看法就是东方不但缺乏科学的基础，而且也缺乏因科学与工业之发达而产生的社会思想与个人行为。他自己对于这篇文章讲过很多次，每次都说得那样起劲，而且说他关于中西文化与思想的比较论点完全是脱胎于那篇文章的。我却从来没有看见过这篇文章，不过我知道他对于一般性的思潮与习惯是非常注意的。无论关于政治、教育、经济或人口等问题，他都是接受西洋文化的一个人。但是，他和孙中山先生一样，对于中国的优良文化传统却是主张要保存并予发扬的。因为他对于中国民族的性格与社会的情况了解得相当透彻，所以对于做事的方法他往往是采用较现实较合理的途径。他对于教育心理和中西文化之比较，注意得最早，而且一直维持这两方面的兴趣，因此我往往把他看作一位研究思想素质的人，有这种兴趣的人，我们中国一向很缺乏。谈到学术的兴趣，许多人都知道，多少年来，孟邻先生对于中国的哲学、声韵以及书法，始终保持着兴趣。他写字也可以分好几个时期来说，而在他逝世之前，大写褚遂良的大字《阴符经》在他最后一次进医院之前，他一定要他的女儿燕华把石门水库的碑文拓片拿给我看，燕华告诉我，他写这纪念碑，费了不少的工夫，自己非常得意，并且说他以后要专门写《阴符经》了。到过石门水库的人，大概都看见过那纪念碑。他开始写《阴符经》，是前年我送了他一幅照片之后，最近这一年在他最苦闷的时候，他常常以读《阴符经》帖为其精神寄托，所以他这个碑文深得《阴符经》的笔法与神韵。记得我初次在南京以《阴符经》的原本给他看的时候，他就道出这是完全以草书的笔法来写楷书。他这种一语破的的话，正表示他对于书法的真实修养。

前面说过，他不是一个潜心伏案做学问的人，因为他的性格实际是好动的。他生平做事有勇气、有毅力，这是许多人所知道的。这种人往往只顾到粗枝大叶，但孟邻先生却是粗中有细。他这种仔细的习惯可以从他吃鱼虾蚌蟹的时候看得出来。他最嗜好泥螺和蚶子这类的河鲜。他吃鲫鱼的时候，吃法不但干净利落，而且大刺小刺和骨头都放置得秩然不紊，虾蟹的壳子上也从不留下一丝的肉。有一次我问他鱼眼应该放在哪一类？他说眼肉我吃掉它，眼珠子则与骨头放在一起。

孟邻先生的许多习惯是从他早年在美国所受的教育而来的。譬如说，他对于劳动者，尤其是农夫、矿工、技工等，总是特别有兴趣跟他们接近。我的朋友中，脾气好的人也不少，但对于仆役等最客气，而且从来不发脾气的，我想只有蒋孟邻一个人。记得我们初到长沙去组织临时大学的时候，我们合用一位宝庆的老兵，因为语言关系，往往词不达意。我是一个性急的人，孟邻先生看见那位宝庆的同胞做错了事，或者是所做的刚好与我们的意愿相反的时候，他的反应总是发笑，我却在着急。淳厚、同情、宽容是他的本性。

我在卢沟桥事件发生后赶到南京去，也抱着一种时髦的请缨的志愿。到了南京，教育部的朋友叫我到长沙去，参加不久就要成立的临时大学。我到了长沙之后，才知道孟邻先生仍在杭州，而且好像回到余姚去省亲了。他回来后，我便问他南开和清华的两位校长什么时候来。他并不乐观，不过他说假使他们两位不来，我们也要把大学办起来。那时候的情况非常微妙。北大一向是穷惯了，什么事不一定要有什么规模，只要有教员、有学生、有教室就可以上课。清华是有家当的学校，享受惯了"水木清华"的幽静与安定。南开则好像脱离了天津的地气，就得不到别的露润似的，总觉得政府要在后方办大学而要他们来参加，他们当然不能够把家当挖出来。清华有稳定的基金，但是恪于条文不能随时动用。孟邻先生和我们几个，内中也有少数清华、南开的教授，天天没事时就出去游览山水。晚上聊天的时候，关于我上面所说的同床异梦的情况，大家都避免表露出来。大家总是要打听张伯苓先生的消息，究竟什么时候可以到长沙来。我们隔几天就向教育部去电催驾，教育部回电很快，总是只说我们的电报已经转给张校长了。梅校长也迟迟没有确实的消息。当时就有人主张孟邻先生回南京去一次，甚而至于说，假使张、梅两位校长不来，我们就拆伙好了。孟邻先生的反应是非常能表现他性格的，在饭桌上他说："你们这种主张要不得，政府决定要办一个临时大学，是要把平津几个重要的学府在后方继续下去。我们既然来了，不管有什么困难，一定要办起来，不能够因为张伯苓先生不来，我们就不办了。这样一点决心没有，还谈什么长期抗战？我们多等几天没有关系。"后来，张伯苓先生、梅月涵先生终于都到了。我敢说，整个抗战期间，大后方的高等教育没有间断，而能继续为政府培植人才，孟邻先生个人的贡献是不可磨灭的。

第三辑

课堂之上：通识教育，学术自由

在西南联大的日子里

张凤鸣

"逝者如斯夫，不舍昼夜。"每当想起在昆明西南联大的学习与生活，历历在目，不胜神往。人们赞誉昆明的物候四季如春，西南联大虽然随着抗日战争的胜利而被拆散，然而，她在每个出其门下的学子头脑中，却长久地留下了春意。

西南联大是抗日战争时期，由北京和天津向西南迁移的原北京大学、清华大学和南开大学联合组成的，是"国立西南联合大学"的简称，也称"联大"。当时的校徽就只有"联大"二字。联大的最高当权者，是原三校的校长蒋梦麟、梅贻琦和张伯苓，组成为三常务委员。他们都是中外闻名的学者，在当时师生中享有崇高的威望。平日里学生很难见到他们，只有当国际"贵宾"来访时，始可在教学新舍偶尔见到。他们身着长袍，上套团花铜扣大马褂，头戴插花礼帽。据说这种服装，是当时中国人接见外宾的礼服。此外，只有当学校发生重大事件时，他们才出现在学生当中，也往往只三言两语便离去了。在管理教学方面，系主任有很大权力，也是接触学生最多的基层领导人。凡关系到学生学籍等重大问题，学生还得求见教务长樊际昌。

当时，国际国内反动势力阴云密布，联大广大师生结庐为室，霉米为餐，敢于顶住逆风，高举爱国旗帜，坚持抗日，坚持教学，故这所学府被毛主席誉为国民党统治区的"民主的摇篮"。对这一赞誉，联大是当之无愧的。当时的政治斗争，在联大没有间歇过。学校当局虽然宣布，教师只要教好课，学生只要读好书，其余学校都不插手过问。现在想来，当时联大课业之繁重，制度之严格，是当局有意无意限制学生不得不埋首窗下，无暇过问政治的良苦用心。不过，一些有识之士，他们在艰苦的岁月里，夜以继日地争取优异的学业成绩之余，从未放弃过政治斗争，在西南联大的历史上留下了光辉的一页。

联大的政治斗争，是持续而又十分尖锐的。我是1938年秋进入联大的。当我一入云南境内，感到愕然的是许多云南人不知有"蒋委员长"，而只知有"龙主席"（即龙云）；他们甚至不用"中央币"，而只用"滇币"。在昆明的一些大墙上画的都是"龙主席"的像，电影院开映时银幕上首先出现的也是"龙主席"像。这时，观众得马上肃立。这与内地一切都是"蒋委员长"至上迥然不同。蒋虽欲削龙，终因鞭长莫及，无可奈何。联大学生对"蒋委员长"至上也好，"龙主席"至上也好，都不买账。一次，有同学将大街墙上"龙主席"像的一只眼睛挖了，这一来，联大与昆明地方的关系就闹翻了。当时，日寇经常空袭昆明，每次警报声刚落，敌机就已盘旋在昆明上空。一次，昆明宪兵当敌机临空时，故意用手枪打死联大一名学生，硬说该生是汉奸，为敌机发信号。通过交涉、查证，纯属诬陷。结果，除由昆明地方当局对死者家属予以抚恤外，并保证联大师生的生命安全，日后不得再发生类似事件。又一次，敌机轰炸昆明返去已数小时，警报尚未解除，部分学生从学校郊区后门返回宿舍时，受到宪兵刁难，双方发生冲突。宪兵人少，联大学生多，在校警支持下，缴了宪兵的手枪，并抓了几个宪兵。逃回去的几个宪兵不一会儿便带着许多宪兵，全副武装包围了联大宿舍，并将机枪架于宿舍外围，准备射击。学校当局得知此事后，即与昆明地方当局进行紧急交涉。交涉结果是，以后地方宪警不得擅自进校，联大学生退回手枪，释放抓获的宪兵了事。此后，少数联大学生在昆明市内与地方宪兵发生冲突时，由于学生势孤，不得不飞奔回校，一入校门，校警的警棒一拦，地方宪警即不再追入校内。

当时，迁至四川重庆的中央大学地下党的工作非常活跃。蒋介石为加强独裁统治，自己兼任中央大学校长，对学校地下党组织百般进行破坏。自1940年起，中央大学两百多名党员，先后转学西南联大，联大党的力量更加强了。蒋介石为了统治联大，意欲将联大迁重庆，遭到联大师生一致反对，只得作罢。1941年皖南事变后，蒋介石从重庆开具黑名单，派遣大批特务到昆明，企图暗害联大共产党员；联大党组织得悉后，数日之内，即全部撤离学校。不久，又恢复了地下党活动。

蒋介石还曾多次派遣大员，到联大进行窥测与拉拢，如陈立夫、陈诚等都到联大发表过演说，联大同学对他们嗤之以鼻。

1941年底，日寇袭击香港，香港沦陷，死伤惨重，许多中国要人、学者在香港都下落不明。当时孔祥熙的家属住在香港，为避不测，不但其全家主仆乘飞机脱险安抵重庆，连孔二小姐的洋狗与红漆马桶都由飞机运到山城。消息传到联大，适逢陈寅恪应英国皇家学院邀请去讲学，时在香港尚未启程去英，是否蒙难，情况不明。于是在党的地下组织领导下，历史系学生揭竿而起，一声号召，全校学生跟随擎校旗的同学冲出校门，上街游行示威，高呼口号。当时，各地迁在昆明的十多所大学和昆明的中小学生，亦闻声冲出校门，加入游行队伍。由于人马众多，声势浩荡，联大地下党组织为避免事故，利用蒋、龙之间的矛盾，故意呼喊"打倒蒋介石、孔祥熙！""拥护龙主席！"等口号。龙云闻讯，果然一面派宪警上街保护游行队伍，一面电告联大常委："你们的学生带动全昆明市的大中小学生上街游行示威，呼喊口号，给我带来了很大困难。"意思是怕蒋介石更忌恨他。联大常委闻讯迅即乘轿车追上游行队伍，赶到每个十字路口观看。游行队伍安全返校后，立即组织分工，在校内张贴标语、出墙报，并决定通电全国，掀起反蒋高潮。当天下午，校常委乘车巡视了全校标语，并命立即扯掉。次日上午，集合全校学生训话，劝诫学生在国难当头之际，应从团结的愿望出发，切勿同室操戈；游行后，不要再有越轨之举了。否则，常委即将学校大门上锁，离昆明而去了。同学们总算尊重常委意见，不复行动，照常上课。自此以后，联大与地方势力的矛盾逐渐缓和。龙云又在联大设立龙氏奖学金，并为联大学生广开勤工俭学之路。以后，震惊中外的"一二·一"运动，四烈士英勇献身和闻一多教授被害事件发生时，我已离开了联大。

联大萧墙之内的斗争也是激烈的。当时宿舍里都是高低铺，一间寝室住上几十人，每间寝室里有共产党员和党所领导的民主人士，也有反动党团分子，彼此活动都处于半公开状态。大多数同学都是无党派的中间人士。由于党员学生成绩优异，作风正派，生活艰苦，为中间派和有正义感的同学所同情；而反动党团分子，有的学习成绩很差，有的品质卑劣，为众人所鄙视。一些偷鸡、贪污盗窃事件，多是这些败类所为。联大图书仪器设备条件很差，特别是图书少，书店无书可买，教师讲课又不发讲义，所以到图书馆借书的人很多。为使图书易于周转和防止散失，借书章程规定以学生证借书。每借一本书，为期不能超过一周，过期罚款；如有遗失或隐瞒不报者，根据该书价值，按书价几倍至二十几倍赔偿。于是败类中，居然出现专偷学生证的贼。他们到图书馆借出图书，通过黑市高价出售。当同学发现后，人人恨之入骨。然而，这些败类居然能得到训育长的庇护。还有一个三青团骨干分子季某，担任师院伙食团工作，贪污粮食数千斤，在证据确凿的情况下，不得不被开除，可训育长居然为之介绍到西南航空运输处工作。

联大学生会每年换届一次，通过全体同学民主选举产生新的学生会委员。每当学生会换届选举时，共产党员与反动党团分子的斗争就非常激烈，双方事先公布竞选名单，竞选人在群众中发表演说，双方工作人员在群众中亦开展宣传活动。选举时由前届学生会主席主持大会，将双方竞选人名单印发全校同学，然后由他们圈定。这时，在会场上双方的拉票活动也最为活跃。当然，竞选结果，双方都有人当选。当选的委员分工时，斗争又很激烈。一次，一位地下党女同学当选了。分工时，由于她平时校外活动多，反动党团的委员故意推定她管理师院伙食团工作，使之不能外出活动。一天晚餐后，她外出未归，厨房工友找她开仓量次日早餐米，找来找去未找着。这事被反动党团分子知道了，他们写大字报，画漫画，极力丑化她。大字报、漫画贴满了食堂墙壁。晚10时后，她回来了。喊工友量好了米，再到食堂将大字报和漫画浏览一遍。次日早餐时，几百人基本到齐了，大家都在低声议论食堂的大字报和漫画。突然，那位女同学发言了，她说："写大字报的流氓们，你们有胆量就请在大字报上署上自己的名字吧！"这时，一个反动党团的流氓打个口哨呼喊道："好不好？"其同伙应声说："好！""妙不妙？""妙！""再来一个要不要？""要！"于是一伙流氓嘻嘻哈哈地一阵鼓掌。而那位女同学气冲冲地把自己桌上的碗、菜全扫于地，跳到桌上声色俱厉地说："今天早餐按时开了，写的大字报简直是些流氓狗屁！有种的就到前面来辩论。"由于联大流行"Lady first"（女士优先）的洋风，这时，有正义感和有洋派作风的同学们也高声指责那些人，于是流氓再不敢吭声了。又一次，有个校医无理打工人，党组织又领导群众贴出许多大字报，为工人伸张正义。有时第一节课到教学室去，可以从课桌屉子里看到从延安发来的传单，内容都是揭露蒋介石集团对共产党的污蔑和封锁的。在党的领导下，校内还组织了课外读书小组，主要是学习社会发展史。

联大的教学是认真、严格和紧张的。这与三常委强调教学质量，同时也与学校教学采取的学分制与选课制分不开。

联大教师队伍中出类拔萃的教授有百余人，都是国内外负有盛名者。他们各有所长，观点不一，在课堂内，争鸣成风。由于历史的局限性，在这些名人、学者中，超阶级的观点是严重的。当时，联大形成了一种所谓"名士派"，有的长年累月，钻研学术，不修边幅；有的生活无计划；有的作风浪漫。影响所及，在联大多数学生中也相习成风。

联大教授讲课，既不用教本，也不用讲稿，更无讲义印发学生；一般只开列参考书目，让学生课外自学。教师所讲的，多是个人研究心得。有的讲演精练，层次分明，详细笔录下来，就是一篇好论文；有的讲课生动活泼，使人听了，久久不厌，终生难忘。他们每讲一堂课，不仅在学术上狠下功夫，而且在教学艺术上，也精益求精。有的教授，在备好课后，面对穿衣镜，反复试讲，还请夫人提意见。

联大教学采取学分制。规定每个学生在四年内必须修满132个必修学分，此外根据所学专业，还规定不同的选修学分数。由于当时学校政治斗争激烈，当局为了省事，要求教授从严管教学生，以为防范。因此，各科指定的课外参考书多，作业繁重，测验频繁，评分很紧。特别是各系共同必修的基础课，每次测验，常有三分之二的学生不及格。不过考试时，不及格者少，但很少有人能得70分。当时各省设有大学奖学金，规定各科平均分数在80分以上者才能请奖。这样，对联大学生来说，只能望洋兴叹。后来，通过教育部与各省联系，决定联大学生平均 70 分者，即可请奖；而每年有 18 个学分不及格者，便予开除学籍。在此情况下，大多数学生不得不终日埋首于课业，个别学生甚至一个学期很少上床睡觉，疲劳时只好伏案假寐，更无暇参加社会政治活动。特别是工学院的课业，压得更紧。有些学生不得不将四年该学完的学分，分作五年或六年学完。因当时只规定学生在校修业时间，不得少于四年，自愿延长时间是可以的。不过，由于学习艰苦，有的学生还有家庭负担，故一般都想争取在四年内完成学习任务。有一次，一个学生的一门课得了 59.5 分，影响毕业，还得留校一年，重修这门课程。他找教务长说情不准，便气愤地质问说："59.5 分与 60 分有什么差别？"教务长回答说："如果 59.5 分与 60 分无差别，那么 59 分与 59.5 分也无差别，自然与 60 分也无差别，如此类推，最后零分与 60 分也无差别了。"该生一气之下，拔出一把小刀蹾在桌子上说："你要诡辩还是要命？"当时教务长吓住了，婉言相劝说："这个问题，我与任课教师再研究。"自此以后，学生要见教务长，须先通过秘书室，填表说明求见事由，由教务长批示是否接见，不能直接闯进教务长办公室了。

联大很重视基础课程教学。有些基础课，如语文、数学、外语、中外通史，是全校性共同必修的基础课；此外，根据院系专业性质，还有生物学、经济学、物理学、哲学等必修基础课。由于学习基础课的人多，必须分班由几位教授分别任课。如何编班，不由学校决定，而由学生选课决定。其办法是，先由教务处将担任同一基础课的教师姓名、讲课时间、地点与各系专业课教师姓名、讲课时间、地点同时公布，由学生在不与所学专业课时间冲突的前提下，自由选择听谁的课，然后到系办公室领取选课三联卡填好后由系主任签名，一联交教务处注册，一联交系办公室注册，一联交任课教师注册；手续完善后，方能听课。由于学生有选择教师之权，自然给教师的教学起到一定的督促提高的作用。教学水平高的教师，选课的学生有时达数百人，必须在大课堂上课；有的教师的课，选者寥寥无几，甚至无一人选课，这对当事者来说，自然感到难过和紧张。

联大基础课和系里的重要专业课，一般由教授和具有一定水平的讲师任教。助教是不开课的，只为教授收发作业及初阅作业，并随教授到课堂听课，在教授指导下进修。在联大，从助教到讲师之间，还有教员一级，教员和讲师一般只担任系里的选修课程。

联大有些课程，由外国教授担任，用外语教学。一些外语成绩较差的学生就很感困难。有些教授指定的参考书都是外文原版，不仅借书困难，而且阅读起来也很困难；考试也用外语命题，很多同学往往因不识题而考分很低。

联大的体育课很严格。每节课都要点名；其他课可以缺席，只要自学赶上要求即可通过，而体育课一学期缺课三分之二便得重修。有的学生开始不重视体育课，因此随意请假；后来除体育外其他各科都及格修完，为了体育一科还得留下重修。

联大课堂是开放式的。校内学生学完自己所选课程后，可以自由选听其他院系的课，当时迁至昆明的十多所大学，都有学生和机关干部到联大听课。曾刺杀孙传芳的施剑翘，也经常来听大课。特别是当联大教授做专题讲座时，贴出海报，外面来听的人数以千计，大教室容纳不下，常常在操场举行。联大图书馆书库与阅览室相连，阅览室可容千余人。开馆之前，馆前早被学生挤得水泄不通；馆门一开，一拥而入，便抢借图书和抢占座位，往往不到几分钟，阅览室就坐满了人。室内寂静无声，学习之风气，可想而知。

联大师生的生活一般是艰苦朴素的。当时的生活费用之高，昆明居全国第一。联大师生多来自沦陷区，经济困难。由于通货膨胀，货币贬值，伙食很差。当时学校伙食团很多，有的由学生会经营；有的招工包伙，学校不管；有的伙食团一日两餐；还有些吃残餐的同学，伙食费减半，那就是吃第一批同学吃过之后剩下的残羹剩饭。

联大勤工俭学的门路也很多。有人为学校图书馆借书、清理书刊；有人到中小学或私人家里教课；有人为昆明图书馆抄地方志；或在电影院替观众对号找座位等。但待遇都不高，待遇比较高的是坐警报台拉警报，这是冒生命危险的工作。至于教师伙食，都是自理。有的家属在昆明的教师，在工资发放的上半月，可以保证一日三餐；一到下半月，就只够吃两顿稀饭了。

联大师生虽然物质生活十分艰苦，可精神上始终是愉快的。每当晚餐后，图书馆开放以前，师生三三两两，散步于翠湖之滨，马路两旁，相见语依依。特别是周末或寒暑假期，三五为约，携书到学校附近茶馆或市郊山坡，读一阵书，玩一阵桥牌，或做小孩戏，一片欢乐。

当时联大行政人员很少，除三常委和教务处几个专职人员外，其他如教务长、图书馆长、各系系主任等，都兼有教学任务；非教学人员很少，其他勤杂人员就更少了。联大的图书仪器也极其简陋，残缺不全。可就从这样的大学里，培养出了不少具有真才实学的人才，至今在国内外享有盛名。这不仅使当时一些讲究物质条件的外国学者感到惊奇，相继到联大参观考察；就是现在还有些外国人到中国来研究西南联大史，探索其办学规律，这就不能不算是联大的光荣了。从历史的眼光来看，联大办学人员和教学人员当年为祖国做出的贡献，是不可抹杀的；其中确有好些经验很值得我们今天认真研究和继承。我之所以至今仍保持着对她的美好回忆，原因也就在这里。

大一生活杂忆

张源潜

我是 1942 年秋考入西南联大外文系的，学号是 31106，至今还记得。那年的大一新生都住在昆北宿舍。起初住在一字楼上，房间里空无所有，大家只好打地铺；后来搬到后面的一幢平房里，在教员宿舍的隔壁，室内有几张双层木床，杂住文、理、法、工各学院的十来个同学。但是同样缺桌少凳，因此文林街的茶馆（主要是青年公社和中国茶室）就成了我们的自修室，几乎每天都要光顾一次。不是下午，便是晚上，在那里看书、整理笔记、写信、记日记，自然也聊天，学打桥牌。我从中学开始就记日记了，只是单纯从兴趣出发，时记时辍；保存到现在的没有几本完整的。偶尔翻到 1948 年上半年的那一本，发现还有一些可资回忆的材料，现在选择一些较能反映联大生活的，连缀成篇，统名之曰：《大一生活杂忆》。

文史讲座

联大学术空气极其浓厚，这是众所周知的。

且不说各系举行的小型学术讨论会，也不说各个学生社团邀请的学者名流的专题讲演，单是回忆一下国文学会和历史学会联合举办的文史讲座，就够令人神往的。

学期开始时，两个学会就已组织好文史各系的著名教授结合自己的科研成果作学术专题报告。各人讲演的题目自定，日期统一安排，总在每星期二或星期五的晚上，地点在昆北食堂。20多次讲题的顺序单在开学之初公布出来，真是洋洋大观。每到讲演的前一日，另贴一份小型海报，写明讲题、讲演者、时间、地点，用毛笔写在粉红的有光纸上，十分古朴雅致。

记得1942年下半年，杨振声先生讲过《书画同源考》。他从考古学的角度讨论国画与书法的来源。雷海宗先生讲《西汉皇帝的私生活》更是轰动一时。人们习惯于把皇帝的"私生活"同"宫闱秘史"联系起来，产生了浓厚的兴趣，听讲的人特别踊跃，简直把会场挤得水泄不通。说是人山人海或满坑满谷，不见得有多少夸张。雷先生走上讲台，把事先绘就的一幅西汉宫室位置的示意图挂在黑板上，然后从容不迫地开始他的讲演。原来他要讲的纯粹是西汉皇帝的日常生活，无非起居饮食之类，毫不涉及男女关系。带有诱惑性的讲题不过是起了吸引听众的作用而已；既来之，则"听"之。讲演结束，听众还是报以热烈的掌声，因为毕竟增进了不少历史知识。

罗常培先生的讲演也是极有叫座力的。他是满族人，在一次讲演中自称是爱新觉罗氏的后裔，现在的姓（"罗"）乃是父子连名制的一点遗迹。他的话娓娓动听，饶有风趣，一口地道的北京话，听起来真像欣赏相声一样。1943年3月18日的晚上，他讲《语言与文化》，这个学术性很强的题目，从他嘴里讲出来，却是趣味盎然。他用许多例子阐明文化和语言的关系，譬如说，"茶"是中国特产，传到西方，英语中就有了"Tea"，这个词的发音同福州话中"茶"的读音相仿。另外像"Silk"和"丝"也是一样的性质。他还讲到香港话把"Insurance"叫"燕梳"，这对外地人来说完全莫名其妙了。至于广东人把男女青年挽手同行作"拍拖"，陈寅恪先生解释为"Partner talk"，罗先生认为是两条船并着行走的意思（"舶 –two"）。不久前我查了一下香港出版的《广州话方言词典》，"拍拖"的释义是，原指一艘带动力的船和一艘无动力的船并排拖带着同行。看来罗先生的解释是正确的。罗先生还举了汉语中反映外来文化的一些词，如槟榔、葡萄等。听他的讲演，就像上了一堂生动有趣的语言学概论。

文史讲座在暑假里也不间断，只是时间改在下午两点。地点仍在昆北食堂，不过，有些学生回家了，有些学生到外地兼差，因此听众比上课期间要略少一些。这里把 1943 年暑假里的几次讲演略作介绍。

6 月 25 日（星期五），唐兰先生讲甲骨文，罗常培、闻一多、陈梦家等先生都来听的。一位助教把几十张写着甲骨文的纸片，分 8 组叠钉在黑板上。讲演会由闻一多先生主持，闻先生的开场白从甲骨文的发现说到中国考古事业的不发达，以致文化的落后等，讲了 20 多分钟。他还说，甲骨文是王宪钧先生（哲学系教授）的曾祖王懿荣先生发现的，那是庚子年，八国联军进攻北京的那一年。唐兰先生正是那一年出生的，真可谓"应运而生"了。原来唐先生才 40 多岁，可是他的胡须和头发一样长得出奇，简直连成一片了。

唐先生讲的浙江官话，明显地带着嘉兴一带的口音。解题之后，逐一解释写在纸片上的甲骨文字，从古代的工具、农具、星辰、农作物、武器、数目、度量衡一直讲到宗教迷信，正好是黑板上的八组。他用独特的方法识解甲骨文字，取得很大成就，难怪研究古文字的专家如陈梦家先生等都听得非常专心。

6 月 29 日（星期二），游国恩先生讲《楚辞中的女性》。罗庸先生主持，开场白简洁精练。他说，联大的《楚辞》专家有三位：

闻一多先生、彭仲铎先生，还有一位就是游国恩先生。游先生研究《楚辞》的专著有《楚辞概论》和《读骚论微》，大家都知道，就不需多谈了。游先生讲话是江西口音，"人"字念起来像"麟"；有几个音还真不易听懂，幸亏他在黑板上写了一点大要，听起来还有点头绪，可是他引证原文，就不免隔膜，因为我还没有接触过《楚辞》。讲演结束时，他说到"风""骚"对中国文学的影响，不管是古诗十九首，还是汉魏乐府、唐诗、宋词，其中谈到女人的地方，并不是真的指女人，往往有象征意义在内。倘使你真的当作女人来理解，那就不免太窄了。游先生讲完，罗庸先生又讲了几句。他自谦地说，他的"跋"是"续貂"。他说，屈子若为弃妇，一定像《武家坡》中的王宝钏，倘是寡妇，则一定会演《小上坟》的。他的腰一定很细，有"练要"为证。风趣的话，逗得大家都笑了。

7月2日（星期五），蔡维藩先生讲《70年来的英俄关系》。讲得也很生动，他的下江官话，比较容易懂。

7月6日（星期二），吴晗先生讲《唐宋时代的战争》。听讲的30余人，军训教官毛鸿也来了。邵循正先生擦净了黑板以后，开始介绍。他说，吴晗先生做学问是精而又博，是少有的史学家。今天听讲的人虽然不多，但都是了解到题目的性质才来的。他还说，这一讲是10个讲演中最好的一个（可能暑假里只举行10次）。吴晗先生从公元618年一直讲到1268年，分兵器、斗将、阵法三个部分，讲了一个半小时。听讲的主要是历史系的同学。

7月9日（星期五），吴达元先生讲《法国的浪漫运动》，这是他所著的《法国文学史》的一章。他讲到雨果的名剧《艾那尼》在1883年2月上演时的激烈斗争。这是打进古典主义阵营的第一部浪漫主义戏剧，情节紧张、有趣而生动。他讲得也精彩，使听众懂得了浪漫主义的一些特点。

7月13日（星期二），浦江清先生讲《中国小说之演变》，大部分讲《红楼梦》，只在最后赞了《聊斋志异》一番。

从旧日记中摘下的这些零星的记载，远不能反映文史讲座的全貌，但当年盛况也可从中略见一斑。那时我还是一年级学生，许多专门的知识还不能接受或理解；但总是吸收了丰富的营养，开阔了眼界，懂得了怎样治学和怎样做人的方法。

国民月会与名人演讲

跟云南大学不一样，联大不举行总理纪念周，但每月有一次学生集会，大抵在月初，叫"国民月会"，会场就在新校舍图书馆前的空地上。月会由学校负责人主持，主要是邀请名人演讲。宾主都站在升旗坛上，学生站在坛前和两侧，由于大家都站着，又没有扩音设备，每次讲演不超过一小时。

1943年3月1日上午10时举行的那次邀请英国剑桥大学教授M.尼登先生（李约瑟）讲《科学在盟国战争中的地位》，由梅贻琦校长主持。尼登个子很高，戴眼镜，嘴宽，唇薄，牙齿整齐地向内倾斜。发某几个音时，双唇拉得很紧，嘴角微微向下。他走上讲坛，先用眼镜匣把讲稿压在桌上，再除下手表放在旁边，然后开始讲演。讲完后，他还用一段中国话概括讲演的大意。猜想起来，总是事先请他的中国朋友译成中文，念给他听，他用拉丁字母记下语音，背熟了到讲坛上来表演一番的。完全是一股洋腔，有几个字眼还真听不懂。不过大家都笑了，他也蛮高兴。他讲完后退在一旁，梅校长又讲了几句。梅校长说：英国人民和学生艰苦作战，我们听了既感动，又惭愧。我听到，有个认识我的人，赚了点钱，居然说，用不着再做事了，甚至还想买飞机票到美国去。这种人可恶极了。我认识的人里居然有这种分子，果真是这样，我也不大认识他。听了这句话，大家都笑了。梅先生接着又说：M.尼登先生到这里来，可以帮助我们。如果有科学论文不能在中国发表，可以请他带到国外去。联系到邮件检查制度，梅先生说：检查信件的人都没有学识，只要看到"日本"两个字，就把它抹掉。将来可以发明一种专门检查信件的机器，用一种光，只要碰上这类字，就可以发射出来，把字抹掉。这还比人周密些呢！梅先生用幽默风趣的语言，无情地抨击了当时的"邮检"措施。

4月1日的国民月会请国民参政会的褚辅成先生讲演。主持大会的是一位年轻的戴眼镜的教授，我不认识，问了旁人才知道是化学系主任、代教务长杨石先先生。杨先生致介绍词时联系到当时昆明的限价问题。他说：或者因为我国政治地位的特殊，或者因为没有军器作后盾，因此限价总是越限越高。今天褚老先生到这里来，一定有好的办法，大家欢迎褚老先生讲一讲。褚辅成已71岁了，他开口讲话："现在——兄弟——来——报告——一点……"，两个字两个字一顿，还拖长了声调。讲到最后，他说，他要用"笨干"，以对待特殊的政治地位。

名人经过昆明，不一定在月底或月初，国民月会也不完全在1日举行。有时一个月里举行两次，那第二回只好叫"名人讲演"了。譬如，远征军总司令陈诚将军来校讲演就在4月26日。事先出了布告，第二堂课停上，集中在图书馆前听讲。大会仍由杨石先先生主持。陈诚身穿草绿色军装，看起来相当朴素。个子不高，比杨先生还矮一头，他讲《民生主义中的民生问题》，结论是，经济困难不是经济本身的问题，而是政治问题。但他对前途还是乐观的，因为阻碍的只是少数负责者。他讲话时，不时抬手看表，最后是准时结束，第三堂课照上。

刘健群也来讲过，那是6月12日。他讲《抗战建国的核心问题》。讲演过后，还举行招待会，请学生吃早点，听取联大学生对青年问题和国家问题的意见。请客条是由训导处发的，邀请的好像主要是这一年接受文池奖学金的学生。接到通知的一律要去，不去还得请假。时间是 6 月 23 日上午 7 点，地点在师范学院的一间教室。与会者每人吃到饼子、蛋糕、麻花各一件，外加豆浆 3 碗。8 时开始讨论。刘先作简单启发，每人发一张纸，让大家书面提出问题。各式各样的问题都提了出来，包括公务员的生活，学术研究的保障，物价管制，言论自由，增加贷金，侨生救济，学校经费，乃至强迫入团，等等；真是五花八门一大堆。刘的回答不着边际，譬如讲到民主，他说原则上没有错误，实际上有问题；讲到贪污，说孔祥熙之受人攻击，还夹杂许多私人问题；讲到言论自由，他大骂检察官低能。招待会到 10 时 3 刻才散，赶回昆北宿舍，午饭早已吃过。省却一顿早点，反赔上一餐午饭，真不上算。

　　国民月会大概只在新校舍才有（工学院如何，不得而知），每次听讲的人数不等，但以大一学生到的最多。一则他们有军训课，比较听军事教官的话；再则初到学校，对"名人"怀有好奇心，总想一睹风采！自然也有一些对演讲内容有兴趣的高年级同学参加。尼登教授讲演那次结束后，毛鸿教官突然心血来潮，登台宣布"总点名"，他一一指定了各个学院学生集会听讲的地点（大一学生在尾北操场），这才宣布散会。我们纷纷朝大门跑去。刚走到南区门口时，不知什么人喊了一声："吃饭喽！"大家便一哄而散，纷纷朝饭堂跑去。给大一学生点名的郭教官只好笑笑，因为确实已到开饭的时候了！

大一国文及作文

　　西南联大一年级学生，不管读的文、法学院，还是理、工学院，都要读一年语文，当时叫"大一国文及作文"。课本是中文

115

系编的，选文不加注释，16 开本，白报纸铅印，厚薄跟现在的期刊（如《文学评论》之类）差不多。米黄色的封面，左上方用黑框围着"国立西南联合大学国文课本"一行 2 号铅字，很有点古色古香的味道。印数可能不是很多，后来的学生用书只能是通过"征求""出让"这种方式，从上一届学生手中接过来又传下去的。40 多年过去了，不知还有谁保存着。那该是弥足珍贵的"历史文物"了！

这本教材很有特色，选文不多，白话与文言大概是一半对一半；北京大学原是五四新文学运动的发源地，可能是继承这一传统的关系，现代文学作品特别受到重视，不仅放在前面，而且当一位教授和一位助教（或教员）合开一个小班的这门课程的时候，担任现代文学作品讲授任务的总是教授，助教（或教员）只教古文，并负责批改作文。别的学校恐怕不会这样做吧，那也可说是联大的一个特色。

课本中的现代作品我记得的有四篇（可能是当年只讲了这些）：鲁迅的《示众》、徐志摩的《我所知道的康桥》、林徽因的《窗子以外》，还有一篇是丁西林的《压迫》。我们班的国文老师杨振声先生讲《示众》时曾说过："本来打算选鲁迅的代表作《狂人日记》的，考虑到课本的篇幅，才换了这篇短一点的。但鲁迅描写人物的功夫也完全体现出来了。"杨先生大概是主持编选课本的工作的，才知道得那么清楚。他讲徐志摩的散文时，把学生叫起来，轮流朗读一大段，也许是借此认识几个学生吧，因为那时上课是从不点名的。国文课本中选独幕剧非常少见，选《压迫》当是出于某种偏爱。杨先生对丁西林的剧作特别推崇，讲起来更是津津有味。他讲到有一回，清华学生排练《压迫》，他担任导演。杨先生说：导演有两种方式，一种是听任演员自己去创造，还有一种是把演员当傀儡，导演完全独裁。他自己属于前一种。

中文系系主任罗常培先生曾经说过，杨先生讲小说必称沈从文，讲戏剧必称丁西林。这话在国文课上只证实了一半。那么，课本中怎么没选沈从文先生的小说呢？据说，当年讨论篇目时，规定过一个原则，凡是本校同人的作品，一律不予入选。这么一来，就连朱自清先生脍炙人口的散文名篇《背影》也没有机会在国文课本中露脸了。

古典作品方面，散文选了《论语·侍坐》《左传·鞌之战》《三国志·诸葛亮传》和李清照的《金石录后序》，韵文有杜甫的《羌村三首》《蜀相》《登岳阳楼》，以及欧阳修、秦观、辛弃疾、李清照等的几首词。最后是王国维的《人间词话》，节选关于境界的那部分。这样的编排可谓匠心独具，称得上"少而精"。散文中记言、记人、记事各方面都照顾到了，对学生写作可起一定的借鉴作用。结合文学批评读点诗词，也可提高学生的欣赏水平。我至今还记得这些篇目，记得赵西陆先生旁征博引地分析课文的情景。赵先生说：读词先要弄清时间、地点、人物三个因素。这个诀窍，使我受用不尽。

赵西陆先生还教我们作文。一学期写五次，都在课外完成。作文题目很新颖别致。头一篇是《自传的一章》，带有摸底性质。第二次让大家写信（题目是《寄》），以后还出过《桥的故事》《一个人物》《我与文学》《这些日子》等题目，自命题一学期一次。赵先生批改后，不打分数，只在文章题目上方加几个小圆圈，以三圈为最高。第二学期改用 A、B、C、D，这样做可以分出 A$^+$A$^-$，等级较多，稍微灵活些。我把大一的作文装订成册，一直保存在家里。可惜在"文化大革命"时期，被家人付之一炬，想起来真可惜！

大一国文分小班上课，全校有二十来个小班。学年结束时，作文还举行过统考，题为《希望我能有的几本书》，两小时内完卷，统一评分，借此检查各班的教学效果。学校对这门大一学生的共同必修课之特别重视，于此可见。

体育课

也许是继承清华的传统，也许是马老（约翰）的言传身教，联大对体育课一向是重视的。尽管体育不计学分，但不及格还是不得毕业的，而且从大一到大四，每年都有。战时生活艰苦，大学生体质自然很差。体育课的要求不高，只要不缺席，运动水平低点，也能过去。1943年暑假前，体育考试三个项目：跳高我没有"达标"，跳远和垒球掷远两项勉强及格，总成绩也及格了。

体育课常常排在第一堂，7点钟开始上课，这对于纠正睡懒觉的坏习惯还是有好处的。每次上课都要点名（这也是学校重视体育的表现）。点过名就跑步，老师带着跑几圈，然后教一些球类活动的规则、技术之类，最后分小组实践（打球）。这是基本的模式。一年级下学期主要教垒球，怎么投球，怎么接球，怎么抢垒……我在中学里没有接触过垒球，很觉新奇，玩起来也特别有劲，常常跑得满头大汗。下了课，就去大门外喝碗豆浆，补充补充营养。

老师是固定的。教我们那一个组（小班）的老师是王维屏先生。他有事请假时，就由别的老师代上。几次教垒球的课，都是牟作云先生上的。这两位老师都是篮球健将。记得有一次昆明的银行界举行篮球联赛，不少美国空军也来观战。他们看得手痒，跃跃欲试。于是在场观战的联大的体育教师临时组织一队同他们做一次友谊比赛。牟先生任中锋，频频得分，直把美军打得落花流水。

马老也给我们上过一次课。他满口都是英语，劲头十足。点过名后，先带我们跑两圈，跑过后再走两圈，一边走，一边做扩胸或深呼吸的动作，然后开始讲课。他教我们跑步的正确姿势，一边讲，一边做示范，在原地跑了一个小圈。跑得热了，便除下帽子，露出光亮的头顶和周围一圈银发。他说，我已61岁了，还很健康。这样，生活才有意义。上体育课，各种活动的姿势必须正确。一个人老了，走路要拄手杖，又有什么意义呢？说着，他鼓起嘴巴，扮了一个鬼脸。看到他那副天真的神气，大家都笑了。这是1948年3月6日的事。

"下课赏雨"

联大新校舍的教室构造同宿舍相仿，也是土墙垒起，不过屋顶是铁皮的。教室的一端挂两块黑板，另一端是双扇门，两边各有5个窗洞，两两相对，风雨都不能遮挡，空气自然流通极了。好在昆明气候温和，很少有寒流袭击。泥地早已踩结实了，但不免坑坑洼洼，一把扶手椅有时要移动几次，才能放稳。在这样的教室里上课，倘是遇到瓢泼大雨，就不免有点尴尬了。记得1943年就发生过一个有趣的插曲。

那是4月19日（星期一），晴天，上午最后一堂是陈岱孙先生的《经济学概论》。讲到一半时，风云突变，乒乒乓乓下起大雨来了，陈先生的声音全被盖住。他没法讲下去，只好苦笑着，在黑板上写了四个大字（一块黑板上写两个）："下课赏雨。"陈先生很少板书，偶然写几个也都是英文术语，我们还是第一次欣赏到他的书法，又那么幽默，同学们都笑了。但是笑声终盖不住雨声。而且一颗一颗豆大的雨珠从窗子侵入，大家只好站起来，挤在教室的一角，认真"赏雨"了。半间教堂的积水几成了小河。老天还算照应，下课铃响时，雨渐小了。大家才用活页夹遮着头，纷纷冒雨赶去吃饭。

逻辑课的小测验

逻辑也是大一的一门必修课，文学院学生的逻辑课是金岳霖先生教的。金先生眼睛有病，常年戴着墨镜。他的身材很魁伟，穿一件土黄色的麂皮夹克，下身是米黄色卡其长裤。这套服装常常使我联想到当时滇缅公路上的汽车司机。

金先生讲课非常生动有趣，常常穿插一些小故事，引得哄堂大笑，有关的知识，也留下特别深刻的印象。譬如讲概念的同一性时，他联系到灌口的二郎神庙，说从前有人写了《祭二郎神文》，开头是"二郎者，大郎之弟，三郎之兄也"，中间还有什么"人皆云庙在树前，我独谓树在庙后"。讲 Nonsense 时，又以八股文的滥调为例，什么"宇宙乃天地之乾坤，胸臆实中心之怀抱，久矣乎，千百年来非一日矣！"等等，金先生的肚子里还藏着一部没有出版的《趣味逻辑》呢！

就是不说笑话，金先生的语言也够诙谐、幽默的。有一回，他讲"真值蕴涵"问题，说："p⊃q"也可以是假的，随即举例："如果今天下午天晴，则我去打球。天果然晴了我却睡了午觉，或者到正义路去遛遛。你跑来找我算账，说：'我拿了球在操场上等你，你为什么不来？'我只得赔不是，打躬作揖，说：'实在对不起，我请你吃两块烧饼……'"听到这里，同学们情不自禁地哈哈大笑，因为大家都很穷，请吃烧饼已是了不起的招待了。

抗战以前，金先生就著有《逻辑》，收在商务印书馆出版的"大学丛书"里，硬面精装，作为参考书放在图书馆里让大家课后去阅读。因此金先生讲起课来，自是胸有成竹，滔滔不绝，娓娓动听的了。有时一段落已完，离下课还有几分钟，他就出一个题目，让大家自己拿纸作答，当场交卷。下次上课时，他已批好分数，发还大家。这类题目大抵是联系所学知识解决某些实际问题，相当于今天提倡的"学逻辑，用逻辑"。有时候，结合一些古典作品命题，十分有趣。譬如他讲了孔融小时候的故事：在一次宴会上许多人夸他聪明，独有一位客人不服，说："小时了了，大未必佳。"孔融听了随口回敬一句："想君小时，当必了了。"弄得那位客人非常狼狈。金先生问孔融的回答有没有逻辑错误，让大家分析。有时候，题目所问的就是这一堂课所讲的主要内容，属于当堂巩固性质，不需多动脑筋就能答好。金先生说，这是送分数，让成绩差的可以有个机会补救。可是旷课的人，就白白地错过了这个好机会。由此看来，小测验不仅检查学生的学习成绩，还有考核出缺席情况的作用呢！

　　我们平日上课都在北区东南角的大教室，学期考试却改在南区 10 号举行。我弄错了教室，迟到了几分钟，走进南区 10 号时，大家都在埋头作答了。我向金先生行了礼，申述了迟到的原因，请他给我一份试卷。他问明白了我的姓名，就说："你回去吧，不要考了。"我不免着急起来，仅仅迟到几分钟，怎么就取消我应考的资格？我再次央告，金先生说："你各次小测验的成绩平均起来已有 87.5 分，不考大考也能及格，才让你免考。"我一时竟有点茫然不知所措。免考总是一种荣誉，许多同学用羡慕的眼光送我走出考场。事后我问旁人，才知道金先生在发试卷前宣布过免考的办法和免考学生的名字，一共两人，另一位是历史系的，好像姓赵，名字已想不起来了。

　　这么一来，大家都知道小测验的妙用，第二学期上课的出席率有了显著提高。自然，投机取巧的也是有的，他们往往在下课前到教室窗外，看到有小测验的迹象时，就溜进来参加。为了不让这些人的伎俩得逞，金先生有时在刚上课时就来一次小测验，主要是复习上一堂课的内容；有时在课中间指名提问借以检查出缺席情况。但是不管怎样，第二学期获得免考的人总是增加了。不过仍在学期考试发试卷前宣布名单，让免考学生退出试场。这样，每个学生仍需认真复习，做好准备。

这一年（1943 年）夏天，金先生要到美国去讲学，逻辑课必须提前结束。为此，从 3 月下旬开始，每周增加一节，在晚间授课。仍旧来不及讲完，又增加一节，每次从晚上 6 点一直讲到 8 点，两节课连着上，在当时是极为少见的。4 月 18 日（星期日）上午举行学期考试，4 月 23 日公布成绩，我仍旧免试。好像没有什么人不及格，也许是沾了老师出国讲学的光吧！

地质课

同 20 世纪 40 年代别的大学一样，联大也采用学分制。学生报到注册后第一件大事就是选课。开学之初，各系公布本学期开设的各门专业课程名称、学分数、任课老师、授课时间和地点，供学生选择。中文系教授特别多，有时一门专业课程由两三位教授同时开讲，好像唱对台戏一样，真有百花争艳、百家争鸣的味儿。不过这种盛况毕竟不常出现，更多的是轮流着开课，"专书选读"课如诗经、楚辞、乐府诗、杜诗等，确实各有好几位专家讲过。然而，对于一年级学生说来，则别是一番情况。大一都是共同必修课。大一国文及作文虽然有二十来组（即小班，分 A、B、C 等组），大一英文也差不多，但是分组名单早已由教务处注册组公布，学生只能根据规定填写选课卡，不能任选。就是中国通史、逻辑等大班上课的课程，通常也有两三位教授分任，如雷海宗、吴晗先生都讲中国通史，但雷先生的课是专为理学院学生开的；金岳霖、王宪钧先生都教逻辑，但金先生班上的都是文学院的学生，这也谈不到选择。好在担任这些共同课的，都是专家、教授，学生不会有什么意见的。另外，一年级生规定都要选习一门自然科学（那时早就注意"文理渗透"了），仅仅是这一门课可以让学生体验一下选课的特殊滋味。

供大一学生选习的自然科学一共开出五门：微积分、普通物理学、普通化学、生物学、地质学，究竟选哪一门好呢？根据什么原则来选呢？大家都漫无头绪。还是请教高年级的同学吧，他们有经验。得到的答复是，选最容易及格的那一门。五门课程的排列次序恰巧反映了从难到易的程度，于是决定选地质学。一无所知的课，学起来可能还有点新鲜感。

给外系学生讲地质学的是德籍教授米士（Peter Misch）先生。他个子不高，甚至还相当瘦小，戴一副玳瑁框的眼镜，唇上有一点黄色的短髭，经常穿一套米黄色的半旧的西服。他用英语讲课，发起卷舌音来挺特别，也许带点德国音。米士先生边讲边板书一些术语、专门名词，画一些示意图，我们则照猫画虎地抄在笔记本上。一堂课听下来，得到的是一些零碎的印象，只有"Strata"一词，因为反复出现，加上卷舌音特别突出，至今还记得。

幸好还有一位年轻的马先生担任辅导，指导我们实习或做实验。他是北方人，高高的身材，经常穿一件蓝布大褂，圆圆的脸上，永远露出和善的微笑。他耐心地回答我们的问题，有时还把米士先生讲的内容概括地说说，使我们有一个完整的印象。尽管这样，有些同学还是感到听不听课差别不大（主要是语言隔阂），上课的人不免减少一些。

地质课没有教材，全靠听课时记笔记。当时除了大一国文有课本，大一英文发讲义，其余各门课程都是记笔记的。老师指定一些参考书，课后自己上图书馆去看，不能借出。地质的参考书是 Longwells 的原著，英文水平高的人还能看懂。学期考试来临时，大家不免伤脑筋了。幸好得到同乡学长的帮助，找到了张资平写的一本《普通地质学》，真是如获至宝。打开书本，对照笔记上的零碎记录和依样画葫芦描出的示意图，大致差不离。加上米士先生出的考题比较简单，5 题任选 4 个，考试成绩中等偏上，对总分影响不大。

第二学期 2 月 22 日上课，也许是没有得到正式通知，教室的课桌椅没有全部整理好，工友也没有按时摇铃。第一堂国文课学生也没到齐。地质课是第二堂，米士先生老早就在教室门口等了（地质和国文都在南区西南角的教室授课）。上课时，米士先生看到出席的学生不多，显然有点不愉快。他说："上学期考试时有六十人，今天上课只到十六个。如果上课能来听听的，那样简单的题目不至于有 27% 的人不行吧。应该听听我这番话的人，大概今天都没有来上课，最好你们能转告一声。"米士先生讲得很恳切，可是选这门课的学生各系都有，大家互不相识，实在也无从转告起。因此，以后到课情况不见有明显的好转，实在辜负了外籍老师的一片好心肠。

由于听惯了米士先生的讲话，又有了一定的知识基础，逐渐掌握了学习方法，加上找到了中文的参考书，第二学期学习时不再感到困难，大考题目仍旧很便当，5 题择 4，终于顺利通过了这门课程的考试。

一个外国人，不远千里来到中国，在战时的艰苦环境中，为培养地质人才贡献力量，无论如何是一件了不起的事。米士先生永远值得我们尊敬和学习。

"杏坛"纪事

在昆北操场东面，有一块篮球场那么大小的场地，南端垒起半圆形的台基，东西两侧砌着三四级看台，易使人联想起公园里的音乐台或露天剧场，那是一处特殊的讲堂，1942 年的大一伦理学就是在这里授课的。

伦理学是根据国民党政府规定而开设的一门必修课，相当于中学里的"公民"，一学期两个学分，在下午上课，新入学的一年级生倒是认真去听的。

讲授伦理学的是文学院院长冯友兰先生。他穿着蓝布大褂。外罩黑马褂，长髯飘拂，确有不同凡响的哲人风度。上第一堂课的时候，他风趣地说：当年孔夫子就是在"杏坛"给弟子讲课。这里的大树虽然不是杏树，也可以叫作"杏坛"吧。哈哈！我们都成了孔门弟子了，大家不由得哄笑起来。

冯先生当时已出版了三本书：《新理学》《新事论》《新世训》，叫作"贞元三书"。伦理学就用《新世训》作教材。从书名上已可看出，它讲的是为人处世之道，总是适应当时政府需要的道理了。全书有十章，每次讲一个题目。我至今还记得有一章叫《道中庸》，就是说的儒家的中庸之道。冯先生举宋玉《登徒子好色赋》为例："东家之子增之一分则太长，减之一分则太短；著粉则太白，施朱则太赤"，这个美女的身材、脸色都恰到好处，而恰到好处就是"中"的正确含义。这个道理倒很新奇，但怎样用于处理现实生活中的各种问题呢，他没有讲，我们就不免茫然。最后一章叫《应帝王》，讲的是怎样做"首领"的一套办法，离我们的生活似乎更远了。

冯先生讲话不太流畅，声音也比较轻，有时只见他的嘴唇在动，却听不出发的是什么音，有点喃喃自语的味道。尽管这样，他总是从容不迫地讲他的道理。

大一英文和作文

同"大一国文及作文"不完全一样，大一英文和作文好像是两门课程，由两位先生分教。我在 C 组，教英文读本的是徐钖良先生，每周三节。教英文作文的是杨周翰先生，每周一节。

讲义是土纸印的，有的地方不清晰，有时候还有残缺。读起来不免头痛，现在能回忆起来的，只有一篇 *Seeing People Off*（送行），讲的是一种职业送行者。假使你独自出门，在上车时感到没人送别的寂寞，不妨雇一个人来为你送行。这种专门以送行为业的人在站台上同你话别时，依依不舍，情真意切，间或还用手绢拭拭眼泪，比起自己的亲朋好友来，有过之而无不及。真是闻所未闻，连想也没有想到过，所以至今不忘。

徐锡良先生在译员训练班工作，从郊外赶来上第一堂课，常常很早就在教室里等了。他的个子不高，老是穿一件米黄色的雨衣，束紧腰带，两手插在口袋里，表情很严肃，好像从来没有见过他的笑容。

英文作文每周一节，上课时出个题目，当堂交卷，下次发还；再命一题作一篇，一学期总有十来次。杨周翰先生上课不多讲什么，偶尔解释一下题目，倘使需要的时候。他出的作文题灵活多变。有一次，出了"On Being Laid Up"。我写了童年在家生病受到关怀的滋味，又写到远离亲人，在异乡客地独自卧床的凄凉感受，带点抒情味道，竟得到 90 分。下一次是"What Money Means to Me？"议论性质，文思枯窘，一下子降到 75 分。有时候，他联系读本内容，出过"Art Is Long, Life Is Short"，还有讲到两种婚姻制度的对比时，出了"French Way or English Way"。有的题目颇出人意料，如"If I Were the Major of Kunming"，让大家畅谈施政方针，触及时事，驰骋想象。至于像"Has He Encircled the Squirrely？"简直是智力测验了。他解释了一番，树上有一只松鼠，树下有一个人，绕树去抓松鼠，松鼠在树上从相反的方向躲着他，问这个人包围了松鼠没有？让大家各抒己见，并申述理由。我已不记得是怎样回答的了。

杨先生总是穿着蓝布大褂，袖口常常沾满粉笔灰，不修边幅的仪态透露出诗人的气质。他有时头发蓬松、睡眼惺忪地走进教室。看到这副神情，大家都会想道：他大概又熬夜写诗了吧！我们当时就知道他在新诗方面的造诣很深，已形成了自己的风格。两位英文老师中，我是更喜欢杨先生的。

中国通史课

"中国通史"是大一的必修课，雷海宗、吴晗先生都开这门课，雷先生是历史系主任，他对历史年代记得特别熟，对学生也同样要求，不免令人生畏。我们外文系的新生都分在吴晗先生的班上，授课地点在南区10号教室。

吴晗先生是浙江义乌人，讲的江浙官话，很容易懂，加上说话不快不慢、条理清晰，笔记很好记。我记得也特别认真、仔细，简直一字不漏，赛过速记。课后还整理誊清，写在练习簿上，一年积了好几本，合订成厚厚的一册，后来送给从重庆来联大的王季，他也读外文系，选的也是吴先生的中国通史。

吴先生讲通史，有他的特色。他把从秦始皇统一天下直到清末的2000多年贯穿起来作为一个封建大帝国看待，从横的方面列出许多专题，如田制、兵制、刑法、科举制度，等等，讲它们在2000年中是怎样形成、发展的，有哪些利弊得失，完全不讲改朝换代的故事。这种讲法非常新鲜，由此我悟到"通史"的"通"，大概就在此了。可惜吴先生的这本别具一格的讲稿，至今未曾出版。

这门课程的参考书，吴先生指定了邓之诚的《中华二千年史》、钱穆的《国史大纲》，还有张荫麟的《中国史纲》，让学生自己到图书馆去阅读。《中国史纲》只出了上古部分的第一册，是用绿色的土纸印的。吴先生特别推崇这本书，说作者是梁启超先生的弟子，非常有学问。战前在清华大学教过，在昆明也待过，当时已转到贵州遵义的浙江大学任教。这本书不仅是一本历史书，而且很有文采，有很高的文学价值。这倒不是溢美之词，其中写子产治郑的那章，后来确实选进了中学国文课本。可惜不久，张先生就去世了，才37岁，真是学术界的一大损失！

中国通史的大考是6月14日举行的，18日分数就公布出来了。我仅得71分，在各科成绩中是最差的。但看看全班，70分以上的不过十一二人，最高分数是77。那我还算不坏的了。从这件事上可以看出吴晗先生对学生要求相当严格。一年级学生特别看重分数，因为各种奖学金主要是根据学习成绩来审定的。不过即使这样，我的平均分数仍达80分以上，奖学金并未受到什么影响。

灿烂的火花

——忆联大师院专修科文史地组

张清常

西南联大除本科外附设有一个先修班，两个专修科。两个专修科一个是工学院的，一个是师范学院的。

师范学院专修科创办于1944年，秋季始业，下设文史地组及数理化组。1946年5月4日西南联大结束，北大、清华、南开三校复员北上，师范学院留在昆明，成立国立昆明师范学院。

在西南联大里，文、理、法、工这四个学院是北大、清华、南开三校原有的。1938年秋增设师范学院，为五年制。内设教育系、公民训育系、国文系、英语系、史地系、数学系、理化系。云南大学则把它的教育系师生并入联大师范学院。这时联大师范学院新招收的本科学生很多，来自全国各地，一时十分兴旺。

1942年，为了提高云南省中学师资水平，云南省教育厅出经费，联大师范学院负责安排教学，双方合作，举办云南省中学教师暑期训练班。学习科目分文史地、数理化两组，由云南省教育厅厅长龚自知与师范学院院长黄子坚共同主持，由联大师范学院教育系教授倪中方（云南楚雄人）担任教务主任，我担任文史地组主任，理化系系主任许阳教授担任数理化组主任。这是后来创办师范学院专修科的先导。

这次暑期训练班比较成功。云南省教育厅考虑到本省需要大量中学师资，要求联大师范学院开办专修科，学制三年。往返磋商，决定为了方便本省学生就读，由云南省教育厅自行招考，自行录取。1944年秋季，师范学院成立专修科，主任为倪中方，因为他是云南人，做事方便。文史地组主任是我，数理化组主任是许阳。第一班学生开始入学。

我只谈文史地组的情况。

文史地组所开设的课程名目大体上是师范学院五年制本科国文系与史地系在前三年的主要科目压缩分量而成的。当时云南省各县的中学规模不大，教师名额有限，因此一位教师既需担任至少两班语文课，还需兼教历史或地理。当地既需要这种"通才"，联大师范学院专修科就适应这种需要，按照年限短而又使学生兼通语文、历史、地理三方面的要求来设课。

在文史地组任课的教师，我记得大致不差。中国语言文学方面有余冠英、萧涤非、李广田、邢庆兰（公畹）、高华年和我。历史方面有吴乾就、汪籛、杨志玖、方龄贵。地理方面有钟道铭、邓绶林、杨宗干。

所有这些教师都不属于文史地组，分别属于师范学院国文系、史地系，南开大学边疆人文研究室。不论任何一方沉下脸来，我都担当不起。我的作用就是在1944年设计出这个组的三年课表，经上级批准之后，由上级命令有关的学系派教师来任课。当然我应该给文史地组讲课，记得是一个学期的"历代文选"。由于我在文学院中文系有课，还与人合作分担"大一国文"一部分教学，十分忙碌，所以我对于专修科文史地组的行政事务很少过问。

可是文史地组在联大师范学院所起的作用却很大。在1944年秋，原有联大师范学院各系本科学生有些已转入其他院系，人数不多。创办了专修科，第一班文史地组学生是40余人，数理化组大约 20 人。1945 年秋季入学的第二班情况也差不多。

文史地组先后有同学近 100 人。40 多年过去了，我还想得起姓名的有潘琰、古兆珍、缪祥烈和万宝、尹彦辉（今名廖仲安）、曾铎、李志贤等。

1945 年 11 月，昆明政治斗争形势更加紧张。12 月 1 日，大批特务袭击联大新校舍，南菁中学教师于再烈士牺牲。又有一大批特务同时袭击联大师院，师专文史地组潘琰、数理化组李鲁连、昆华工校张华昌三位烈士牺牲，文史地组缪祥烈伤重致残。震动全中国的"一二·一"运动爆发了。

联大师院专修科创办虽晚，年限虽短，可是在"一二·一"运动中他们献出了鲜血和生命，迸发出了光辉灿烂的革命火花。四烈士中有两名联大学生，都是联大师院专修科的。我抱着沉痛与崇敬的心情怀念他们，尤其是对潘琰。

西南联大社会学系二三事

孙观华

西南联大创办初期，社会学系与历史系合称历史社会学系，1940年5月14日才分出社会学系，改隶法商学院。

社会学系在西南联大文、法学院各系中是个小系。开办之初，同学们对这个学系了解不多，因而学生人数不多。然而，从1939年到1940年这两年的时间里，社会学系却是个有朝气的系，开展了多种形式的活动，给校园带来了活跃的气氛。

社会学系虽然是个小系，却拥有国际国内享有盛誉、在学术上有卓越成就的不少名教授。他们开设的课程，许多都是与人们所关注的政治、社会问题密切关联的，因此选课与听课的人往往大大超出了本系的范围。系主任陈达教授所讲的人口问题、劳工问题的教材是当时大学丛书所选定的大学课本；陈序经教授授社会学概论，潘光旦教授讲社会思想史、优生学、家庭问题等，吴泽霖教授讲人类学、民俗学，李树青教授讲社会变迁、社会制度、乡村社会学，在联大后期，吴景超教授、费孝通教授等都在社会学系任课。尽管他们的论著受到时代的影响，某些学术观点有一定的局限性，以致在几十年后还受到不公正的对待，但他们在国内国际都有相当大的影响。他们的课吸引了校内广大的同学，为以后几十年的社会学的发展培养了不少人才，特别是，在20世纪40年代他们的教学就着重于社会实践。李景汉教授抗战前即在河北省定县深入实际做过农村调查，在联大教学时，也带领我们下去搞调查；对调查所得的材料进行分析，指导我们写出调查报告。这些实习，使我们毕业后在工作岗位上分析研究问题时得益匪浅。

在1939年西南联大选举成立学生会时，社会学系学生会的选举与当时的政治气氛相关联，竞争颇为激烈。我在地下党和群众的支持下当选为第一任系学生会主席，并在他们的支持下，与系里的袁方、黎宗猷、沈瑶华等同学一起开展了工作。我们围绕着大家所关心的一些社会问题，以系学生会为核心，在校内举办演讲会、研讨会及辩论会等，每次选题都是同学们所广泛关心和感兴趣的问题，因此很吸引人。确定题目后贴出海报。演讲会或辩论会都是在晚间举行，参加的人很踊跃，有时是老师的专题演讲，有时在老师演讲后就展开讨论或辩论，各摆各的观点，各论各的主张，有事实，有论点，空气活跃，教室内外经常充满爽朗的笑声。这种情景充分表现出师生在学术上的民主空气。记得有一次，潘光旦老师讲优生学及家庭问题。他主张妇女在40岁以前最好在家带孩子，教育子女，等孩子成长后，母亲再参加社会工作。这个论点一谈完就遭到一些女同学的异议，辩论起来。尽管女同学在论争时情绪激昂，潘光旦老师仍一边抽着烟斗，一边微笑着阐述自己的观点，师生谈笑声在校园中回荡。这样的讨论会曾举行过多次，每次都吸引很多同学参加，是其他系少有的。

1940年，在联大地下党的领导下，成立了秘密的社会科学研究会，分成小组活动。社会科学研究会以民先队员与群社社员为核心，社会学系的同学参加了这个组织，成员有朱瑞青、袁方、孙观华、黎宗猷、沈瑶华等。在小组内阅读一些马列主义基础读物。并以社研成员为核心，在社会学系内成立了一个读书小组，结合社会问题以及学习中的问题展开讨论。此外，还以读书小组的成员为主吸收另外几位同学共同编辑系会壁报，名为《社会》。读书小组讨论的问题就成为壁报的基本内容。当时黎宗猷同学住在校外，我们就在他家中编写壁报。壁报每两周出版一次，延续时间较长，对当时的学生运动产生了一定的作用。毕业后，大家各奔东西。直到党的十一届三中全会以后，恢复和重建社会学后，系里同学才重新聚晤。大家又忆起几十年前的这种种难忘的情景，觉得应该为它留下纪念。

系里老师对同学们的学习，要求是相当严格的。同学们很少缺课，教室小，大家都赶早去占个好位子。论文按时交，要求阅读的参考书也按时读完。当时我参加联大话剧团演剧等活动，对功课更不敢松懈，即使开个通宵夜车也要将论文赶写出及时交上。几位教授虽然严厉，但对学生关怀备至，特别是"皖南事变"后，有的老师对我们参加学生运动改变为支持态度。我在四年级时被训导长停发贷金，生活困难。有同学告诉了潘光旦老师，潘老师以江苏同乡会的名义为我力争，恢复了我的贷金，使我得以读到毕业。

当时学校内的斗争是激烈的。学生会是争夺的阵地，各学系的学生会更是争夺的焦点。"皖南事变"后，一片白色恐怖，革命形势处于低潮。校内地下党员和一部分进步同学先后转移暂时离开学校。校内许多活动停顿，政治空气沉寂。1944年后，民主运动又渐高涨，校内政治空气有了很大变化。

社会学系是经历了坎坷道路的。甚至在解放后，社会学这门学科还受到不应有的挫折，回忆起在联大的一些时刻萦怀的情景，特写下这篇短文以为纪念。

在联大化工系读书时的回忆片断

任　珹

　　我是 1943 年在昆明考进西南联大工学院化工系的，学号是"A32249"。这个学号从入校一直沿用到毕业。我读书时，各科学习成绩都是用这个学号公布的（当时是不记名公布成绩），它鞭策、激励着我奋发学习，因之至今未忘怀。

　　我在读书时，对学校总的印象是，自由民主气氛很浓，教学十分认真，师生之间感情融洽。另外，当时学校有两个组织发挥了很大作用：一个是教授会，贯彻教授治校的原则，处理学校一切大政方针，据说在全国高等学校中是独一无二的；另一个是学生自治会，它把学校与同学、同学与同学维系在一起，推动着学校、老师和同学共同进步。

　　西南联大的院系相当齐备。有文、理、工、法商、师范等学院，并下属许多专业学系，当时在国内，是享有盛名的高等学校。

　　现将我当年在西南联大化工系读书时所体会到的联大在教学上的特点及几件小事略述如下：

　　（一）教师阵容强大。名教授亲上第一线执教，治学都极严谨。这里只要展示下列一些老师所授课程就可见一斑。如化学系，由国内化学界权威杨石先老师讲授普通化学；造诣很深的化学界老前辈邱宗岳老师讲授定性分析；知名学者高崇熙老师讲授定量分析；有机化学权威曾昭抢老师讲授有机化学；极负盛名的统计数学教授许宝骙老师讲授微积分；化工系主任、化工专家谢明山老师讲授化工机械；留德归来的化学博士陈国符老师讲授工业化学；还有机械系教授孟广喆、化学系教授张青莲讲授理论化学、应用力学等（尚有许多其他老师，从略）。以上老师都是北大、清华、南开三校的精英，在国内外有很高知名度。他们治学严谨，不仅讲课认真，而且对学生要求也严，及时地布置作业，频繁地进行测验。回想当时那种学习紧张的情形，至今犹历历在目。更值得一提的是，老师们都是抗战后被迫辗转南下齐集昆明的。他们在颠沛流离的生活中，不顾条件艰苦（教学或生活条件），仍坚守教学岗位，以教书育人为己任，这种崇高精神永远萦怀于我的心际。

（二）老师言传身教，重视科学实验。当时有些老师不仅亲自上课堂执教，而且还亲自动手做实验示范。还有物理实验是由师范学院物理教授许浈阳老师做示范的。他往往用深入浅出的方法来启发我们理解书本知识。一次做重心实验时，许老师以一条长凳为例，由两个同学用手各拉一端。一端稍高，一端稍低，同时各向后用力拉，结果低的一端拉胜了高的一端。这虽说是一个因陋就简的小实验，但却揭示了重心原理，加深了同学们的理解能力。再如在做定性分析和定量分析的实验时，邱宗岳和高崇熙两位老教授都很关心同学们的实际操作情况，常亲临实验室向助教老师了解实验进程。尤其是高崇熙老师为人直率，偶见同学操作欠妥，即当面指点，决不宽容。

（三）学术上自由争鸣之风相当活跃。读大一时有伦理学一讲，是工学院同学的一门必修课，由哲学系教授冯友兰老师讲授。可惜当时我对冯老师所讲内容多不甚了了，只知道是属于人生哲学方面的一些基本概念，比较深奥，没有深加思索。但与此同时，在学校许多墙报上，我也看到不少有关这方面的评论文章，词语尖锐，同老师讲的不尽一致，有的说法甚至大相径庭。像这类有争议的学术问题，其他方面也很多。总之，课堂上老师讲的有人欣赏，墙报上写的有人称赞。这种各抒己见，互不干涉的自由争鸣风气，是西南联大独具的好校风。

（四）师生相见以诚，风范感人。记得在"一二·一"学生运动后期，我曾被同学推举为化工系1943级的班代表。在罢课后期，有一天，系主任谢明山老师邀集系内同学谈话，主要是动员及早复课。由于那天我不在校，没能参加。之后谢老师还专约我面谈。约见前，原猜想老师可能会给我这个班代表以一定压力，协助他做同学的工作。可见面后，谢老师态度一如往常，谈话平易近人。他从时局谈起，再转到学生运动发展情况和学校面临的问题，以及结束罢课的必要性，讲得相当委婉，同时边谈边征求我的看法。谈话中特别提到化工系的成长历史和在社会上享有的盛誉等等，殷切希望同学要珍惜过去，更好地抓紧时间努力学习，发扬已有荣誉。说到底，考虑及早复课有其必要。回想当时，尽管老师的处境和对学生运动的看法有一定的差距，但像这样既晓之以理，又动之以情的师生对话方式，还是颇为感人的。

回忆联大航空工程系

沈　元　徐华舫　曹传钧　赵震炎

西南联大航空系源于清华大学机械系的航空组。1938年西南联大迁到昆明后,航空工程系于是年暑期后正式成立,同时招收第一届航空系新生。这是空前繁荣的一班,入学时全班有30多人,到1942年时,共有毕业生27人。

航空系第一年系主任是庄前鼎,第二年是冯桂连,第三年由刚回国的王德荣担任,直至抗战结束。航空系的学制和其他各系一样,都是四年制。航空系的教学是这样安排的,一年级是公共基础课:有国文、英文、微积分、普通物理、普通化学、经济学概论等。这些课都在校本部(新校舍)上,和理学院各系的学生共班,学生也都住在那里。二年级以后,进入工学院,学生也住到拓东路的盐行宿舍(租的是原用来经营盐业的房子)。航空系二年级的课程大部分和机械系二年级的相同,有静动力学(现在的理论力学)、材料力学、微分方程、机械原理、木工、金工(金属切削工艺)和测量学。航空系二年级学生还有一门名为热机学的课程,是和土木系同学一起上的;课程是机械系专为这两个系的学生开设的。航空系自己开的一门专业课是飞机概论。到了三年级,仍有一些主课是机械系开设的,而为航空系和机械系所必修的，如内燃机和机械设计。后来几年，内燃机课由航空系自己开设。电机系又为航空系和土木系的学生开了一门学时不多的电机工程，课本是 Cook 著的。在早先的几班，这门课是航空系和机械系三年级一起上，用的课本是 Dawes 著的。土木系也为机械系、航空系的学生开了一门工程材料学。三年级，航空系自己开的专业课有流体力学（后来叫空气动力学）和飞机结构。这一年暑假中有一个月的下厂实习。实习地点，有时是西郊的第一飞机制造厂，有时是东郊巫家坝飞机场附近的第十飞机修理厂。第一飞机制造厂原是广东陈济棠创办的，陈蒋反目陈失败后，该厂由广东迁到昆明。在抗战中，该厂制造了一些钢管机身、木质翼肋和蒙布的单座军用机。原材料和发动机都购自美国。学生在那里实习，主要是轮流在各工段观察工艺流程，不许直接参加操作。第十飞机修理厂就在飞机场旁，主要任务是翻修飞机发动机和修补破损的蒙皮等。学生在那里实习，当然也只能看，不许动手；但所能看到的飞机型号和发动机型号比在一厂的多，还经常能观看修好的发动机试车。四年级的课程几乎都是航空专业课，有内燃机 II（又称航空发动机）、高等飞机结构、应用空气动力学、飞机设计和发动机设计。还有一些选修课（三、四年级都可以选），如航空气象学、航空仪表、机械振动学、金相学、金属切削刀具及机床等。

那时实行学分制。最轻的课，每周上一节（50 分钟）的，给一个学分。重点课都是三个学分，如英文、静动力学等。实验实习都安排在下午，一次少则一个多小时做完，多则两三个小时做完，一律只给一个学分。原来有基础的实验课程，如材料实验、电机实验、金工实习、木工实习等，都有相当齐全的设备和计测仪器，这些大都是南迁时从清华带出来的。实验课上得很正规，做完实验要写实验报告。报告中要有原始记录数据，要对数据进行整理分析，画出实验曲线来，并对实验中所遇到的问题进行讨论。那时课本参考书大多是英文的，实验报告大多要求用英文写。报告要经辅导教师批改，批阅得非常认真。

航空系有三门实验课：结构、发动机和空气动力学。这三门课分别在巫家坝第十飞机修理厂（结构强度实验）、实验室（发动机课）和昆明北郊五老山麓黑龙潭附近（空气动力实验）进行。

学生的淘汰率很高，还有一些是因发现自己的志趣不合而转系的。一年级下来，淘汰率不大。二年级是个刷人的关口，尤其是静动力学和材料力学，这两门课在工学院被认为是学工程的基础，若学不好，下面的功课很难读下去，所以这两门课小考频繁，一般的课只有一次大考，最多期中有一次小考，这两门课则是两周考一次，后来竟每周考一次（每周学时增为四至五个）。有些学生过不了这一关而被淘汰。汪一彪教授讲材料力学时，考分奇紧。即使方法对，答数不对，也是零分。不过最后总分他是给加分的，开方根乘 10 就是他常用的加分公式。三、四年级则很少有人被淘汰。修满 142 个学分毕业，但必修课的学分是不能用其他选修课的学分代替的。体育就是一门不能替代的课。一、二、三年级都有体育课，这个关是马约翰教授把住的。

联大学生是很活跃的。工学院虽然功课重些，但同学们在课余和假日仍是很会玩的。航空系的学生也一样会玩，而且往往是积极分子。当时工学院学生组织了一个"铁马体育会"，发起人中就有好几个航空系的学生：黄克累、刘绍文、沈元寿、方同。"铁马"中运动人才济济，有好几种球队，经常举行比赛。假日常去的地方是离校十公里的海埂和西山。出小西门有民船可乘到西山脚下的海埂。那是滇池边上水中的一条天然沙堤，是个游泳的好去处。不知谁在那里造下了三间高脚（地板离地）平房，既无门，也无窗，也没有主人。学生们夏日去了，往往住上两天。海埂往西不远便是西山龙门脚下。从山脚爬上去探龙门，还得登 2000 多级石阶。再有一个游泳的好地方是阳宗海。那是昆明以南几十公里处的一个山间湖泊，面积很大，当地人称之为海。暑假里常有学生成群结队地搭乘火车（窄轨）沿滇越铁路到鹅塘镇下车，住在鹅塘镇上，下海极近。此外，小西门外的大观楼是学生们常去的地方。100 多公里外的名胜石林也总是要组织去观光一次的。

北大、清华、南开学生有"五四"和"一二·九"的传统。联大工学院的学生也继承了这个传统。工学院学生先后办过几份壁报。一份名《引擎》，另一份名《熔炉》，分别发表不同观点的文章。前者在"皖南事变"后停办。两个壁报里面都有航空系的学生。工学院有个学生自治会，在抗战后期的争取民主运动中，工学院是以全体学生会的名义参加运动的。"一二·一"运动时，负责工学院学生会的三位常务理事都是航空系的学生。

联大校歌中有这样一句："千秋耻，终当雪，中兴业，须人杰。"联大航空系和其他几个大学共同教育了新中国航空、航天工程建设方面的大批人才，同时它还培养出了许多在国内外知名的学者、教授、工程师。如沈元（北航院长）、屠守锷（航天部一院院长，近获国际宇航学会的航天器结构设计奖）、卞学璜（麻省理工学院结构力学教授，有限元法的带头人）、林骅（美国波音公司航空航天分公司首席科学家）等人。

西南联大机械系回顾 *

陈南平　　张远东

西南联大工学院的主力是清华大学工学院，联大的机械系主要也渊源于清华大学机械系。

清华大学工学院的几个系最早是由理学院分出来的，先有土木系，到1933年才成立机械系和电机系。成立时学生是从物理系调进来的。当时由庄前鼎教授担任机械系主任。七七事变后，学校迁往长沙。庄前鼎教授的主要任务是去南昌抓风洞建设及筹备成立航空研究所，机械系主任由李辑祥教授代理。1938年5月，长沙临时大学迁到昆明，成立了西南联大。机械系到昆明后不久，即分出一个航空系。庄先生既是航空研究所所长，又兼任航空系主任。机械系主任就由李辑祥教授担任。从1938年7月到抗日战争胜利后三校复员为止，除中间有一年多因李教授操劳过度致旧病复发，由南开大学孟广喆教授担任机械系主任外，一直由李辑祥教授任系主任。

机械系刚搬到昆明时，教授这一级教师就已基本到齐。计有

* 本文根据董树屏、白家祉、郑林庆、郭世康、王祖唐、梁晋文、陈南平、张远东的个别讨论和座谈整理，由陈南平、张远东执笔。

刘仙洲、庄前鼎、李辑祥、孟广喆、殷祖澜、殷文友等。后来又先后来了周承佑、徐叔渔、曾叔岳、王师羲、刘德慕等教授。副教授有褚士荃、李绍成、汪一彪等人，讲师有曹国惠、戴中孚、董树屏、李宗海、强明伦等人。

老清华的机械系是偏重动力工程的。到昆明分出一个航空系之后，又在刘仙洲老师倡导下筹备发展了机械制造组。先后聘请了贝季瑶、金希武、吴学蔺、周惠久、艾维超、王遵明等人担任专职或兼职讲师。吴仲华、白家祉、卢锡畴、杨捷等人在昆明毕业后，都先后留校担任助教。

西南联大机械系的学制是四年制。前三年，工学院中的机械、航空等系的基础课程差别不大。到了四年级时，开设的不同专业选修课很多，那时每位教授都要开两门以上的课。

联大机械系有治学严谨的学风。教师精心备课讲课，认真批改作业。刘仙洲、李辑祥、孟广喆等先生的板书从来都是整整齐齐，像在黑板上打了格子似的。他们认为这不仅使学生易于辨认弄懂，而且也是使未来工程师具有清晰的表达能力的重要熏陶过程。要求用计算尺计算的数值的有效数字是三位，若最后一位错了，这道题要扣分，若是说小数点定位错了，那是要被当作典型事例在课堂上当众挨"剋"的。董树屏先生的热工实验，要求同学们先写预习报告，通过后才准参加实验。实验报告写得潦草或不按规定的格式写是交不上去的。李辑祥先生的水泵设计，图纸都要上墨才收。钳工实习课要在一块铁板上做一个六角孔后，再用圆钢做个六角棱柱，把他们装配后六个面都不透光才算合格。有一届，孟广喆先生教的热工学最后打分是用开平方乘10才使多数学生及格的。这种严格的要求或许会被一些人认为过于刻板，但这种一丝不苟的作风却使学生们在作为工程师的素质培养方面得益匪浅。

　　机械系的实习工厂和热工实验室早在清华建系过程中已粗具规模。在日本帝国主义侵占东北后向华北蚕食时，清华当局便看到形势日益严重，在七七事变前一两年，便已做南迁准备，将实习工厂的几十台机床和热工实验室的热机拆迁南运到武汉，并在长沙营建分校校舍，但尚未竣工。1937 年 11 月，长沙临时大学开学时，只好暂借湖南大学上课。1938 年 1 月，校部又决定西迁昆明，于是便把当时存在武汉的机械设备转运至昆明。当时的运输条件远不如今，加上日机的轰炸，运输真是艰难至极。但是 1938 年 5 月在昆明西南联大开学时，主要设备都已陆续运到。经过加紧安装，并未影响机工实习课程。那时李宗海、刘德慕、强明伦几位先生对建成实习工厂花了许多心血。实习工厂设有车、铣、刨、钻、剪等十几台机床。车床中较好的是四台美国 Southbend 车床，另外又添置了六台三皮带车床和一些木工车床。翻砂浇注是靠自制的化铁炉。简易木工车床是刘德慕先生设计制造的。实习工厂不仅满足了工学院（土木系除外）学生实习要求，后来还生产了手摇钻、台钻、三呎简易车床、水管阀门、木工车床、水泵等产品，既为昆明当地工厂需要服务，也为教学经费的开支得到了补助。在当时经济落后，且在抗战期间的困难条件下的昆明，机械系从理论联系实际出发，已看到实践和动手能力是培养工程师不可缺少的重要环节。在系主任李辑祥的领导下，通过师生的努力，能很快地建成具有锻、铸、金、木等工种齐全的实习工厂，是很不容易的。

　　原来清华的热工实验室搬到昆明的部分热工机械主要是蒸汽机。可当时昆明缺少锅炉，没有汽源做不成热机性能实验。在这种条件下，董树屏老师还发动大家以人力转动机器来了解机构的运动并进行了各种测试，终于在一个学期内开出了 12 个实验。到 1943 年，学校经费更困难了。工学院组织了一个清华服务社，机械系热工实验室把一套德国制造的制冰设备组装起来，生产的冰块供应当时驻昆明的美军后勤使用，这是当时昆明的第一家制冰厂。系里结合制冰生产给同学安排了好几个制冷方面的热工实验，这对培养学生理论与实际结合和动手操作的能力很有帮助。清华服务社的外汇收入改善了教学条件，后来还从国外购置了少量图书和教学设备。此外，实习工厂的设备也被利用起来进行生产，得到了收入，弥补了教学经费的不足，也解决了部分教工生活上的困难。1946 年联大结束后各校复员时，强明伦和董树屏两位先生晚回几个月，原因是美军在昆明的后勤部队要撤走，将留下一批剩余物资，清华的学校当局想得到一些对教学有用的机器设备，他们二人受学校的委托与有关方面洽谈，结果无偿得到一套 50 千瓦柴油发电机组和两套 30 千瓦的汽油发电机组。后来那套 50 千瓦机组成了清华大礼堂放电影的备用电源，其余的则放在系里补充教学需要。

机械系当时的主导思想是，理论要联系实际。当时要钱缺钱，要物缺物，经济落后，交通闭塞。虽然条件如此困难，机械系还是千方百计建成了实习工厂和热工实验室，以利于培养人才。这在战时的困难条件下是非常难能可贵的。解放后在苏联援建的 156 项工程中，大都有联大工学院培养的人参加，且成为骨干力量，这不是偶然的。

当时教育界，尤其是清华大学，参照美国方式办教育，教材也多采用美国大学教科书。但机械系在刘仙洲先生倡导下，努力编写了不少中文教材。刘老师写了《汽阀机关》，庄前鼎、刘维敏合编了《空气动力学》，刘德慕编写了《制造方法》等。其中在全国范围内和至今在机械工程界留下重大影响的是刘仙洲先生编译的《英汉对照机械名词》，做到了把外国名词中国化，而不是用简单的拼音拼外来语，类如"熵""焓"等，都是有极大创造性的。

这项工作对我国机械工作的发展有着极为深远的影响。机械系教师大都治学严谨，一丝不苟，刻苦钻研。注意教材的更新，并开出新课（如金相热炼、物理冶金等）。许多助教能够考上公费留学，与这种学风的培养有很大关系。

西南联大在昆明的后几年，正值抗战最艰苦的时期。当时中国后方只剩下西北、西南这些地方。号称大动脉的唯一国际通道滇缅公路也在 1941 年被切断了。物资匮乏，通货膨胀，教师们在工资收入只能应付家庭的小部分支出的处境下，还能把教育事业办好，是要有点精神的。除了编书以外，刘仙洲先生还与云南省建设厅合作搞农具改良研究，与明良煤矿公司合作搞"用汽车发动机带动轻便列车选煤"的装置研究；孟广喆教授和董树屏、王补宣两位老师应资源委员会要求，写了《怎样发展现代锅炉》的专题报告。另外，系里和昆明中央机器厂联系较多，协助该厂解决了一些生产技术问题。总之，当时机械系教学、科研、生产都搞得不错，当时这在全国也是少有的。

机械系素有团结互助、同舟共济的传统。那时学生毕业即失业，系主任和几位老教师总是千方百计为每个毕业生找到工作。抗战初期，苏联援助了 150 辆坦克，由徐庭瑶组建装甲师，工学院曾支援机械系肄业生 18 名、电机系肄业生 10 名，去接受有关汽车和装甲车的技术培训。后来，这些同学陆续回校学习，系里都给予妥善安排。教员杨捷患病要动大手术，医疗费是教师们捐款才解决的。系里有一位教师被日机炸伤住院，许多师生都去探望慰问。这种互助友爱的优良风气成为工学院学习的榜样。

我们西南联大机械系在昆明的八年时间里，由 1939 年毕业 5 个人（原来该级有 9 人，其中 4 人转入航空系）增加到后来每届都毕业近 30 人，很快成为工学院乃至全校的一个大系，培养了不少人才。在西南联大机械系工作过或学习过新中国成立后任中国科学院技术科学部学部委员的就有刘仙洲、周惠久、吴学蔺、孟庆基（孟少农）、梁守槃、吴仲华、王补宣、郑哲敏、潘际銮等近10人；担任大型企业厂矿总工程师职务以及各大专院校、各科研机构的教授、研究员的，为数很多，难以统计。他们对我国发展科学事业和经济建设起了重要作用。

回忆西南联大土木工程系

陈炎创 [*]

    抗战时期,西南联合大学土木工程系基本上保持了清华大学土木系的原建制和优良传统,事实上就是战时的清华大学土木系,包括了现在的土木、水利、铁路、公路、市政、建筑等方面的专业,是一个综合性的土木工程系。系主任先后由蔡方荫、陶葆楷担任,师资力量比战前充实。系内教授先后有施嘉炀(工学院院长)、蔡方荫、陶葆楷、王裕光(王明之)、张泽熙、李谟炽、吴柳生、张有龄、陈永龄、李庆海、王龙甫、衣复得、阎振兴等10余人,其中不少人是当时国内知名学者。此外有教员、助教10余人,学生有100余人,师生比例为1:5。八年来,先后培养出毕业生300余人。

    西南联大的许多著名教授及教职员工,忍受着千辛万苦,来到抗日的大后方,过着清苦生活,坚持教学不懈;学生则来自炮火连天的四面八方,离乡背井,流离转徙,向往联大,前来求学。深厚的爱国情感与振兴中华之志气,使得广大师生团结一心。教

---

* 本文执笔者为陈炎创,审改者有施嘉炀、陶葆楷、毕志德、杨玉玮、王国周、姚渠芳、姚佐周、罗镇球、邓光、杨立、方复、李方训。

授治学严谨，学生学习勤奋刻苦，蔚然成风。西南联大土木系除了具有西南联大及其工学院的共同特点之外，还具有本身的特点。

（一）课程比战前有所扩充与加强。

土木系非常重视基础理论课程和基本功，要求很高，课后均留有作业，每两周测验一次。为了抗战的需要，除增加其他一些课程外，还增加了堡垒工程、要塞工程、军用桥梁等课程，使毕业生能担负战时工程的设计和施工。

土木系为专业培养人才，分成结构、水利、铁路公路（道路）、市政卫生四个组，学生在四年级时分别选读各专业有关课程，在扎实的基础理论上，又获得专业的理论知识。

（二）在战时的条件下，教学仪器设备比较充足。

1937 年暑假，清华大学土木系 1938、1939 届学生在施嘉炀、吴柳生、覃修典等教授率领下携带全部测量仪器到山东济宁进行测量实习，因此北平沦陷时，测量仪器得以全部保存下来，运到昆明。在西南联大土木系的测量实习中，可以做到每两人有一台经纬仪和一台水平仪；在大地测量和天文测量的实习中，有蔡司精密经纬仪、精密水平仪和标准钢尺可资使用，这在当时其他大学中是不易做到的。工程材料实验室的设备也较多，万能试验机的荷载能力为当时各大学之冠。

（三）在工学院中首先进行了一些具有中国特色的教学改革。

过去清华大学采用的是美国模式教育，用的多是美国课本，教授大多用英语教课。西南联大土木系则多用自己编写的适用于本国的中文教材，如蔡方荫的《普通结构学》，陶葆楷的《给水工程》《下水工程》《军事卫生工程》，吴柳生的《工程材料实验》《航空站设计》，夏圣白、陈永龄合编的《应用天文学》，阎振兴的《土壤力学》，张泽熙的《铁路工程》。举例时尽量结合本国工程实例，学术词汇采用中文英文对照，讲学尽量采用汉语。吴柳生在

《钢结构设计》中首先把英制改为公制，并采用中国自己所定的规范。蔡方荫在《普通结构学》桥梁应力计算中首先采用中华铁路荷载（即现行中荷载的前身）。

（四）与各方合作，使教育与生产密切结合，促进了科学研究的发展。

抗战期间，学校经费困难，大多数院系科研工作受到影响。而土木系则利用当时云南是大后方唯一的国际通道、美军参与对日作战的时机以及云南当地开发建设的愿望，合作进行了许多基本建设科研项目。我们可以这样说，西南联大土木系的科学研究和教学与生产相结合，在工学院中是较为突出的。

（五）学生实习与勤工俭学相结合，理论联系实际，出了成果，出了人才。

西南联大的学生绝大部分来自沦陷区，贷金或公费只能糊口，穿衣书本用品等均无法解决，只好边读书边兼差（勤工俭学）。于是担任昆明地方的家庭教师、中学兼课教师的联大学生很多。甚至打铁、挑水、拉警报、放午炮等杂活也有联大学生参加。唯有土木系学生的勤工俭学多能结合专业进行，方法是由系里组织，参加学校与外界合作的勘测、设计、加工和科研项目，如螳螂川水电厂公路、川滇公路、可保村兵工厂、巫家坝飞机场及历次的水电勘测队测量，参加清华大学创办的"清华服务社"为社会各界进行设计、测量等服务工作。这样，既解决了同学的温饱，又得到了实习锻炼，形成了土木系毕业生以测量见长的特点。而且勘测、设计、施工和科研都已经过一定的锻炼，毕业后很快就能单独工作，并起到骨干作用。

（六）活跃的学生课外体育活动。

工学院同学们课业很繁重，生活极清苦，但仍较普遍地喜爱运动，锻炼身体。校方很重视学生德、智、体的全面发展。在迤西会馆后面的空地上，设有篮球场、排球场，以及单、双杠等体育设备。每天下午课后，运动场上常有玩球的、练单双杠的，十分活跃。土木系学生多为篮球爱好者，三、四年级同学经常进行友谊比赛，有时也与其他系的球队比赛。有的同学参加了"铁马体育会"。爱好游泳的抽空跑到滇池游泳。从这些小事可看出土木系同学的精神面貌，虽在艰苦的抗战环境下，仍然加强身心的锻炼，积极向上。

综上所述，足见西南联大土木系人才辈出，是有其一定的历史原因的。这些人才，在祖国社会主义建设中，也成为了重要的力量。

我在西南联大学气象

王宪钊

西南联大地质、地理、气象系是北京大学地质系和清华大学地学系（包括地质学组、地理学组、气象学组）组成的。1937年11月1日临时大学在长沙开学的时候，气象教学方面只有李宪之教授一人，他一肩独挑气象学必修课程。我于1938年春节到长沙时，第一学期已经结束，学校准备西迁昆明。我因体检不合格，未能参加步行团，只得随学校从海路经香港、海防转滇越铁路去云南，辗转一个多月，4月中旬抵昆明，5月4日开始上课。由于第一学期我没有读，许多第一学期的课程只好在第二学期补上。9月，赵九章先生从德国学成归国，任我系教授。刘好治先生抗战后曾留守清华大学气象台，1938年底到昆明，先后任助教、教员。当时，李、赵二位都是青年教师，均出身于物理系，且先后取得德国柏林大学博士学位。在当时有这种教师阵容，可谓兴盛一时了。

从1938年到1941年，我在学校先后修了李先生的普通气象学、气象观测、天气预报和地球物理。赵先生讲高空气象学、理论气象学和大气物理。刘先生负责我们的实习。赵先生三门课都自编讲义，基本概念清楚，字迹清晰工整。李先生讲课条理分明，口齿清楚。

1943 年夏，谢光道学长返校后任助教、教员，曾教过气象观测和天气预报实习。1944 年，赵九章先生赴重庆任前中央研究院气象研究所所长。联大理论气象这门课程改由李宪之先生担任。同时，清华航空研究所嵩明气象台撤销，该所的高仕功先生也曾在联大讲过高空气象学。

说到联大的气象设备，可说是零。没有水银气压表和风速风向仪，连最简单的温度表和雨量筒也没有。气象观测实习全靠目力和"手感"。云和天气现象、能见度用目力观察。风速，则看树枝的摇动。风小时，李先生教我们用手指蘸水来感应风向，感到凉的位置所指的方向便是风向。风稍大时，将土屑抛向空中，从其移动的方向来确定风向。在毕业前我到昆明五华山气象台实习的时候，才真正摸到了气象仪器，体验了气象台的生活。毕业前还要写一篇论文，我的论文题目是《北平高空与北平天气》，是在李先生指导下进行的，资料是抗战前清华气象台高空风和地面观测资料，是李先生 1937 年离开北平时带出来的。

联大教师学术水平高，教学认真，循循善诱，诲人不倦，要求严格而不强制。同学们为追求知识而刻意上进，不只是为了一张文凭。短短八年中，在艰苦的生活条件下，培养出了大批气象科学人才。

回忆西南联大化学系

田曰灵

西南联大于抗战的第二个年头在昆明开学时，校舍大部分在昆明大西门一带，一部分校舍是昆华工校等学校的房子，另一部分是新建的简易校舍，称为新校舍。新校舍分南北两区，中间夹着一条环城公路。北区的西半部是男生宿舍，全是泥墙茅草顶平房；东半部是教室、实验室和图书馆等。南区是理学院的教室和实验室等。教室和实验室全是铁皮顶的平房，一下雨，雨打铁皮房顶，叮咚作响，地上也尽是泥泞。校内有电力供应，但没有自来水，更谈不上煤气了。

化学系在新校舍南区占有四间平房。当年化学实验室的条件之差，现在恐无法想象。做有机实验，用做饭的炭炉子加热。没有自来水做冷凝水，就用两个小铁皮槽，一个放在实验桌的架子上，一个放在桌上，打上一槽水，不断地将水往上槽舀，保持冷凝水长流畅通。分析化学实验室没有足够的蒸馏水，学生只好把井水煮沸过滤代替蒸馏水。

昆明还常遭日机的空袭，特别是在 1940—1941 年，一放空袭警报，师生就得疏散到野外，半天上不了课。

化学系教师的水平与联大其他系一样是当时国内第一流的。

化学系的教授大都是 19 世纪 30 年代从欧美公费留学归来的。他们带着先进的科学知识、振兴祖国的决心归国。助教们也多是三校留校的尖子学生，很多人如唐敖庆、蒋明谦、高振衡等现在已是知名学者。

每个教授各有其特点，而给学生留下不同的印象。我上一年级时，钱思亮教授教普通化学和定性分析。他讲课条理非常清晰，令新同学耳目一新。他给考生打分，不差半分，使每个学生清楚地知道自己错在何处。二年级时化学系的重点课是有机化学和定量分析。教有机化学的是女教授朱汝华，她在课堂上不苟言笑，要求严格，几乎每周都有测验，而且事先不通知。因此学生每次进教室，都得准备应试。一学年下来，班上至少有三分之一的学生被淘汰。然而在课下，朱老师却是那样平易近人。教定量分析的是高崇熙教授，他讲课比较注重实验。但那时由于空袭，实验时间减少了，在课堂上讲实验，学生缺乏实践，常不能领会。尽管课后捧着大厚本的参考书苦念，还是难以理解。许多人在课堂上被他叫起来问，因答不出而挨骂。对于成绩，他卡得更紧，成绩布告栏上只公布及格者的成绩，不及格者当面谈话，逼令转出化学系，才给 60 分。但同学还是欣赏他的认真、才华和能力。学生中传说高崇熙在美国威斯康星大学念书时，导师给他的研究题目曾难倒过许多人。他接到题目后，下决心要争口气，结果很快就做出了成果。该大学实验室中为此长期悬挂了他的照片，学生也为他的这种气魄感到骄傲。三年级的重点课是物理化学，由黄子卿教授讲授。他讲的课不那么动人，但对学生的要求却很严格。考试时他带两个助教监考 20 多位学生。考题也很不容易，如果能考到 80 分以上，就是班上的尖子了。

普通化学、定量分析、有机化学、物理化学和定性分析是化学系的基础课，学生比之为"五关"。过不了这"五关"，就不能在化学系念下去。除本系必修课外，数学、物理、中国通史和经济学概论是共同必修课。中国通史和经济学概论是大班讲授，各系的学生混合编班。还有语言文学方面的必修课国文和英文各一年，德文两年。说起外语训练，除了国文和中国通史外，几乎所有课程的教材都是英文的，一般采用美国流行的教本。虽然教师讲课多用汉语，但板书、考试、练习、报告和答卷全用英文。英文较差的同学，在一年级时就得在英文上下功夫。经过这样的训练，到大学毕业时，英文的读、写和听方面，基本能够运用自如。

除必修课外，学生还须学许多选修课。化学系的选修课有：高等有机化学（包括有机分析、药物分析、生物碱、立体化学和糖化学）、高等物理化学（分为量子化学和热力学）、高等无机化学、高等分析化学、生物化学、有机工业化学、无机工业化学、国防化学和化学工程等。学生必须从中选学几门。当年选高等有机化学的最多，因而后来留学国外攻读有机化学的人也多。此外，还可选读外系的有关课程，有人选修数学或物理方面的课，也有根据个人兴趣选修文学课的。

教选修课的教授中，给我印象最深的是杨石先和曾昭抡老师。杨老师教药物化学，讲课非常仔细，非常认真，几乎把我们看作孩子，不时地问我们听懂没有。杨老师是联大化学系主任，每个学生都得和他打交道。凡和他接触较多的学生都感到他的诚恳待人及乐于助人。学生毕业后找工作，他总是尽力帮助。学生中传说，他作为系主任，能有大将风度，公正地协调原来三校的教师，使之同舟共济，实在难能可贵。曾昭抡教授知识渊博，能教很多课。我听过他教的所有选修课：有机工业化学、无机工业化学、国防化学、立体化学和糖化学，后来在他的指导下做论文，最后任他的助教。曾老师的特点是讲课内容丰富，可是板书很乱，几乎把黑板的角角缝缝都写满了。他只管教，不大督促学生，考试时监考也常自顾看书。他常与工厂联系，带着学生到厂矿接触实际。我曾跟随他去过几个化工厂、兵工厂和个旧锡矿。他不仅治学严谨，且更多地在政治思想方面影响学生，不少学生受他的影响而参加民主活动。

联大的学生多来自沦陷区，他们经济上不能得到家庭及时供应，甚至长期没有音信，生活上靠领取贷金（类似于现在的助学金）过活。初期还能勉强支付膳费，后来通货膨胀，物价不断上涨，贷金难以支付膳费，学生们便不得不在课余找工作干，最多的是当家庭教师。那时云南文化水平低，云南学生考取联大的绝少。一些家长就广为子女聘请家庭教师，这为联大学生开辟了财源。为了谋生，学生们几乎什么工作都干，有的人甚至干空袭警报时挂红灯笼的事。尽管学生的生活如此困难，但学习却努力不懈。有的学生次日的膳费还无着落，却照常进教室或实验室认真学习。尽管经济拮据，学生买教科书的钱还是肯花的。不仅努力弄懂教材，还抢着借参考书。新校舍图书馆每天开门前，门前总是挤满了学生，为的是占个座位，抢先借到参考书，以供自己钻研。

在抗战后期，教师们生活也愈渐艰苦。高崇熙教授擅种花，就种植了一大片唐菖蒲（剑兰）来卖。有的教授家中在遇到特殊困难时，甚至由夫人摆摊卖旧衣物。有的则去中学兼课，以谋升斗。但人人还是认真教课，科研不中断。助教们孜孜不倦地学习，期待考取公费出国留学，以求深造。

联大素有"民主堡垒"之称。其气氛是比较自由融洽的。学校的一些制度如宿舍安排、课程设置等，有助于各系各年级学生接触交往。学校允许学生进行各种组织活动，非常活跃。学校从不举行"总理纪念周"那样的活动。训导长查良钊很少公开过问学生的思想，更多的是关心学校的纪律和生活困难的学生。

学生宿舍的安排，由学生自由结合，斋务管理人员在自由结合的基础上分配。我们女同学在一年级时住的是 40 人大房间，就有经济系、外语系、土木系、历史系、电机系和法律系的同学掺杂住宿。二年级时是 8 个人一间，室友来自五个系。三年级时 4 个人一间，则分属四个系两个年级。不同系不同年级的同学在一起，自然地交往，经常谈论各自的经历、学习、见闻等，无形中互相交流和影响。

继承三校的传统，学生有各种组织活动。全校性的组织是学生自治会和女同学会，三青团是官方组织。学生自由结合组织的社团，不分院系和年级，邀请指导老师在学校登记，就可进行活动，成为民间组织，学校不加干预。在联大，这样不同宗旨的组织大大小小很多，群社是初期最大的一个，范围广，影响大。群社社员组织冬青文艺社、歌咏队、话剧团、壁报、体育会及各种读书会等。连我这样没有音乐细胞的学生，也参加过歌咏队，还去国民党军队中慰问演唱过。

联大各学生社团还经常组织临时性的活动，如郊游、晚会、音乐会等。我记得石林之游，是一些高年级同学发起的。他们如同大哥大姐，带领着低年级同学共同游玩，在各方面照顾我们。同学之间关系融洽，心情愉快。文艺晚会上什么节目都有，化学系的麻成瓒模仿当年山东省主席韩复榘报告"新生活运动"，有声有色，惟妙惟肖地刻画出这位省主席的形象和性格，给我留下深刻的印象。

联大那时没有条件为学生创造娱乐环境，学生经济拮据，难得去看一次电影。不过有名的外国电影如《白雪公主》《翠堤春晓》《大独裁者》等还是吸引同学们结伴前去欣赏，并大唱电影歌曲。

在日寇的侵略下，民族危急，国将不国，师生既气愤又忧虑，学生关心战局，议论国是，往往气氛是很活跃的。在时局发生重大变化时，闻一多、吴晗、张奚若、曾昭抡、费孝通等教授关于时局的演讲，总是听众踊跃。壁报上也纷纷发表不同意见。直到三校复员北返，西南联大始终维护着五四以来形成的爱国民主学风。

联大虽只有短短八年多的历史，但她在历史上的功绩是不可否认的。在获得诺贝尔奖的四名华裔学者中，杨振宁和李政道都出自联大。为国扬威的"两弹元勋"邓稼先也毕业于联大。联大的师生中，不少是国内外知名的学者。中华人民共和国成立后，多少联大师生成为祖国建设的栋梁。每个校友，都以曾是联大的一员而感到自豪。

联大在简陋艰苦的环境中培养出大批人才靠什么？我想，首先是师生的爱国热忱和严谨的治学态度。其次是联大的教学规章制度和工作作风，体现民主的学风。各系各年级学生杂处，课程面广，教师既严格要求学生，又鼓励学生从事各方面的活动，如自行管理伙食等。这样学生易于与人相处，知识面较宽，英文很好，养成独立钻研和料理生活的能力。宽松自由的环境，使学生比较善于思考，能适应不同的工作要求。

忆西南联大物理系

郭沂曾

西南联大物理系在联大新校舍的东北区（理学院其他各系都在新校舍南区），占用五间平房，其中有实验室、图书资料室和办公室，房子很紧。上课另有各系共用的教室。

物理系师资力量较强，基本上由原来三个大学物理系的教授、讲师、助教组成。饶毓泰任系主任，吴有训任理学院院长，教授有原在清华的叶企孙、周培源、赵忠尧、王竹溪、霍秉权，原在北大的郑华炽、吴大猷、朱物华等，还有从联大工学院来物理系兼课的马大猷，从联大师范学院来兼课的许浈阳和从清华研究所来兼课的任之恭、孟昭英等。1939 年夏，原子核物理学家张文裕从英国回国，南开聘他为教授，在联大物理系任教。以后北大又聘马仕俊来联大物理系任教授。张文裕、周培源于 1943 年秋出国，饶毓泰、马仕俊于 1944 年出国，郑华炽于 1944 年 1 月继任物理系主任，系内教授仍有十来人。1945 年 8 月，吴有训先生离开联大去重庆，由叶企孙先生继任理学院院长。1946 年 1 月，郑华炽先生因公赴平，系主任又由霍秉权继任。

最初几年，物理系的讲师、助教都是原在清华、北大任职，迁校后合并到联大来的。从北大来的有虞福春、沈寿春、江安才、薛琴访、卓励等；从清华来的有傅承义、张景廉、赫崇本、孙珍宝、林家翘、葛庭燧等。助教的流动性较大，多半是当几年助教后就出国留学或到别处工作。上述多数人几年后先后离校，只有虞福春在校时间最长。他在物理系先任助教，又任研究助教，后任专任讲师。他还兼管系里的日常工作，帮系主任处理系务。后来，饶主任身体不太好，系里的许多事就委托他来处理，实际上在做系主任的工作。他一直到1946年联大复员时，才离校去美国留学。在第一批助教先后离校后，物理系又留了几批本系毕业生任助教。先后在物理系任助教的有近40人，其中在校时间较长的有梅镇岳、胡宁、张家骅、郭沂曾、黄昆、黄永泰、胡玉和、戴传曾、许少鸿、李荫远等。此外还从外校聘来了苟清泉、戴文赛（后任讲师）、丁渝等来物理系任助教。助教在校期间一般都跟教授做些研究工作。

物理学是一门实验科学，组成联大的原来三个学校都很重视实验，清华成立金属、无线电两个研究所，进行一些重要的实验研究，就说明了这一点。联大继承了这种传统，物理系的教学实验设备比较齐全，主要是迁校时从原来三校搬来的，多数是从清华来的，因为清华早就打算迁长沙，已运了几百箱仪器到长沙（包括各系的），后来这些仪器都运到昆明来了。此外，物理系还尽量想些办法从外面购买仪器、器材。联大成立初期，曾从上海购得一批普通物理等实验用的国产仪器，如大华电表就是那时买来的。那时在云南还可以通过越南海防与外面联系，买一些外国仪器。

物理系设有普通物理、电学、光学、无线电和近代物理五个实验室，基本上适应了教学要求。普通物理课程和电磁学、光学、无线电原理等专业课程，平均三周做两次实验；近代物理课程做六七个实验。这在抗战时期是很不容易的，体现了重视实验的教学传统。为了保证给学生开实验课和教师们的研究工作，系里设有一个金工车间，内有车床、铣床等，由王霖泽、董石如等师傅管理。这个车间为各实验室添配了许多零配件和简单设备，如光学实验中的双缝等。总之，这些实验设备来之不易，因而大家特别爱护。当时张文裕教授还领导着张家骅、郭沂曾、黄永泰等几位助教，建立了一个简单的测量宇宙射线的实验室，用的几个盖革－米勒计数器（Geiger–Müller Counter）是在张文裕教授指导下，由王霖泽师傅在车床上制作的，整个装置也都是自己动手装配的。虽然质量差些，测得的数据不那么准确，但在抗战期间困难环境里，能够自己想些办法，装配起来进行实验，确实是很不容易的了。吴大猷教授在昆明东北郊的岗头村，把从北京经天津运来的大型摄谱仪的光学元件装成一台摄谱仪，没有底盘就用砖墩代替，没有架子就用木架代替，都体现出了这种顽强奋斗的精神。

物理系有一件最贵重的器材，就是放射性源，是用一个圆筒形的铅罐子装着的镭，罐皮有五六厘米厚，防止放射线射出伤人，罐内空间直径仅一厘米。用时把盖打开，让放射线沿罐口方向射出。这个放射性源之所以贵重，不仅是由于镭价贵难得，更是由于它在原子核物理实验研究上的重要性。这个放射性源由赵忠尧教授亲自保管，赵忠尧教授使用过它，好像是用于 X 光激活产生人工放射性。杨约翰是赵忠尧教授的研究生，其论文也是这方面的内容。

联大成立后的头几年，日本飞机常来昆明轰炸。系里怕少得可怜的一些仪器、器材被炸掉，平日都放在昆明城北二三十里大普吉村的清华研究所里。用时由管各实验室的助教前去取来，一批实验做完，换实验时，再去调换仪器。现用的仪器也尽量存放在实验室内地下的大汽油桶里。白天做实验前，把仪器从桶内取出布置好，做完实验当天又把仪器放回。因此，那时的助教是很辛苦的。张文裕教授的测宇宙线的实验室，为防空袭，也设在大普吉村，他和几位助教也住在那里，常在学校和大普吉村之间奔波。

当时躲避日机轰炸叫"跑警报"。日机一来，昆明市立即发出警报，全校师生闻声纷纷向郊外跑，躲进郊外那些没有顶的防空壕里。郊外不是日机轰炸的目标，因而比较安全。在壕里可看到日机在天空盘旋和丢下的炸弹，并听到阵阵爆炸声。一般都是上午开始"跑警报"，下午三四点钟才回来，各人带点干粮当作午饭。有的同学还带着书，在郊外自习功课。白天"跑警报"耽搁的课，老师便在晚上给学生补上。空袭多时，常一连几天都"跑警报"，师生们都很疲劳，但教学工作仍旧坚持，力争少受损失。

在联大时，物理系的图书资料主要用的是清华的，成立了本系的图书资料室，由一位助教兼管。资料室内有世界上最重要的物理学杂志，如美国出版的《物理学评论》（*Physical Review*）等，且都较成套，主要的参考书也有，能基本上满足教学的需要。但在抗战的大后方，国外新出版的杂志很难看到，不久以后，就感到缺乏新资料了。1939 年夏，张文裕教授回国，带回了手抄的狄拉克不久前发表的关于量子电动力学方面的新成就，联大物理系的教师们争相传阅。这是当时少有的新文献。那时得到一份新资料十分不易，教师们总是千方百计地收集。

在教学上，学校有一套较完备的制度和规定。系里主要是决定每学期开些什么课，谁负责教，助教的分工，以及系的人事变动、系的建设等。没有系办公室机构，只有一位高年级的助教或讲师兼管系的日常工作，实际就是系里的兼职秘书。当时联大实行的是学分制，学生所学课程，由学生按规定自己来选。学分制的组织管理工作非常复杂，主要由学校注册组来管，系里只是指导学生选课，这主要由系主任和任课教师来做。学生的选课单，需经系主任同意签字，否则无效。

物理系开设的课程和原清华、北大差不多，本系所开的必修课主要有：

普通物理学及实验，一年级学；

力学，二年级学；

电磁学及实验，二年级或三年级学；

热学和热力学，二年级或三年级学；

光学及实验，三年级学；

无线电原理及实验，三年级或四年级学；

微子论（气体分子运动论），三年级或四年级学；

近代物理及实验，四年级学，等等。

以上这些课程年年都开，由各教授分工来教。各学年教的人也不完全相同，也有少数课程有时由讲师来教。

物理系有时还开一些选修课，主要有普通天文学、天文物理学、应用电学（讲电机、变压器等）、应用无线电、物性论等。

物理系在教学上除讲授理论外，也很重视物理学的应用。不少课程中都有应用方面的内容，应用电学、应用无线电课程的设立，也说明了这一点。

各位教授讲课各有特点。如：饶毓泰喜欢在课堂上向学生提问，他给学生打分也不单凭考试卷子，而是结合平日提问的情况来打。他讲课全用英语，在课堂上不讲一句汉语。而其他教授一般除板书、留作业用英文外，讲课多是中英文结合。王竹溪讲课用数字多，理论性强，对各个问题都注重先从理论上阐明其因果关系和运动规律。吴有训讲授普通物理时，善用课堂演示，常从一些物理现象入手来阐明问题，生动易懂，颇引得学生感兴趣。张文裕很重视所讲述问题的有关材料和信息，善用从信息中获知的材料来说明问题。周培源多讲理论性强的课，如理论力学、流体力学等，善于从理论上把问题讲透。

除上述讲课特点之外，吴有训先生还要求学生会动手操作。他还主张学生要有较广的知识面，他指导学生选修课时要多选外系的课，若选的全是物理系的课，他常不肯签字，而要你改选唐诗、逻辑等文学院的课。

物理系还招收少量研究生，为研究生开的课程主要有：

流体力学（周培源讲授）、相对论（周培源讲授）、统计力学（王竹溪讲授）、原子核物理学（张文裕、赵忠尧、霍秉权三人讲授）、量子力学（吴大猷、任之恭、王竹溪、马仕俊讲授）、光的电磁理论（饶毓泰讲授）、场论（马仕俊讲授）。

以上课程不是每年全开，而是每年开其中两三门，联大期间这些课程都曾开过。

研究生中有几人学习非常突出，当时在联大校内就很有名。如 1942 年本科毕业继续读研究生的杨振宁、张守廉，燕京大学本科毕业来联大读研究生兼做助教的黄昆，当时有人称他们三人为"物理系三才子"。

物理系的领导叶企孙、吴有训、饶毓泰等先生一贯重视科研工作，认为这是保持学校学术水平所必需的。所以即使在抗战时期那么困难的条件下，物理系的教师仍研究不辍。许多教授除自己做研究外，还指导许多研究生、助教做研究。除上面提到的以外，虞福春、江安才、沈寿春、苟清泉等都在吴大猷教授指导下做过研究，王竹溪教授也指导过梅镇岳、李荫远、朱光亚、杨振宁等做研究，周培源教授也指导过多人做研究，如胡宁、梅镇岳、张守廉等。物理系的研究成果是比较丰硕的，那时发表的论文就能显示这一点。1939 年至 1946 年六期的《中国物理学报》共发表文章 38 篇，其中西南联大（包括清华研究所）师生的文章占26 篇。此外，从《中国物理学报》的引文中看到：西南联大教师在其他期刊上发表的论文尚有 16 篇，时间均在 1940 年至 1945 年之间，且都是在国内做的研究工作，还不包括联大师生出国后在国外做的工作。

1946 年以后的《中国物理学报》和国内其他物理学刊物上，还有一些论文是联大物理系的师生在联大期间做的工作，如杨振宁、李荫远联名在 1947 年的《中国物理学报》上发表的合金超格子理论方面的文章，梅镇岳发表在物理学会刊物上的流体力学方面的文章等。

物理系在科研方面是理论与实验并重，并且注意理论和实验的结合。不同的教授在研究工作上各有所侧重，有的着重于理论的研究，如周培源、王竹溪、马仕俊等；有的着重于实验方面的研究，如赵忠尧、张文裕等；也有不少教授是二者兼搞，如吴有训、吴大猷、饶毓泰等。

联大物理系继承了清华和北大物理系的传统，治学严谨，实事求是，推证问题要求每一步都须有充分的理由和根据，来不得半点牵强和虚假。在教授们的影响下，许多同学都力求把所学问题搞得扎实准确。

物理课程理论性也很强，用数字较多，比较难学。那时各门课又无固定的课本，主要是靠听讲时记笔记和课外自己去寻找和阅读指定的参考书及有关资料，所以教师指导下的自学占很重要的地位。那时同学们学习都很勤奋，学习时间抓得很紧，不少人晚上学习到很晚才睡。每晚图书馆一开馆，就有不少物理系的同学去抢借各课程的指定参考书，到闭馆时最后出来。

这种严谨勤奋的学风和困难环境中锻炼出的顽强精神，为后来这些人获得学术上的成就创造了一定的条件。有不少物理系出来的人，后来获得了重大的成就，有的人成就非常突出，如杨振宁和李政道在高能物理等方面都有突出贡献。1956 年，他俩在美国对"在弱相互作用下宇称是否守恒问题"提出了前所未有的新见解，并得到实验证实，因而获得了1957年诺贝尔物理学奖，成为世界著名的物理学家。又如，邓稼先为我国核理论研究做了开创性的工作，成为我国核武器理论研究工作的奠基者和开拓者之一，被誉为"两弹元勋"。还有林家翘和黄昆两位的成就也很突出，林家翘现在美国麻省理工学院任教授，是著名的应用数学家和天体物理学家、美国科学院院士。黄昆是著名的固体物理学家、中国科学院数理学部委员，还是瑞典皇家科学院的外籍院士。在中国科学院各学部委员中，有20人是联大物理系的校友。

物理系师生之间的关系是很密切的，各教授不但在课堂上和学生接触，课外也常和学生谈一些学术、学习、生活等问题，谈话范围比较广泛，彼此很融洽。孟昭英教授特别爱与学生在一起，学生在他面前也毫不拘束。吴有训、饶毓泰教授（物理系的人常称他们为"老夫子"）一向爱护学生，不少学生毕业很久还和他们保持着密切的联系。赵忠尧、周培源教授也常请他教的全班同学到他家吃饭并座谈。我们班去赵忠尧先生家时，还看他的小孩和邻居其他教授的小孩一同表演节目。一次我们全班同学到周培源先生家做客，周先生全家还和我们全班同学合影留念。周先生来校时总是骑马，同学们一看到校园里有那匹棕黄色马，便知道周先生来了。

联大物理系的往事很多。虽因年代久远，有些事已遗忘，但那些印象很深的事情却久久难以忘怀。

戏剧课堂内外

赵诏熊

　　我从 1939 年到 1946 年担任西南联大外文系西洋戏剧课，这门课自希腊罗马开始，中世纪后着重讲英国戏剧，直至 18 世纪末为止。

　　选读本课程的是外文系三年级学生，他们已修过中国通史、欧洲史、中国文学史、欧洲文学史、英国诗歌、英国散文等课，在三年级还选修西洋小说。学生已有独立阅读和评论的能力，他们比较成熟，完全可以结合自己的情况，选择各自的学习方法。他们已经读过不少翻译的戏剧，看过某些作品的演出，有些人还参加过这种演出。这些都是学习本课程的有利条件。

　　联大图书馆的藏书还不少。虽然各校原有的图书不能从沦陷区运到昆明，但一定数量的书可以从国外购进，以满足教学的需要。当然每种书只有一两本，如何用书成了亟待解决的问题。我们的办法是把指定阅读的剧本和参考书都放在阅览室的参考书架上，供大家在馆内阅读，只有在闭馆后才可以借出馆外，借书者必须保证于次日开馆前送还。这条纪律，师生共同遵守，没有一个人违反。

　　阅读剧本是本课程的基本要求。西洋戏剧有悠久的历史，18

世纪前的英国戏剧也有 200 多年的历史，其中包括辉煌的伊丽莎白时代和代表这个时代的莎士比亚，以及其他卓越的戏剧家。要研究各时代的戏剧家，就必须阅读他们的剧本，此处没有别的途径。当然，我们收藏的剧本是很有限的。我们要求学生阅读的剧本只是各时代的代表作，它们都有较高的艺术价值，足以向学生提供英国戏剧早期发展的全貌。

读戏应从看戏说起。必须承认，一般看戏比读戏的人多。为了培养学生对戏剧的爱好，我们鼓励他们不但读戏，还要看戏、演戏。以看戏经验为基础，读戏就不会感到困难了，尽管所读的是外国戏剧。

所谓看戏经验到底是什么？是熟悉演出的条件，如戏院、观众、舞台、演员、布景、道具、灯光、效果等。这种经验是不能从读剧本中得到的。我们建议学生朗读剧本，朗读的速度要放慢，同演出时的速度接近，这需要试读几遍才能做到。这样做的目的是让他们把自己放在演员的位置上，想象出上演时的可能情况和在观众中产生的效果。

我们要求学生定期写读书报告，以读书心得为内容，可以专论一个剧本，也可以对一个作家或几个作家的几个剧本进行比较。两种方式都可以写出精彩的文章，这已为教学实践所证明。但是部分学生仍有畏难情绪。他们认为评论家已有不少的论述，所以想先读参考书或听教师讲课，然后再动笔写。我们的意见是孰先孰后关系不大，主要是在读了一个剧本之后，要有自己的观点，对这剧本作出恰当的评价，写出一篇像样的读书报告。对别人的评论，正确的可以吸收，不同意的可以反驳。对参考书是如此，对教师的讲解也应该是如此。各家的评论，往往是众说纷纭，莫衷一是。这是很正常的，不足为怪。真理越辩越明。写读书报告是参加讨论、锻炼自己的好机会。

由于学生的主动性和积极性，朗读剧本发展为公开演出。我们曾公演英文剧，是伊丽莎白时代的喜剧《鞋匠的节日》。故事发生在战时，它的主要情节是鞋匠当上了伦敦市市长。此剧在纽约上演时，曾被誉为"人民的戏剧"。我们选演此剧，主要是因为它人物多，戏剧课的多数学生可以参加。我们先在教室内排练，后来在校外公演。舞台上不用布景，只有少数轻便道具，换场很快。这和在英国伊丽莎白时代此剧演出时的情况一样。这次我们的演出是成功的，不仅座无虚席，而且台上台下气氛活跃，欢笑声不绝。（按：此剧于 1943 年 6 月 10 日晚公演于省党部礼堂。）

联大戏剧公演不限于我们戏剧班，还有全校性组织联大剧团，曾公演俄罗斯革命戏剧《夜未央》的中译本，连续数场，盛况不衰。

抗战胜利前后，进步组织联大剧艺社成立了，这是师生自愿的结合，它的活动扩大了学校的影响。演出的节目不再是外国戏剧了，联大剧艺社针对当时的政治实际，自编、自导、自演了许多短小精悍的剧目。演出地点遍及昆明街头和周围的农村。剧艺社在那些地方宣传革命道理，收到了巨大的效果。

第四辑

教授群像：先生之风，山高水长

华罗庚教授在西南联大

顾迈南

事情要从 1932 年说起。

由于一篇出色的论文被清华大学数学系主任熊庆来发现，华罗庚被邀到清华园，当时，他只上过初中，年仅 22 岁。

数学系主任熊庆来把华罗庚接来后对他说："华先生，你就先在数学系当个助理吧，管管图书，管管公文，打打字。"起初，熊庆来只好这样安排华罗庚的工作。

华罗庚兢兢业业地干着助理员的工作，同时在数学系旁听。在清华园里，他如鱼得水，一头扎进了清华大学图书馆里，夜以继日地自学。他只用了一年半的时间就攻下了数学系的全部课程。

1935 年冬季的一天，在由清华大学理学院院长叶企孙主持的教授会议上，只有初中毕业文凭的华罗庚被破格提升为助教。他仍然不懈地钻研数学，除了给学生们上课外，每天至少读书 10 个小时。

1936 年夏，华罗庚在学校的推荐下，由中华文化教育基金委员会送到英国剑桥大学留学。

华罗庚到达伦敦的时候，正是剑桥的鼎盛时期。在这座绿荫覆盖的世界著名学府里，英国著名数学家哈代坐在当年牛顿坐过的高背椅上发号施令，主宰着一切。

华罗庚在剑桥的两年间，写了 18 篇论文，先后发表在英、苏、印、法、德的数学刊物上。论其成就，早已越过了学院的每一条要求；由于他从未在剑桥大学正式入学，也没有正式申请过学位，因而没有得到博士学位。

七七事变后，日本全面侵犯中国。华北沦陷了。清华大学、北京大学和南开大学被迫迁到了昆明，合并成立了西南联合大学。抗战的烽火猛烈地牵动了远在天涯的华罗庚的心。他在剑桥虽然工作得很出色，赢得了各国数学家的赞扬。可是，祖国被侵犯的消息使他在这座安静的学府里无论如何也待不下去了。他放弃了继续在海外逗留的计划，于 1938 年从英国回到祖国。回国后，西南联合大学立即聘请他当了教授。

到了昆明，华罗庚和家人团聚了。他一个人的工资维持一家人的生活十分困难。当然西南联大的一些著名教授如冯友兰、闻一多、吴有训等生活都是一样的清苦。"教授教授，越教越瘦"，便是他们生活的写照。这是华罗庚一家人最困难的时期。

当时，华罗庚年轻力壮，精力旺盛，是致力于科学研究的最好时光。为了不使他过多地为生活分心，妻子吴筱元一个人默默地担负起了全部家务劳动。每天，她要跑好几里路去买菜、弄米，并自己背回来。因为经济紧张，吴筱元不得不精打细算、省吃俭用地过日子。就连喝的水，她也舍不得花钱买，总是自己从很远的地方挑回来。穿的更是省俭，几年里，她几乎没有为自己添过一件新衣服，破了补、补了穿，大孩子穿过的衣服改了给小的孩子穿。一家老小穿的鞋，全是她亲手做的。稍有空闲的时候，她就给商店绣一些小手巾，以资助家用。几年中，她每顿饭都是粗米淡饭，把稀少的肉、蛋省给丈夫和孩子们吃。

艰苦而动乱的生活逼得一些教授不得不自寻活路。有的人改行了，有的人到国外去了。但华罗庚没向生活低头。四年的时间，就在如此艰苦的环境里，他先后写出了20多篇论文。1941年，他终于完成了他的第一部数学名著《堆垒素数论》。华罗庚在这部论著中讨论了华林问题、哥德巴赫问题和一些相联系的问题，统一并改进了以前他写的论文里的结论。在这期间，在敌人封锁、资料缺乏的情况下，华罗庚还开展了矩阵几何和多复变函数论的研究，取得了重要成果。

在20世纪30年代，华罗庚和苏联科学院数学研究所所长、苏联著名数学家维诺格拉多夫开始通信。他们对三角和方法的发展显著地改变了解析数论整个学科，他们的工作对这门学科20年代以来的成果作了系统论述，并且被应用于数论中的不同分支。苏联公布研究结果的主要杂志《报告》，从1937年到1941年每年都登载华罗庚的一篇论文，这本杂志原来是极少刊登外国论文的。华罗庚给苏联寄去了一份《堆垒素数论》英文稿。1946年3月，苏联科学院用英文出版了华罗庚的《堆垒素数论》。与此同时，他把中文稿送给当时的中央研究院，但没有出版，原稿竟给丢失了。

华罗庚在西南联大期间还有一件使他终生难忘的事情。

早在华罗庚刚进清华园时，他就认识了闻一多先生。他是那样敬仰闻一多，读过他的诗《死水》和《心跳》。这些，都在年轻的华罗庚的心中引起过共鸣。

1938年冬，为了躲避日本飞机的轰炸，闻一多先生举家移居到昆明北郊的陈家营。华罗庚一家走投无路，闻一多先生便热情地让华罗庚一家与他们住在一起，中间用帘子将闻家八口和华家六口隔开，开始了对两家人来说都是毕生难忘的隔帘而居的生活。闻一多埋头搞"楚辞"，华罗庚埋头搞素数。两位教授清贫自甘、一丝不苟的作风，给师生们留下了深刻的印象。在那些日子里，无论是春寒料峭，还是夏日炎炎，晚上在一个屋顶两盏小油灯下，两位教授时常工作到深更半夜。后来，华罗庚曾经写了这么四句诗，记述这段生活：

> 挂布分屋共容膝，岂止两家共坎坷。
>
> 布东考古布西算，专业不同心同仇。

闻一多先生当时虽然身兼大学教授和中学教员，可是收入低微，一家八口人也难以糊口。从 1944 年夏天起，为了八口人的温饱，闻先生刻起图章来了。闻一多对华罗庚说："我的父亲是个秀才，家学渊源，加上我早年学过艺术，因此学会了篆刻。可是我做梦也没有想到，会有这样一天，我竟然会为了吃饭而被迫挂出了公开制印的招牌。"这件事传开以后，许多人都送象牙请他制印。闻一多不为金钱所动，他将有些达官贵人的一一退回，却悉心精刻了一枚赠给了华罗庚。许多年后，华罗庚仍珍藏着这枚图章，边款刻着这样几行小字：

> 顽石一方，一多所凿。奉贻教授，领薪立约。不算寒伧，也不阔绰。陋于牙章，雅于木戳。若在战前，不值两角。

西南联大复员回北平、天津。华罗庚在从南京到上海的火车上，从报上看到了闻一多被杀害的消息，十分震惊。他在一篇纪念闻一多的文章中写道：

> 作为一多先生的晚辈和朋友，我始终感到汗颜愧疚。在最黑暗的时刻，我没有像他一样挺身而出，用生命换取光

明！但是，我又感到宽慰，可以用我的余生完成一多先生和无数前辈的未竟事业。

华罗庚教授的确用他的余生实践了他的诺言。他于 1985 年 6 月 12 日死于他在向日本数学会作学术报告的会上，真是鞠躬尽瘁、死而后已，体现了中国科学家的伟大精神！

我在联大的六年

陈省身

我是由清华研究院资送德国留学的，为期两年。1934 年 9 月到汉堡大学，11 月开学，1936 年获得博士学位。后得中华文化基金会资助，于 1936—1937 年在巴黎工作。后得母校清华邀请而回国任数学系教授。

1937 年 7 月 10 日我离开巴黎时，中日战争已经爆发。我照原定计划由法国乘船去纽约，横贯美洲至加拿大温哥华城，后乘"加拿大皇后"号船去上海。因日军已达上海，故改在香港下船，在香港住了一个多月。后得学校指示，来到长沙临时大学，讲授高等几何和微积分两门课。

不久，战事转恶，长沙已不能守，学校奉命迁至昆明。

我由香港乘船至海防，船名"广东"，仅 800 吨，故途中甚为颠簸。后换火车去昆明，同行者有北大蒋梦麟校长、江泽涵先生一家等，于 1938 年 1 月抵昆明。

联大数学系主任先后由江泽涵、杨武之先生担任。三校联合，教员不缺，所以我有机会开高深的课，如李群、圆球几何学、外微分方程等。我也曾同华罗庚先生、王竹溪先生合开李群讨论班。李群的理论后来在数学和物理领域都有重大的发展和应用。

数学系有很多好学生，教授中最突出者为华罗庚与许宝騄。我每年都写论文，在国内外杂志上发表。我把法国大数学家卡当的工作搞得很熟，后来这些都成为近代数学的主流之一。

有一个时期（约一年半）我与华罗庚、王信忠两位同住一房间。每人一床，一小书桌，一椅，一架书，摆满一个房间。早晨醒来便开玩笑，但是工作的情绪很高。

1939 年 7 月，我同士宁结婚。次年她去上海生产。不料珍珠港事件爆发，她无法回昆明，于是我重新过起独身生活。我们一群单身教授租了唐继尧花园的戏台，我的房间是一个包厢，记得住在戏台上的是陈福田、陈岱孙、朱自清、李继侗四位教授。

1943 年 7 月，我应普林斯顿高级研究院邀请，离开昆明，乘美国军用机经印度、非洲、南美洲到美国访问。途中在印度作了些讲演后，于 8 月初抵达美国迈阿密。

1946 年 4 月，我与妻子重新见面。此时我初次见面的儿子伯龙已经 6 岁了。

沈从文先生在西南联大

汪曾祺

  沈先生在联大开过三门课：各体文习作、创作实习和中国小说史。三门课我都选了，各体文习作是中文系二年级必修课，其余两门是选修。西南联大的课程分必修与选修两种。中文系的语言学概论、文字学概论、文学史（分段）是必修课，其余都是任凭学生自选。《诗经》《楚辞》《庄子》《昭明文选》、唐诗、宋词、词选、散曲、杂剧与传奇……选什么，选哪位教授的课都成。但要凑够一定的学分（这叫"学分制"）。一学期我只选两门课，那不行。自由，也不能自由到这种地步。

  创作能不能教？这是一个世界性的争论问题。很多人认为创作不能教。我们当时的系主任罗常培先生就说过：大学是不培养作家的，作家是社会培养的。这话有道理。沈先生自己就没有上过什么大学。他教的学生后来成为作家的，也极少。但是也不是绝对不能教，沈先生的学生现在能算是作家的，也还有那么几个。问题是由什么样的人来教，用什么方法教。现在的大学里很少开创作课，原因是找不到合适的人来教，偶尔有大学开这门课的，也收效甚微，原因是教得不甚得法。

  教创作靠"讲"不成。如果在课堂上讲鲁迅先生所讥笑的

"小说作法"之类，讲如何作人物肖像，如何描写环境，如何结构，结构有几种——攒珠式的、橘瓣式的……那是要误人子弟的。教创作主要是让学生自己"写"。沈先生把他的课叫作"习作""实习"，很能说明问题。如果要讲，那"讲"要在"写"之后。就学生的作业，讲他的得失。教授先讲一套，让学生照猫画虎，那是行不通的。

沈先生是不赞成命题作文的，学生想写什么就写什么。但有时在课堂上也出两个题目。沈先生出的题目都非常具体。我记得他曾给我的上一班同学出过一个题目：《我们的小庭院有什么》，有几个同学就这个题目写了相当不错的散文，都发表了。他给比我低一班的同学曾出过一个题目：《记一间屋子里的空气》，我的那一班出过些什么题目，我倒不记得了。沈先生为什么出这样的题目？他认为：先得学会车零件，然后才能学组装。我觉得先作一些这样的片断的习作，是有好处的，这可以锻炼基本功。现在有些青年文学爱好者，往往一上来就写大作品，篇幅很长，而功力不够，原因就在零件车得少了。

沈先生的讲课，可以说是毫无系统。前已说过，他大都是看了学生的作业，就这些作业讲一些问题。他是经过一番思考的，但并不去翻阅很多参考书。沈先生读很多书，但从不引经据典，他总是凭自己的直觉说话，从来不说亚里士多德怎么说，福楼拜怎么说，托尔斯泰怎么说，高尔基怎么说。他的湘西口音很重，声音又低，有些学生听了一堂课，往往觉得不知道听了些什么。沈先生的讲课是非常谦抑，非常自制的。他不用手势，没有任何舞台道白式的腔调，没有一点哗众取宠的江湖气。他讲得很诚恳，甚至很天真。但是你要是真正听"懂"了他的话，——听"懂"了他的话里并未发挥罄尽的余意，你是会受益匪浅，而且会终生受用的。听沈先生的课，要像孔子的学生听孔子的话一样："举一隅而三隅反。"

沈先生讲课时所说的话我几乎全都忘了（我这个人从来不记笔记）！我们有一个同学把闻一多先生讲唐诗课的笔记记得极详细，现已整理出版，书名就叫《闻一多论唐诗》，很有学术价值，就是不知道他把闻先生讲唐诗时的"神气"记下来了没有。如果把沈从文先生讲课时的精辟见解记下来，也可以成为一本《沈从文论创作》。可惜我不是这样的有心人。

沈先生关于我的习作讲过的话我只记得一点了，是关于人物对话的。我写了一篇小说（内容早已忘记干净），有许多对话。我竭力把对话写得美一点，有诗意，有哲理。沈先生说："你这不是对话，是两个聪明脑壳打架！"从此我知道对话就是人物所说的普普通通的话，要尽量写得朴素。不要哲理，不要诗意。这样才真实。

沈先生经常说的一句话是："要贴到人物来写。"很多同学不懂他的这句话是什么意思。我以为这是小说学的精髓。据我的理解，沈先生这句极其简略的话包含这样几层意思：小说里，人物是主要的，主导的；其余部分都是派生的，次要的。环境描写、作者的主观抒情、议论，都只能附着于人物，不能和人物游离，作者要和人物同呼吸、共哀乐。作者的心要随时紧贴着人物。什么时候作者的心"贴"不住人物，笔下就会浮、泛、飘、滑，花里胡哨，故弄玄虚，失去了诚意。而且，作者的叙述语言要和人物相协调。写农民，叙述语言要接近农民；写市民，叙述语言要近似市民。小说要避免"学生腔"。

我以为沈先生这些话是浸透了淳朴的现实主义精神的。

沈先生教写作，写的比说的多。他常常在学生的作业后面写很长的读后感，有时会比原作还长。这些读后感有时评析本文得失，也有时从这篇习作说开去，谈及有关创作问题。见解精到，文笔讲究。——一个作家应该不论写什么都写得讲究。这些读后感也都没有保存下来，否则是会比《废邮存底》还有看头的。可惜！

沈先生教创作还有一种方法，我以为是行之有效的。学生写了一个作品，他除了写很长的读后感之外，还会介绍你看一些与你这个作品写法相近似的中外名家的作品。记得我写过一篇不成熟的小说《灯下》，记一个店铺里上灯以后各色人的活动，无主要人物、主要情节，散散漫漫。沈先生就介绍我看了几篇这样的作品，包括他自己写的《腐烂》。学生看看别人是怎样写的，自己是怎样写的，对比借鉴，是会有长进的。这些书都是沈先生找来，带给学生的。因此他每次上课，走进教室时总要夹一大摞书。

沈先生就是这样教创作的。我不知道还有没有别的更好的方法教创作。我希望现在的大学里教创作的老师能用沈先生的方法试一试。

学生习作写得较好的，沈先生就做主寄到相熟的报刊上发表。这对学生是很大的鼓励。多年以来，沈先生就干着给别人的作品找地方发表这种事。经他的手介绍出去的稿子，可以说是不计其数了。我在1946年前写的作品，几乎全都是沈先生寄出去的。他这辈子为别人寄稿子用去的邮费也是一个相当可观的数目了。为了防止超重太多，节省邮费，他大都把原稿的纸边裁去，只剩下纸芯。这当然不大好看。但是抗战时期，百物昂贵，不能不打这点儿小算盘。

沈先生教书，但愿学生省点事，不怕自己麻烦。他讲《中国小说史》，有些资料不易找到，他就自己抄，用"夺金标"毛笔，筷子头大小的行书抄在云南竹纸上。这种竹纸高一尺，长四尺，并不裁断，抄得了，卷成一卷，上课时分发给学生。他上创作课夹了一摞书，上小说史时就夹了好些纸卷。沈先生做事，都是这样，一切自己动手，细心耐烦。他自己说他这种方式是"手工业方式"。他写了那么多作品，后来又写了很多大部头关于文物的著作，都是用这种"手工业方式"搞出来的。

沈先生对学生的影响，课外比课堂上要大得多。他后来为了躲避日本飞机空袭，全家移住到呈贡桃园，每星期上课，进城住两天。文林街20号联大教职员宿舍有他一间屋子。他一进城，宿舍里几乎从早到晚都有客人。客人多半是同事和同学。客人来，大都是来借书，求字，看沈先生收到的宝贝，谈天。

沈先生有很多书，但他不是"藏书家"，他的书，除了自己看，是借给人看的，联大文学院的同学，多数手里都有一两本沈先生的书，扉页上用淡墨签了"上官碧"的名字。谁借了什么书，什么时候借的，沈先生是从来不记得的。直到联大"复员"，有些同学的行装里还带着沈先生的书，这些书就随之而漂流到四面八方了。沈先生书多，而且很杂，除了一般的四部丛刊、中国现代文学、外国文学译本、社会学、人类学、黑格尔的《小逻辑》、弗洛伊德、亨利·詹姆斯、道教史、陶瓷史、《髹饰录》《糖霜谱》……兼收并蓄，五花八门。这些书，沈先生大都认真读过，往往在书后写两行题记。有的是记一个日期，那天天气如何，也有时发一点感慨。有一本书的后面写道："某月某日，见一大胖女人从桥上过，心中十分难过。"这两句话我一直记得，可是一直不知道是什么意思。大胖女人为什么使沈先生十分难过呢？

沈先生对打扑克简直是痛恨。他认为这样消耗时间，是不可原谅的。他曾随几位作家到井冈山住了几天。这几位作家成天在宾馆里打扑克，沈先生说起来就很气愤："在这种地方，打扑克！"沈先生小小年纪就学会掷骰子，各种赌术他也都明白，但他后来不玩这些。沈先生的娱乐，除了看看电影，就是写字。他写章草，笔稍偃侧，起笔不用隶法，收笔稍尖，自成一格。他喜欢写窄长的直幅，纸长四尺，阔只三寸。他写字不择纸笔，常用糊窗的高丽纸。他说："我的字只值三分钱！"从前要求他写字的，他几乎有求必应。近年有病，不能握管，沈先生的字变得很珍贵了。

沈先生后来不写小说，搞文物研究了，国外、国内，很多人都觉得很奇怪。熟悉沈先生的经历的人，觉得并不奇怪。沈先生年轻时就对文物有极其浓厚的兴趣。他对陶瓷的研究甚深，后来又对丝绸、刺绣、木雕、漆器……都有广博的知识。沈先生研究的文物基本上是手工艺制品。他从这些工艺品看到的是劳动者的创造性。他为这些优美的造型、不可思议的色彩、神奇精巧的技艺发出的惊叹，是对人的惊叹。他热爱的不是物，而是人。他对一件工艺品的孩子气的天真激情，使人感动。我曾戏称他搞的文物研究是"抒情考古学"。他八十岁生日，我曾写过一首诗送给他，中有一联："玩物从来非丧志，著书老去为抒情"，是纪实。他有一阵在昆明收集了很多耿马漆盒。这种黑红两色刮花的圆形缅漆盒，昆明多的是，而且很便宜。沈先生一进城就到处逛地摊，选买这种漆盒。他屋里装甜食点心的、装文具邮票的……都是这种盒子。有一次买得一个直径一尺五寸的大漆盒，一再抚摩，说："这可以作一期《红黑》杂志的封面！"他买到的缅漆盒，除了自用，大多数都送人了。有一回，他不知从哪里弄到很多土家族的挑花布，摆得一屋子，这间宿舍成了一个展览室。来看的人很多，沈先生于是很快乐。这些挑花图案带天真稚气而秀雅生动，确实很美。

沈先生不长于讲课，而善于谈天。谈天的范围很广，时局、物价……谈得较多的是风景和人物。他几次谈及玉龙雪山的杜鹃花有多大，某处高山绝顶上有一户人家——就是这样一户！他谈某一位老先生养了二十只猫。谈一位研究东方哲学的先生跑警报时带来了一只小皮箱，皮箱里没有金银财宝，装的是一个聪明女人写给他的信。谈徐志摩上课时带来了一个很大的烟台苹果，一边吃，一边讲，还说："中国东西并不都比外国差，烟台苹果就是好！"谈梁思成在一座塔上测绘内部结构，差一点从塔上掉下去。谈林徽因发着高烧，还躺在客厅里和客人谈文艺。他谈得最多的大概是金岳霖。金先生终生未娶，长期独身。他养了一只大斗鸡，这鸡能把脖子伸到桌上来，和金先生一起吃饭。他到处搜罗大石榴、大梨。买到大的，就拿去和同事的孩子的比，比输了，就把大梨、大石榴送给小朋友，他再去买……沈先生谈及的这些人有共同特点。一是都对工作、对学问热爱到了痴迷的程度；二是为人天真得像一个孩子，对生活充满兴趣，不管在什么环境下永远不消沉沮丧，无心机，少俗虑。这些人的气质也正是沈先生的气质。"闻多素心人，乐与数晨夕"，沈先生谈及老朋友时总是很有感情的。

文林街文林堂旁边有一条小巷，大概叫作金鸡巷，巷里的小院中有一座小楼。楼上住着联大的同学：王树藏、陈蕴珍（萧珊）、施载宣（萧获）、刘北汜。当中有个小客厅。这小客厅常有熟同学来喝茶聊天，成了一个小小的沙龙。沈先生常来坐坐。有时还把他的朋友也拉来和大家谈谈。老舍先生从重庆过昆明时，沈先生曾拉他来谈过"小说和戏剧"。金岳霖先生也来过，谈的题目是"小说和哲学"。金先生是搞哲学的，主要是搞逻辑的，但是读了很多小说。从普鲁斯特到《江湖奇侠传》。"小说和哲学"这个题目是沈先生给他出的。不料金先生讲了半天，结论却是：小说和哲学没有关系。他说《红楼梦》里的哲学也不是哲学。他谈到兴浓处，忽然停下来，说："对不起，我这里有个小动物！"说着把右手从后脖领伸进去，捉出了一只跳蚤，甚为得意。我们问金先生为什么搞逻辑，金先生说："我觉得它很好玩！"

沈先生在生活上极不讲究。他进城没有正经吃过饭，大都是在文林街 20 号对面一家小米线铺吃一碗米线。有时加一个西红柿，打一个鸡蛋。有一次我和他上街闲逛，到玉溪街，他在一个米线摊上要了一盘凉鸡，还到附近茶馆里借了一个盖碗，打了一碗酒。他用盖碗盖子喝了一点，其余的都叫我一个人喝了。

沈先生在西南联大是 1938 年到 1946 年。一晃，四十多年了！

回忆我在清华和西南联大的几位老师

李赋宁

　　1935 年秋，我考取了清华大学。当时清华一年级学生所选的课程多半是文科和理科的必修课程。我被分在大一国文二班，朱自清教授教读本，李嘉言先生教作文；大一英文 E 组，陈福田教授教读本，朱穆祥先生教作文。此外，我还选修了西洋通史，由刘崇鋐教授讲授；逻辑学，由张申府教授讲授；普通物理，由吴有训教授讲授。朱自清教授教国文，一方面严格要求古汉语基本功（断句、标点、解译词义等），另一方面也着重训练学生分析和鉴赏作品的能力。有一次，他选了一首卞之琳先生写的新诗叫学生分析，然后他在课堂上讲评。陈福田教授编选的大一英文教科书里有几篇文章给我留下了深刻的印象：纽曼的《大学的概念》，莫姆的《一位中国哲学家》，埃默森的《论自力更生》等。刘崇鋐教授教的西洋通史课要求学生每周阅读指定的用英文写的西洋史参考书。我记得同学们怀着极大的好奇和兴奋心理去阅读耶鲁大学历史系名教授罗斯托弗泽夫写的《罗马帝国衰亡史》。刘老师循循善诱地引导学生对学术研究产生了兴趣。此外，我还旁听过闻一多教授讲授的唐诗课程。闻老师喜用英语的文学批评术语解释、评论唐诗，并喜把唐诗中的意境和拜伦、雪莱诗中的意境相比较，以扩大学生的文学视野。当年清华大学图书馆允许学生于每周日上午11时至12时进入书库翻阅图书，让学生随意浏览，使我受益匪浅。

1936年秋，我正式进入清华大学外国语言文学系，读二年级。和我同班的同学有周珏良、王佐良、许国璋等人。我选了下列课程：1. 西洋文学史，由美籍教授罗伯特·詹姆森讲授；2. 西洋戏剧，由系主任王文显教授讲授；3.19世纪英国浪漫主义诗歌，由吴宓教授讲授；4. 大二英文，由陈福田教授讲授；5. 西洋哲学史，由贺麟先生讲授（贺先生当时在北大任教，到清华来兼课）。除了这些专业课程外，我还选修了一年级法语，由吴达元先生讲授。当时吴先生刚从法国里昂大学留学回国不久，是一位对学生非常认真负责、严格要求的青年教师。他擅长法国语言和文学，又精通拉丁语。清华外文系的第二外语（德语或法语）向来是高效率、严要求的。每周四节课，每次一小时，每节课学一课书。吴老师一个半学期就把法语语法教完了，并且通过口头笔头练习和经常测验，使学生的法语技能日趋熟练。第二学期下半学期重点放在阅读法语小故事上，同时巩固、加深法语语法知识。我非常感激清华外文系的优良传统和吴达元老师辛勤、严格的教学，使我的法语基本功打得比较好，对我以后深入学习西方语言文学是完全必要和非常有利的。首先，我有了一丝不苟的严谨学风，对准确和不准确，像对真理和谬误、是和非、美和丑、善和恶一样，加以泾渭分明的区别，而且做出了选择，养成了习惯。这个例子可以说明智育、德育和美育是能结合在一起同时进行的。吴达元老师做到了教书育人。

另一位对我有深远影响的老师是吴宓教授。由于家庭熟识的关系，我经常去拜访吴宓教授。他的教学工作、学术和社会活动都很忙，但是他仍很关心青年的成长和培养。当他知道我在选修法语时，他就主动让我和他练习法语会话。他也时常检查我的英文作文。当他发现我把荷马史诗《伊利亚特》拼写为 Illiad 时，特别提醒我要注意细节的准确性，因为正确的拼写应是 Iliad（一个 l），而不是 Illiad（两个 l）。这件事给我留下了深刻的印象。另一次，他在我的西洋文学史考卷上发现我把德国哲学家尼采的名字拼错了。我写的是 Nietsche，而正确的拼写应是 Nietzsche，我少写了一个字母 z。正像吴达元教授在语言上对我提出高度的严格要求那样，吴宓教授在文学和历史的领域里也对我提出高度的严格要求。吴宓教授严格要求人名、地名、书名和历史年代的准确，绝不允许马马虎虎的作风。另外，他还非常重视文学作品中所表现的哲学思想，因此他不仅强调历史事实的准确，而且要求对文艺思潮和思想史要有正确的理解和精确的表达。吴宓教授特别强调文学的教育作用，认为文学是对人生的评论，文学具有高度的严肃性，表现高度的真理。吴教授推崇古代希腊文学、历史、哲学和艺术。这一切对我的世界观和学术观都有深远的影响。

抗日战争时期，我在长沙临时大学南岳文学院分校和云南蒙自西南联合大学文法学院分校以及昆明西南联合大学总校继续上大学三年级和四年级。除上面提到的各位老师外，我还受教于下列的老师：英国诗人、批评家威廉·燕卜荪教授、叶公超教授、杨业治教授和钱锺书教授。燕卜荪教授教导我如何从语言一词多义的特性和语言的含混性的角度深入发掘作品的含义，对作品进行深入的分析。燕卜荪教授批改学生的作业和作文非常仔细、认真，使我能够避免华丽、空洞的词句，学会用明确、朴素的语言直截了当地表达思想。叶公超教授引导我进入文学批评和印欧语系语言学的领域。杨业治教授引导我进入欧洲中世纪语言和文学的神秘境地。钱锺书教授从中西比较文化的角度对学生进行教学，使我大开眼界，看到了学术研究广阔天地中楼外有楼、山外有山的奇景。

以上回忆的几位老师都是我正式受业的恩师。我的一点关于西方语言和文学的知识，饮水思源，都是通过他们的言传身教得来的。除了上述的这些位老师外，我在抗日战争前在北平清华大学求学两年，抗日战争期间在昆明西南联大继续求学、深造，以及研究院毕业后留校教书，前后达 9 年时间。在这 11 年当中我生活在清华和联大的浓厚的自由学术空气中，耳濡目染，受益于许多位教授和学者，不断扩大眼界，增长知识，逐渐形成了我的世界观，立志献身于教学和研究事业，不图名，不逐利，以读书为人生最大的乐趣。下面我继续回忆清华和联大给我留下深刻印象的几位老师。

首先是陈寅恪教授。吴宓教授常说在他同辈人当中，他最敬佩陈寅恪和汤用彤两位先生的学问。我在昆明西南联大当研究生期间，曾有幸旁听过陈、汤两位先生的课。我们知道陈先生既是历史学家，又是文学家（评论家兼诗人），又对哲学很有研究，可以说他对中国历来所说的三方面的学问，即义理之学、辞章之学和考据之学都很精通，造诣极深。他在 20 世纪 20 年代曾是清华大学国学研究所 4 位名教授（即王国维、梁启超、陈寅恪和赵元任）之一。当时国学研究所所长是吴宓教授。吴教授延聘到这样的名师，培养了像王力先生这样的第一流学者，他的功绩应大书特书。陈寅恪先生后来是清华大学中文系和历史系两系合聘的教授。我在联大旁听陈先生所授的课是"白居易"，这是中文系高年级选修课。陈先生考证《长恨歌》和《琵琶行》里的一些细节。他每堂课都提了一大布袋的古书到课堂上来。他旁征博引《旧唐书》《新唐书》《唐会要》等典籍，几乎都能背诵。陈先生往往从考证小问题而说明大问题。我对中国古典文学读得太少，历史知识也很贫乏，但从陈先生的讲课和从他写的文章里深切体会到他治学方法的严谨。他的思路敏捷、细密，分析精辟，多有创见。陈先生写的旧体诗更是脍炙人口。他为冯友兰先生所著《中国哲学史》写的跋已成为近代中国学术评论文章中的名篇。陈先生又通晓多种外语：希腊、拉丁、梵文、欧洲各主要语言、中央亚细亚语言、蒙古语、土耳其语，等等，真正是学贯中西。陈先生为学生树立了学术上的高标准，他的精神力量是不可抗拒的。吴教授所推崇的另一位学者是汤用彤教授，他是北京大学文学院院长和西南联大哲学系教授。我在联大时旁听过汤先生所授"大陆理性哲学"课程。汤先生用拖长的湖北口音讲课，但条理清楚，逻辑性极强。尤其令人赞赏的是他讲西方哲学思想，总要引证相关的中国哲学和印度哲学内容。汤先生像陈先生那样，也做到了学贯中西。吴宓教授讲授"文学与人生"课，也把西方思想与中国和印度思想相互比较，相互印证。以上三位教授当年同时在美国哈佛大学留学，有"哈佛三杰"之称。他们治学的特点是博、大、精、深，令人高山仰止。另一位教授也像吴教授那样使哲学和文学相互渗透，这就是哲学系的金岳霖教授。有一次金先生在讲授"知识论"的课堂上，忽然一时高兴背诵起莎士比亚《罗密欧与朱丽叶》剧中的诗行。他的英语发音准确、清脆，语调优美，富于感情，令学生惊羡不已。

在作为"民主堡垒"的西南联大生活、学习和教学十来年，我也受到民主人士张奚若、潘光旦、曾昭抡几位教授的影响。张先生是我父亲的朋友，也是陕西同乡，又是吴宓教授在陕西泾阳崇道书院读书时的同班同学，因此吴先生常带我去张先生家喝午茶，听张先生讲掌故。张先生在欧美留学和工作多年，熟悉西方社会的风俗、习惯、乡土、人情。张夫人杨景仁女士早年留学英国，习文学（她是陕西省最早的一位女留学生）。张先生和夫人都好客、健谈，且都喜在中国话里夹杂英语。我从他们的谈话中学到了许多有用的文雅的英语词语和有关西方文化的背景知识。张先生说他在美国哥伦比亚大学留学时期的中国同学有金岳霖、胡适、徐志摩等人。张先生和胡适先生出国前在上海就熟识。当时胡先生在中国公学教书，业余为人补习英语。张先生在陕西泾阳崇道书院学过英语，是日本教员教的，教得不好，学生罢课，日本教员被校方辞退，英语课就停了。张先生到了上海，准备留学，请人补习英语，于是就变成胡先生的学生了。实际上，张先生比胡先生还略微年长一些。徐志摩先生回国前曾把他的《韦氏英语字典》留给张先生。张先生一直保存着这个纪念品。张先生还说到他回国后在南京大学院工作。大学院相当于教育部，院长是德高望重的蔡元培先生。蔡先生温文尔雅，对人极有礼貌。张先生那时还是一位青年，蔡先生对他也是彬彬有礼。张先生在清华和西南联大时都讲授"西洋政治思想史"课程，从柏拉图讲起，一直到 20 世纪。张先生痛恨法西斯独裁，维护民主自由，对我也有一定的影响。潘光旦教授非常博学，也是贯通中西的一位学者。他的英语不仅说得流利，而且写得漂亮，使我很佩服。我对他的优生学理论也很信服。我们知道潘先生只有一条腿（早年踢足球受伤，动手术截去一条腿），他平时都是架着双拐走路的，但是走得相当快。他告诉我父亲，他曾爬上险峻的华山顶峰，使我父亲吃惊不已。曾昭抡先生虽是化学系教授，但他也很关心政治。大约在 1942 年或 1943 年，有一次他对联大学生演说，宣传社会主义制度的优越性，抨击国民党的腐败和独裁，给我留下深刻的印象。另外，我还非常钦佩他的英语发音，既纯正，又响亮，十分悦耳。他对英国文学知识的丰富和理解之深刻，也是很使我吃惊的。

最后，谈一谈闻一多教授和美国人罗伯特·温德教授。闻先生为争取民主自由，遭到国民党特务的暗杀，成为革命烈士。温德先生同情、支持学生运动。当"一二·一"惨案发生后，他和几位爱国的中外朋友去找镇压杀害学生的昆明警备司令关麟征，向关提出质问，痛斥关达三小时之久。闻、温两位教授，一位是中国人，一位是美国人，他们的政治态度却是一致的。早在20世纪20年代，当闻一多先生在美国芝加哥艺术学院留学时，他就结识了年轻的温德教授。后来他们都先后同时在南京东南大学和北平清华大学任教授。对艺术的欣赏和对中国文化的热爱使他们的友谊持续增长。抗日战争爆发后，他们先后来到昆明西南联大任教。共同的政治态度更加深了他们之间的友谊。由于敬佩他们的学问和为人，我也受到他们政治态度的影响。例如，1945年闻先生发起反内战签名运动，我也在他起草的宣言上签了名。对于闻先生和温德先生的教学，我也有亲身的体会。早在抗日战争爆发以前，我在北平清华大学就旁听过闻先生讲授的唐诗课。抗战爆发后，学校内迁，文学院在湖南南岳上了一学期课。在南岳半山上闻先生讲授《诗经》一课，旁听的人多极了，教室里坐不下，窗外挤满了人，大家以极大的兴趣和积极性来旁听闻先生的课。闻先生对《诗经》多有创见和新论，善于启发学生的思维，并能引导学生进行独立思考，形成自己的见解。后来在昆明西南联大，闻先生又讲授《楚辞》课。他对古代楚文化和神话故事有许多新的解释，受到广大学生的热烈欢迎。

1941年春夏之交，我在清华大学研究院毕业，举行综合考试和论文答辩，闻一多教授参加了我的答辩会，给了我极大的鼓舞。当时清华研究院的规定是：研究生论文答辩会出席人，除本校本系全体正教授外，还要邀请本校外系两位正教授和外校本系一位正教授参加，因此闻一多教授代表本校中文系，邵循正教授代表本校历史系，闻家驷教授代表外校（北京大学）外语系参加了我的论文答辩会，并且分别用英语和法语问了我几个问题。当时清华大学文学院院长冯友兰教授也出席了答辩会（清华规定院长必须参加）。清华外语系教授出席这次答辩会的，除系主任陈福田教授外，还有吴宓教授、吴达元教授、陈诠教授、杨业治教授，还有美国教授温德先生。这次答辩会检验了我的英、法语言能力和文学知识，是我一生的一个重要里程碑。从此我开始了在大学教书的职业。在我开始教书以后，我还经常旁听温德教授在西南联大讲授的两门课："英诗"和"莎士比亚"。温德先生的教学深入浅出，生动活泼，引人入胜。他对英诗音节和格律非常重视，对词义、比喻、典故、意象体会深刻，分析细致，讲解精辟。我从温德先生那里学到的教学艺术不是一下子就能说完的。

最完整的人格

——悼朱佩弦先生

李广田

在别人的谈话中，以及在别人的文字中，大都提到佩弦先生是一个最完整的人。我觉得这话很对，但可惜说得太笼统。我愿意抑制自己的感情，试论佩弦先生的为人。

佩弦先生为人处世，无时无地不体现出他那坦白而诚挚的天性，对一般人如此，对朋友如此；对晚辈，对青年人，尤其如此。凡是和朱先生相识，且关系较深的，无不为他的至情所感。你同他交情越深，就越感到他那毫无保留的诚挚与坦白。你总感觉到他在处处为你打算，有很多事，仿佛你自己还没有想到，他却早已替你安排好了。他既像一个良师，又像一个挚友；既像一个父亲，又像一个兄长。他对于任何人都毫不虚伪，他也不对任何人在表面上表示热情，然而他是充满了热情的，他的热情就包含在他的温厚与谦恭里。

正由于他这样的至情，才产生了他的至文。《背影》一书，出版于1928年，一直是一般青年人所最爱读的作品。其中《背影》一篇，论行数不满50行，论字数不过1500言，它之所以能够历久传诵而有感人至深的力量，当然并非凭借了什么宏伟的结构和华赡的文字，而只是凭了它的老实，凭了其中所表达的真情。这种表面上看起来简单朴素，而实际上却能发生极大的感动力的文章，最可以作为朱先生的代表作品。因为这样的作品，也正好代表了作者之为人。由于这篇短文被选为中学国文教材，在中学生心目中，朱自清三个字已经和《背影》成为不可分割的一体。当朱先生逝世之后的第三天，我得到天津的来信，那写信人是一个中学的国文教师，他说："起初，传言说朱先生去世了，简直不敢相信，因为在最近离平之前还看见朱先生，而且还听了先生很多勉励的话；及至跑到外边，看见一群小学生，在争着抢着地看一张当天的报纸，其中有一个惊叹着对我说：'老师，作《背影》的朱自清先生死了！'我这才相信消息是真的，而且，看了小孩子们那种仓皇悲戚的神情，自己竟无言地落下泪来。"《背影》一文的影响于此可见。而且，我们也可以想象：有上千上万的幼稚心灵都将为这个《背影》的作者而暗自哀伤的吧！在另一本散文集《你我》中，有《给亡妇》一文，那文字与《背影》自然迥异；然而作为朱先生的至情表现则与《背影》相同。据一位教过女子中学的朋友说，她每次给学生讲这篇文字，讲到最后，总听到学生中间一片唏嘘声，有多少女孩子已暗暗把眼睛擦搓得通红了。在《给亡妇》的最后，他低低地呼唤着那亡妇的名字，写道：

> 我们想告诉你，五个孩子都好，我们一定尽心教养他们，让他们对得起死了的母亲你！谦，好好儿放心安睡吧，你。

我们的心立时就沉了下来，立时就感到黯然，而我们也就很自然地想到朱先生身后的陈夫人和几个幼小的孩子，以朱先生之至情，我们若千遍万遍地祝祷她"好好儿放心安睡吧"，不知道她可能紧紧地闭上眼睛？

凡是认识朱先生的，同朱先生共过事的，都承认朱先生是最

"认真"的人。他大事认真，小事也认真；自己的私事认真，别人或公众的事他更认真。他有客必见，有信必回，他开会上课绝不迟到早退。凡是公家的东西，他绝不许别人乱用，即便是一张信笺，一个信封。学校里在他大门前存了几车沙土，大概是为修墙或铺路用的，他的小女儿要取一点儿去玩玩，他说不许，因为那是公家的。闻一多先生遗著的编辑，自始至终，他交代得清清楚楚。他主持清华大学中国文学系，一切事情都井井有条，凡比较重要的事项都要征询他人的意见，或用开会方式尽情讨论。如无开会机会，他一定个别访问，把不同的意见汇集起来，然后作为定案。即便不必讨论的事情，拟办的或已办的，他大都告诉一声。这一切表现在日常生活中的认真精神，也正是他的热爱真理的一方面。没有一个爱真理的人而不是在处理日常事情上十分认真的。在朱先生，由于他的至情，由于他一贯的认真精神，他就自然地接近真理，拥抱真理。从抗战末期，以至最近，朱先生在思想上的变化是非常显著的，虽然由于体弱多病，像他自己所说的，他不能像年轻人那样迅速地进步，他说愿意给他较多的时间，他可以慢慢地赶上去，然而事实上他比青年人走得更踏实。因为他的变化既非一步跨过，也非趑趄不前，走三步退两步，而是虚心自省，一步一个脚印地走上去的。他并没有参加什么暴风雨一样的行动，然而他对于这类行动总是全力支持的，最少也是在不知不觉中发生力量的，除了担心青年人有所牺牲外，他可以说并无什么顾虑。他也没有什么激昂慷慨的言论，然而就在他那些老老实实的讲演与文字中，真理已一再地放了光，而且将一直发光下去。

　　复员以来，佩弦先生出版了很多新书，如《新诗杂话》《语文零拾》《诗言志辨》《标准与尺度》和《论雅俗共赏》等。其中固然有些旧作，但新写的实在更多。他在《标准与尺度》的《自序》里说：

　　复员以来，事情忙了，心情也变了，我得多写些，写得快些，随便些，容易懂些。……经过这一年来的训练，我的笔也许放开了些。不久以前，一位青年向我说，他觉得我的文章还是简省字句，不过不难懂。训练大概是有效验的。

　　就在这简单的说明里，我们也可以窥见朱先生的若干方面。他是谦虚的，他承认自己在受训练。他觉得自己有对大家说话的责任，而且要多说，快说，说得浅显，因为他热爱真理，他把握了真理，他愿意从各方面解释这些真理，发扬这些真理。凡是真心有话说的当然愿意说话，而因此他的笔自然也就放开了；凡是思想得到解放的，文字也就自然得到解放。不过这里也还藏着一个可哀的事实，朱先生以一身而负着一个很重的家累，职业上的薪俸不足以维持一家的生活，为了升斗所需，于是也就不得不快写，不得不多写了。但无论怎样多写，快写，却从没有乱写，因为他是认真的，因为他所写的是真理。他是作家、批评家、学者，然而他最近一两年来所发表的意见却不限于文学或所谓纯学术一方面的，这只要翻翻《标准与尺度》和《论雅俗共赏》就可以知道。在《标准与尺度》中有一篇叫作《论气节》，其中有一段说：

　　知识阶级开头凭着集团的力量勇猛直前，打倒种种传统，那时候是敢作敢为一股气。可是这个集团并不大，在中国尤其如此，力量到底有限，而与民众打成一片又不容易，于是碰到集中的武力，甚至加上外来的压力，就抵挡不住。而一方面广大的民众抬头要饭吃，他们也没法满足这些饥饿的民众。他们于是失去了领导的地位，逗留在这夹缝中间，渐渐感觉着不自由，闹了个"四大金刚悬空八只脚"。他们于是只能保守着自己，这也算是节吧！也想缓缓地落下地去，可是气不足，得等着瞧。可是这里是偏于中年一代。青年一代的知识分子却不如此，他们无视传统的"气节"，特别是那种消极的"节"，替代的是"正义感"，接着"正义感"的是"行动"，其实"正义感"是合并了"气"和"节"，"行动"还是"气"。这是他们的新的做人的尺度。等到这个尺度成为标准，知识阶级大概是还要变质的罢？

在这里，朱先生不但阐明了知识分子的地位之变迁，尤其可贵的，是指出并肯定了青年知识分子的新气节，新的做人尺度。这些话自然可以鼓励青年群体，但他的话却不只是为了鼓励别人而说的，这里有他自己的实感，而且有他自己对于现阶段历史性质及现代人的时代任务之确认。而在同书的《论吃饭》中就提出了更明快的论点，他说：

> 可是法律不外乎人情，没饭吃要吃饭是人情，人情不是法律和官儿压得下的。没饭吃会饿死，严刑峻法大不了也只是个死，这是一群人，群就是力量：谁怕谁！

"谁怕谁！"一点也不错，温柔敦厚的朱先生竟说出了这样坚决的话。他在《闻一多先生怎样走着中国文学的道路》（《闻一多全集·序》）中，曾引用闻先生自己的话说："我只觉得自己是座没有爆发的火山。"其实，朱先生自己又何尝不是一样。关于中国当前的情形，他在《论吃饭》中接着说：

> 抗战胜利后的中国，想不到吃饭更难，没饭吃的也更多了。到了今天一般人民真是不得了，再也忍不住了，吃不饱甚至没饭吃，什么礼仪什么文化都说不上。这日子就

是不知道吃饭权的也会起来行动了，知道了吃饭权的，更怎么能够不起来行动，要求这种"免于匮乏的自由"呢？于是学生写出"饥饿事大，读书事小"的标语，工人喊出"我们要吃饭"的口号。这是我们历史上第一回一般人民公开地承认了吃饭第一。

只读过朱先生前一期作品的人，或者只看到了朱先生德行学问的某一方面的人，可能不相信这是朱先生的话，然而这确是朱先生说的，而且说得那么好，那么切实，那么勇壮，这自然是时代使然，然而这也靠了主观的力量、主观的正义感和自觉心，也就是靠了朱先生的至情和对于真理的爱好。至于他对于今天的文学的意见，那就更其明快而显然。朱先生并不是历史学家，然而近年来所写的文字中却大都有一个史的观点，不论是谈语文的，谈文学思潮的，或是谈一般文化的，大半是先作一历史的演述，从简要的演述中，揭发出历史的真相，然后就自然地得出结论，指出方向，也就肯定了当前的任务。在《新诗杂话》的第一篇《新诗的进步》中，他承认"从新诗运动的开始，就有社会主义倾向的诗"。《语文零拾》中有一篇《历史在战斗中》，他推崇杂文，说："时代的路向渐渐分明，集体的要求渐渐强大，现实的力量渐渐逼紧，于是杂文便成了春天的第一只燕子。"在《标准与尺度》中有《文学的标准与尺度》一文，说"社会主义"是今天的尺度，"文学终于要配合上那新的'民主'的尺度向前迈进的。"又说："特权阶级垮台以后，才见到广度。从前有所谓雅俗之分，现在也还有低级趣味，就是从高度深度来比较的。可是现在渐渐强调广度，去配合着高度深度，普及同时也是提高，这才是新的'民主'的尺度。"在《论雅俗共赏》一书中有《论朗诵诗》一文，他说："朗诵诗是群众的诗，是集体的诗。写作者虽然是个人，可是他的出发点是群众，他只是群众的代言人。……朗诵诗要能够表达出大家的憎恨、喜爱、需要和愿望。……朗诵诗直接与现实生活接触，它是宣传的工具，战斗的武器，而宣传与战斗正是行动与工作。……它活在行动里，在行动里完整，在行动里完成。这也是朗诵诗之所以为新诗中的新诗。"这一切，只说明一件事，就是：朱先生说话的立场乃是人民的立场，正如他在《论雅俗共赏》的序里所说的，而最急切的目的则为新的"民主"文化，新的"民主"文学。为人民，争民主，这是今天的真理，这也就是朱先生近年来所写文字中的主要内容。

朱先生有至情，可并不一天到晚缠绵悱恻；他爱真理，也并不逢人说教；他严肃而认真，却绝不板起铁面孔，叫人不敢亲近，只感到枯燥无味。他是极风趣的，他的风趣之所以可爱可贵，正是因为他的有至情，爱真理，严肃而认真。

1941年我到昆明后，在大街上遇到的第一个熟人就是朱先生。假如不是他老远地脱帽打招呼，我简直不敢认他，因为他穿了一件很奇怪的大衣，后来才知道那是赶马的人所披的毛毡，样子像蓑衣，也像斗篷，颜色却像水牛皮。我当时想笑却不好意思，他却很得意地告诉我一个大消息：太平洋战争已经爆发，中国的抗战已成了世界大战的一环，前途十分乐观。以后我在街上时时注意，却不见有第二个人是肯于或敢于穿这种怪大衣。有一次在西南联大的广场上开文艺晚会，几千听众都随便地坐在草地上。朱先生的讲题是《"五四"以来的散文》。他说："什么是散文呢？像诸位这样的坐法就是散文的坐法了。"他自己不笑，会场上却哄然大笑起来，朱先生每次演讲都引起这样的笑声。在他的文字中，更是到处充满了风趣。在散文集《你我》中，有一篇《看花》，中间有这样一段。

至于领略花的趣味，那是以后的事：夏天的早晨，我们那地方有乡下的姑娘在各处街巷，沿门叫着"卖栀子花来"。栀子花不是什么商品，但我喜欢那白而晕黄的颜色和那肥肥的个儿，正和那些卖花的姑娘有着相似的韵味。栀子花的香，浓而不烈，清而不淡，也是我乐意的。我这样便爱起花来了。也许有人会问："你爱的不是花吧？"这个我自己其实也不大弄得清楚，只好存而不论了。

"也许有人会问"，其实没有谁问，只是作者自己在体会那种意味罢了。在同集中还有《谈抽烟》《择偶记》等，都是同样富有风趣的作品。这类文字看起来容易，作起来却相当吃力，即如《谈抽烟》，据朱先生在《自序》中说，才800字却花了两个下午，所以这风趣的形成也还是出于严肃认真。近年来，朱先生所写的文字大都是非常沉重的，不似前一期那么轻松，然而其中也还是充满着风趣，譬如《论雅俗共赏》一书中的《论书生的酸气》《论老实话》等，都在严肃中见出一种令人啼笑皆非的，满含着同情、慈心与正义感的风趣。1947年2月，他的《新诗杂话》出版了。这本书的编定在1944年10月，书稿交出后便石沉大海，中间一度传说稿子已经被书店失落了。朱先生常常提到这件事，现出非常伤心的神色，以为这本书再也不会与世人相见了，不料事隔三年有余，书竟然出版了。他喜出望外，在目录后的空页上题道：

　　盼望了三年多，担心了三年多，今天总算见到了这本书！辛辛苦苦写出的这些随笔，总算没有丢向东海大洋！真是高兴！一天里翻了足有十来遍，改了一些错字。我不讳言我"爱不释手"。"邂逅相遇，适我愿兮！"说是"敝帚自珍"

也罢，"舐犊情深"也罢，我认了。

1948 年 1 月 23 日晚记

在这短短的题字里一连用了四个惊叹号，第一行上边盖了一个"邂逅斋"的闲印，最后一行下边盖了一个"佩弦藏书之钤"，大概太高兴，高兴得手忙脚乱，第二个图章竟然倒置了。

朱先生总在不断地进步中。他不但赶着时代向前走，也推着时代向前走；他不但随同青年人向前走，也领导青年人向前走。然而，无论如何，他的体力，他的健康却一天一天地向后退了，他终于退向病床，退向死亡。现在，朱先生，我们的领导人，我们的同伴，我们敬爱的先生和朋友，却剩下了一把骨灰！这又岂止是个人的损失，岂止是少数人的损失，岂止是文艺界或学术界的损失而已呢？假如中国真正"胜利"过，假如中国没有内战也没有"戡乱"，假如中国已经民主，已经和平，假如朱先生生活得好，生活得如意，他何至于这样死去！假如朱先生体力好，假如朱先生能够得到天寿，朱先生对于新文学、新文化、新社会的贡献将是无限的，这由他过去的成绩可以证明，由他近年的转变与进步更可以证明。朱先生在过去尽了他的力，在今天也尽了他的力，如果他活到将来，在新的社会中，将更有他的大用。然而，朱先生竟然这样地死去了！从我去年夏天来到清华大学之后，就看见朱先生的书案玻璃下压着两句诗，是朱先生自己的笔迹，下面写着"近人句"三个字，到 8 月 13 日朱先生大葬之后，我从城外广济寺冒雨回到清华，陪朱先生的两个孩子回到朱先生的寓所，看见朱先生的草帽和手杖还挂在过道的墙上，我只疑心朱先生尚未离开他的书房。走进书房，我又看见朱先生书案上那两句题诗：

203

但得夕阳无限好，

何须惆怅近黄昏。

从这两句诗，也约略可以窥见朱先生近年来的心境。假如人生五十也可以算作夕阳西下的话，朱先生的夕阳晚景真可谓"无限好"，然而谁又想得到，黄昏倏忽而逝，突然降临的黑夜就把一切给淹没了！

纪念唐立庵先生

朱德熙

唐兰先生，字立庵，是我治古文字学的启蒙老师。抗战期间，我在昆明西南联大上学，从 1942 年到 1944 年，一直听先生的课。当时联大中文系最叫座的教授是闻一多、罗庸两先生。尤其是一多先生，他讲《楚辞》，连教室外边都围满了人。听课者都是慕名而来的外系同学和校外人士。立庵先生的课远没有这么热闹，但在学生里威信很高。有的同学凡是唐先生开的课一律都听，我便是其中的一个。

先生在联大时期开过很多课，我记得有：六国铜器、甲骨文字、古文字学、《说文解字》《尔雅》《战国策》。此外还开过一学期宋词。先生上课从来不带讲稿，其实他根本就没有讲稿。上说文的时候，手拿一本《说文诂林》或是《小学汇函》石印小字本《说文解字》，一页一页顺着翻下去，碰到他认为应该提出来讲的字就停下来讲。讲的内容与《诂林》没有多少牵涉，大都是先生自己的见解。讲《尔雅》也是如此，不过手里拿的不是《说文诂林》，而是邵晋涵的《尔雅正义》一类的书。因为没有讲稿，完全是即兴地讲，就像平常聊天，所以听课的人倍觉亲切。听先生的课不但可以了解先生的学术见解，而且还可以看出先生治学的方法、态度和风格，所以很多同学爱听先生的课。当年在联大听先生课的，除了中文系同学之外，还有两位教授，一位是物理系的王竹溪先生，另一位是哲学系的沈有鼎先生。我记得王先生听的是说文，沈先生听的什么课我不记得了。不过沈先生是联大有名的不修边幅的人，他那满脸胡子楂儿，光脚穿一双又旧又破的布鞋走进教室的样子至今犹历历在目。当时昆明物价飞涨，教授生活十分清苦；加上日本飞机轰炸，三天两头跑警报。就在这样的环境里，王、沈两位先生居然有闲情逸致跑到中文系来听立庵先生讲古文字学，这事很能说明当时联大学术空气之浓厚。联大前后办了9年，师生颠沛流离，生活十分艰苦。可在茅草棚的教室里却培养出不少国内外知名的学者。我想这至少有三方面的原因。第一是外来的干扰少，第二是教授阵容强，第三就是有浓厚的学术空气。

立庵先生兴趣广泛，知识渊博，他做过很多方面的研究工作。不过致力最久、贡献最大的还是古文字学。先生不仅考释出很多难识的字，而且在方法论上也有重要的贡献。20世纪20年代至30年代，研究古文字是一件时髦的事，考释甲骨金文的文章发表得很多。不过其中很大一部分是没有多少根据的胡猜。在甲骨文方面发表不少论著的叶玉森自己就承认考释甲骨文字犹如"射覆"。立庵先生写《古文字学导论》就是为了纠正这种不科学的学风，力图把古文字的研究建立在扎扎实实的科学基础上。他在书中提出了偏旁分析和历史考证两种方法，并说：偏旁分析法研究横的部分，历史考证法研究纵的部分，这两种方法是古文字研究里最重要的部分。一个古文字往往跟同时期其他文字在形体上有联系，研究这种联系就是偏旁分析。另一方面，一个古文字的形体必然跟这个字较早的写法和较晚的写法有联系，研究这种联系就是历史的考证。尽管这两种方法在具体考释古文字时都曾有人用过，但先生第一个有意识地把这两种方法作为方法论的原则提出来，意义是重大的。

自来研究汉字历史的人都摆脱不了传统的"六书"说的束缚。由于"六书"说实际上是汉朝人的文字理论，并不能如实地反映上古汉字的构造系统。不过在甲骨文字发现以前要想冲破"六书"说的束缚是不可能的。先生于 20 年代开始研究甲骨文，在全面分析了古汉字的构造和演化之后，终于批判了"六书"说，提出了古文字事实上只有象形、象意、形声三类的新说。用今天的眼光看，先生的文字理论可能还不够完备，但在当时不能不说是重大的突破。

立庵先生受的是传统教育，可是他完全没有旧时学者那种狭隘、保守的气味。从先生的著作以及他的治学方法里可以看出，他的思想开明，而且富有近代科学精神。我觉得先生之所以在学术上有那么高的成就，与此不无密切的关系。先生之所以能有开明的思想和科学精神，一个重要的原因是他博览群书。当年他在昆明自学英语，已达到能看书的程度。那时昆明满街都是专供美国大兵看的袖珍本英文书，先生曾搜齐了一整套（大概有好几百本）。解放初期，先生已 50 多岁了，又开始自学俄语，听说也到了能看书的程度。

立庵先生是一个非常乐观的人，我从未见他为什么事情发过愁。他那爽朗、纵情的大笑有一种感染力，能让心里有什么别扭事儿的人跟他一起快活起来。抗战时期生活很艰苦，先生仍然自得其乐。授课和著述之余，有时还跑来跟我们一起唱昆曲。不过先生唱曲子跟他做别的事情一样有自己独特的风格，听起来很像是吟诗或读书。1946 年从昆明回到北平，我在清华大学工作，跟先生见面的机会就少了。十年内乱期间，先生受的冲击不小。当时我亦自顾不暇，没有办法去看先生。1972 年，在文物出版社召开的马王堆一号墓座谈会上我见到了先生。睽别将近 10 年，可是先生并不显老多少，依然那么乐观。那时先生刚从干校回来不久。他在几天之内就写成了四万多字考释马王堆一号墓遗册的文章。正好我那时也跟裘锡圭同志合作考释遗册，我们一见面就大谈遗册里的问题。尽管有很多不同看法，可是谈得非常高兴。那次座谈会是在故宫洛德殿开的。散会以后我陪先生从西华门出来，先生告诉我他的《六国铜器》和《中国文字学》下册的手稿都在抄家时丢失了，说完便哈哈大笑，似乎这种事在他心里并不占多大分量似的。

1975 年春，文物出版社赶着要把马王堆帛书甲乙两本《老子》和卷前卷后佚书整理出版。当时参加整理工作的除了立庵先生外，还有张苑峰先生、裘锡圭同志和我。甲本《老子》残损较乙本为多，定稿时贴照片的工作很繁重。因为要确定每一块碎片的准确位置，同时还要做拼复工作，即把许多残片根据文义和字迹拼合起来。由于时间紧迫，第二天必须完成，非开一晚夜车不可。当时立庵先生说他可以承担这项工作。我说："时间太紧，要开夜车，锡圭同志年轻，还是让他去做吧。"先生听了，半晌不说话，我才发现先生说他愿意做这个工作是非常认真的。先生当时的神情，简直像一个说好要去哪儿玩儿，却因下雨去不成而懊恼至极的孩子一样。最后我们只好把那个工作交给先生去做。第二天一早先生就兴冲冲地跑来了。照片全部贴好，而且还拼上许多残片。可他却整整一个通宵没有合眼。那一年先生已是 75 岁的高龄了。我想，抱着功利的目的做学问的人，大概是不会干这种傻事的。先生年逾古稀，还有这种童心，实在令人感动。

先生天赋高，精力过于常人，兴趣又十分广泛，因此著述极富。不过其中有很多没有完篇，有的只开了个头就搁下了。先生自己也说："余嗜欲既广，易为环境所牵转，往往削稿未半，已别

肇端绪。又好为长篇巨制，而多无成功。"（《天壤阁甲骨文存》序）
我和一两位老同学偶尔谈起先生，也总是为先生涉猎太广而不能
集中精力把数十年来研究古文字的成果整理出来感到惋惜。1977
年夏，先生告诉我他已开始着手写《殷墟文字综述》和《西周青
铜器铭文分代史征》两部大书。我听了非常高兴，谁知不到两年，
先生就遽然逝去。这两部重要著作终究未能完成。这无论对先生
自己还是对后人来说，都是极大的憾事。

　　先生向来不以书家自居，但是他的字却很为人推崇。1945年
抗战胜利后，先生曾在昆明举行过一次书法展览。展品从甲骨金
文到篆隶行楷，各种书体都有。先生的字不拘一格，兴之所至，
挥洒自若，虽不以功力见胜，却自有其意趣和风格。我没有向书
家求书的习惯，所以也没有保存先生的墨迹。只是1945年在昆明
结婚，先生为我证婚，曾以朱红洒金笺书《关雎》首章四句为赠。
可惜这件纪念品竟毁于"文化大革命"中。不过先生留下的手迹
实在也不少。我知道的就有手抄故宫藏项跋本王韵和先生为故宫
藏全本《雪仁煦刊谬补阙切韵》写的长跋。此外，《古文字学导论》
和《天壤阁甲骨文存考释》也都是影印手稿。先生的小楷秀丽而遒
劲。虽是文字学家，却不像清代小学家那样以写古字自炫，反而
好写俗字。每次翻开这些书，面对先生手迹，想起先生生前的音
容笑貌，不禁怅然久之。

怀念金岳霖先生

冯友兰

　　金岳霖先生离开我们已经一年了。《哲学研究》1985 年第 9 期发表了他的《中国哲学》一文，也是出于纪念的意思吧。在这篇文章里，金先生提出了中国哲学的四个特点。第一个特点"是那种可以称为逻辑和认识论的意识不发达"。金先生说："这个说法的确很常见，常见到被认为是指中国哲学不合逻辑，中国哲学不以认识论为基础，显然中国哲学不是这样。我们并不需要意识到生物学才具有生物性，意识到物理学才具有物理性。中国哲学家没有发达的逻辑意识，也能轻易自如地安排得合乎逻辑；我们的哲学虽然缺少发达的逻辑意识，也能建立在已往取得的认识上。意识到逻辑和认识论，就是意识到思维的手段。中国哲学家没有一种发达的认识论意识和逻辑意识，所以在表达思想时显得芜杂不连贯，这种情况会使习惯于系统思维的人得到一种哲学上料想不到的不确定感，也可以给研究中国思想的人泼上一瓢冷水。""这种意识并不是没有。受某种有关的刺激，就不可避免地要发生这种意识，提出一些说法很容易被没有耐性的思想家斥为诡辩。这类所谓诡辩背后的实质，其实不过是一种思想大转变，从最终实在的问题转变到语言、思想、观念的问题，大概是领悟到了不碰后者就无法解决前者。这样一种大转变发生在先秦，那时有一批思想家开始主张分别共相与殊相，认为名实有相对性，把坚与白分离开，提出有限者无限可分和飞矢不动的学说，这些思辨显然与那个动乱时代的种种有比较直接的关系……然而这种趋向在中国是短命的；一开始虽然美妙，毕竟过早地夭折了。逻辑、认识论的意识仍然不发达，几乎一直到现在。"

金先生的这些论断，我一向是同意的。在近代生理学和逻辑学建立以前，人类已经存在了不知多少万年，在那漫长的岁月里，人本来是照着近代生理学所讲的规律而生存的，照着近代逻辑学所讲的规律而思维的。一门科学的对象，是先于那门科学而本来如此的，并不是先有那门科学，然后才有它的对象，而是先有它的对象。中国虽无发达的认识论和逻辑学，但并不妨碍中国人有认识和正确的思想。认识论和逻辑学的根本问题，是共相和殊相的分别和关系的问题。这是金先生的特识，但是，认为对于这个问题的讨论在中国早已夭折，这一点我现在不能同意。

在我近来写《中国哲学史新编》的过程中，我自以为对于中国哲学有了进一步的了解。我现在认识到，这个问题是贯穿于中国哲学发展的过程中的一个根本问题，不过随着各个时代的不同，其表现形式有所不同。从先秦诸子说起，儒家讲正名，法家讲综核名实，名家讲合同异、离坚白，道家讲有无，说法不同，其根本问题都是共相与殊相的问题。魏晋玄学继续发挥有无问题。宋明道学所讲的理欲道器问题，归根到底，也还是共相与殊相的问题。这个问题一直到现在还在讲，这是活问题，不是死问题。论者多认为金先生和我是现在讲这个问题的代表人物。我，不敢当。我不过是在这方面做了一点工作，至于代表应该是金先生，其理由如下所说。

1937 年中日全面战争开始。我同金先生随着清华到湖南加入长沙临时大学。文学院设在南岳，在那里住了几个月，那几个月的学术空气最浓，我们白天除了吃饭上课以外，就各自展开了自己的写作摊子，金先生的《论道》和我的《新理学》都是在那里形成的。从表面上看，我们好像是不顾国难，躲入了"象牙之塔"。其实我们都是怀着满腔悲愤无处发泄。那个悲愤是我们那样做的动力，金先生的书名为《论道》，有人问他为什么要用这个陈旧的名字。金先生说，要使它有中国味。那时我们想，哪怕只是一点中国味，也是对抗战有利的。

金先生和我的那两部书，人们认为，内容差不多，其实也有不同。在金先生的体系里，具体共相保留了一个相应的地位，我的体系里没有。我当时不懂得什么是具体共相，认为共相都是抽象，这是我的一个弱点。当时我如果对于具体共相有所了解，在20 世纪50 年代讲哲学继承的时候，我的提法就会不同了。

后来我们到了昆明。金先生担任了认识论这门课程，写了一本讲稿。以后，他逐年修改补充，终于成为一部巨著，即《知识论》。他把定稿送给我看，我看了两个多月才看完。我看得很吃力，看不懂，只能在文字上提了一些意见。美国的哲学界认为有一种技术性高的专业哲学。一个讲哲学的人必须能讲这样的哲学，才能算是一个真正的哲学专家。一个大学的哲学系，必须有这样的专家，才能算是像样的哲学系。这种看法对不对，我们暂时不论。金先生的《知识论》，无论如何可以算是一部技术性高的哲学专业著作。可惜，能看懂的人很少，知道有这部著作的人也不多。我认为，哲学研究所可以组织一个班子，把这部书翻译成英文，在国外出版，使国外知道，中国也有技术性很高的专业哲学家。

金先生在清华、西南联大也担任逻辑这门课程，写有讲稿，后来发表为《逻辑》这本书。金先生是中国第一个真正懂得近代逻辑学的人。有人说严复是这样的一个人，可是，严复只是翻译过穆勒的《名学》，没写过系统的哲学著作。金先生又是中国第一个懂得并且引进现代逻辑学的人。说到这里，金先生在《中国哲学》中所说的那一句话倒是对了。他说："逻辑、认识论的意识仍然不发达，几乎一直到现在。"金先生可以说是打破这种情况的第一个人。他是使认识论和逻辑学在现代中国发达起来的第一个人。

金先生还有一种天赋的逻辑感。中国有一句谚语："金钱如粪土，朋友值千金。"金先生说，他在十几岁的时候，就觉得这个谚语有问题。如果把这两句话作为前提，得出的逻辑结论应该是"朋友如粪土"。这和这个谚语的本意是正相反的。

有一个笑话说，有一个二郎庙碑文，其中说："庙前有一树，人皆谓'树在庙前'，我独谓'庙在树后'。"说笑话的人都认为这两句话是自语重复，没有什么意义。金先生说这两句话并不是自语重复。《世说新语》有一条记载说，有人说"小时了了，大未必佳"。孔融说，你小的时候，必定是了了的。孔融的意思是说，看你现在不佳，可以推知你小的时候是了了的。金先生说，不能这样推。在这三个例子中，第一例的错误是很显然的，可是大家都是这样说。金先生在十几岁的时候，就能看出它的错误，这是他的天赋的逻辑感。至于后两例，在我听金先生说的时候，也仿佛了解金先生的意思。可是怎样用逻辑的语言把这个意思明确地说出来，我没有追问。

金先生擅于运用中国的成语说明一个道理，有两句成语："理有固然"，"势所必至"。金先生在《论道》中，运用这两句成语说："理有固然，势无必至。"他只把"所"字改成"无"字，就准确地说明了一般与特殊的不同，而且中国味十足，"文约义丰"。

金先生对艺术有很高的欣赏力。他欣赏中国画。已故北京大学教授邓叔存先生，是清代的大书法家邓顽白之后，收藏甚富。他常给我们讲画，他指着一个作品说："你们看这一笔！"听的人都期望下边必定讲出一番道理，谁知下边就完了，道理尽在不言中了。这种不言之教，金先生倒能了解。他常学着邓先生的这种姿势，以为笑乐。但他并不同鉴赏家们辩论某一作品的好坏真伪问题，他只说："我喜欢某一作品，不喜欢某一作品。"

金先生也欣赏诗，如他在《中国哲学》中所说的，他最喜欢《庄子》，他认为庄子是一个大诗人。他对于《庄子》的欣赏，大半是从它的艺术性说的。

金先生的风度很像魏晋大玄学家嵇康。嵇康的特点是"越名教而任自然"，天真烂漫、率性而行，思想清楚，逻辑性强，欣赏艺术，审美感高。我认为，这几句话可以概括嵇康的风度。这几句话对于金先生的风度也完全可以适用。

我想象中的嵇康，和我记忆中的金先生，互相辉映。嵇康的风度是中国文化传统所说的"雅人深致""晋人风流"的具体表现。金先生是嵇康风度在现代的影子。

金先生的著作，我们可以继续研究，金先生的风度是不能再见了。

汤用彤先生散忆

邓艾民

　　1938 年至 1945 年，汤用彤先生在昆明西南联合大学任哲学系主任，先后开设印度哲学史、欧洲大陆理性主义及魏晋玄学等课程。他当时已满头白发，常常因为讲课劳累而斜倚在黑板边上，低着头，边思考，边讲授，层层深入，将同学逐步引导到所讲的内容中去。他讲印度哲学史，就把我们带到印度历史上的哲学家思想中，讲欧洲大陆理性主义，就将我们带到笛卡尔、斯宾诺莎、莱布尼茨的思想体系中，讲魏晋玄学又将我们带到王弼、嵇康、阮籍、郭象、僧肇等人的思想体系中。他给我们全面地忠实地介绍这些哲学家的思想，材料丰富而又不显得烦琐，分析清晰而又不流于空疏，即使自由主义习气很浓的同学，也舍不得缺课。他只讲历史上哲学家的思想。这对于我们这些喜欢对不太了解的事物好发议论的青年人来说，仍旧感到不满足。有些同学喜欢谈论中西哲学的比较，有些同学喜欢用最新的哲学观点对过去的哲学进行批判，汤先生精通中西哲学的思想，但在课堂上并不涉及这些方面，似乎采取一种资产阶级客观主义的态度。其实，这样全面地、忠实地介绍历史上哲学家的思想是为进行实事求是的分析打下基础，正如鲁迅所指出的："倘有取舍，即非全人；再加抑扬，更离真实。"可惜我当时并未理解这一点而将他所开设的课程真正学到手。

抗战时期，日本军队节节进逼，政治腐败，经济萧条，物价飞涨，人民生活在饥饿的边缘，大学教授生活极为清苦，政治上也感到压抑，有些历史感很深的学者甚至沉入绝望的边缘，吟咏着"南渡自应思往事，北归端恐待来生"。汤先生也具有强烈的历史感，内心隐藏着对专制腐败政治的极度不满，但却与感时伤世低回吟咏的诗人不同，有哲人的气质，寓悲愤于超逸之中。这一点，在讲授魏晋玄学一课中不时流露出来。对于魏晋的哲学思想体系，他推崇王弼、郭象，更欣赏僧肇。但对当时社会的实际影响，他却强调阮籍、嵇康，指出他们才是魏晋名士风流的代表人物。阮、嵇都是对司马氏专权强烈不满的知识分子，纵情诗酒，蔑视礼法。汤先生一再阐述，他们这种态度不是为放达而放达，而是有所为而发。阮籍假醉回避权势，不拘丧礼，但举声一号，吐血数升，表现哀思的忠挚。嵇康愤世嫉俗，非汤武而薄周礼，但却以忠义勉励子弟不须作小小卑恭，小小廉耻。当时国民党政府腐败专制，民心怨愤，但有些知识分子为其涂脂抹粉，歌功颂德。汤先生突出阐发阮、嵇的立身处世，使人不期然而然感到他对当时政局的不满和少数趋炎附势的人物的轻蔑。有一次昆明有家国民党报纸约他写篇社论，他说他从来不为报纸写稿，而婉辞拒绝了。我们有些同学听到这件事特别高兴，大家笑着说他是一个超越的玄学家，有点像桑塔王自称对待第二次世界大战无所关心一样，生活在 eternity 之中。

1945 年，我们那一级毕业时，请哲学系的老师参加我们的茶话会，地点在昆明文林街一个小小茶馆的楼上。我们请老师们讲话。汤先生平时很少发议论，这次却语重心长地一再勉励我们毕业以后，要坚持发扬为真理献身的精神，发扬中国文化的优良传统，不要追逐名利，"学得文武艺，卖与帝王家"。汤先生平日忧国殇时，很少外露，有似阮籍那样，发言玄远，口不臧否人物，这次却娓娓而谈，动人心弦，赢得了同学们的赞赏和爱戴。

汤先生讲授哲学史课程时，不引烦琐的考据，分析清晰而又意境玄远，极高明而道中庸；发表他的研究著作时却材料丰富，考证周详而又论述深刻，致广大而尽精微，赢得了国内外学术界的高度推崇。他已经完成的魏晋南北朝佛教史是如此，他的未完成的魏晋玄学一部分论稿是如此，他的散篇的佛教论文也是如此。

汤先生 20 年代留学美国哈佛大学。据哈佛大学博士杜维明教授谈，当时该校集中了一批学识渊博的学者，一直到现在还为人所推崇，后来很少有人能超过他们。汤先生回国后又曾亲听佛学大师欧阳竟无说法，因此他在学校开设的中西哲学课程都是第一流的。但他研究的重点仍在中国哲学。他运用西方哲学与印度哲学以治中国哲学，融会贯通，不露痕迹。他详细阐述了斯宾诺莎关于上帝的思想，并用这些观点来分析王弼的贵无论。他借莱布尼茨的预定和谐说来说明嵇康的声无哀乐论。他参考休谟对经验的分析来解释郭象破除了离用之体。这些论述都很细致而又自然，使人能更清晰地体会中国哲学思想中的深微的含义。他在这些方面研究所达到的深度超过了许多著名的学者，但他从不宣扬自己。例如，有人将僧肇的不真空论解释为空不真，以此区别中国佛学与印度佛学。他指出僧肇的思想是"不真即空，非空不真也"，只正面解除了对这篇著作的误解。又如，有人表扬陶渊明合自然与名教为一是"孤明先发"，这种旧义革新的新自然主义不愧为中古时代的大思想家。但汤先生在魏晋玄学一课中已指出王弼曾说"老不及圣"，通过言意之辩调和孔老，郭象则合儒道为一，提出独化于玄冥之境。他们早已提出合自然与名教为一，并为之奠定了理论基础。因此，我曾问汤先生，陶渊明的诗体现自然与名教合一，浑然天成，但说他"孤明先发"，似不完全切合历史情况。汤先生却仅微微一笑，不愿多所论述。即使汤先生写一些短篇书评，指出有些日本著名学者著作中的疏漏，也是摆事实、讲道理，毫无自我炫耀的表现，使人心悦诚服。这种朴实的学者风度也激发了同学们的尊敬。

抗战胜利后，北京大学在北平复校。1948 年底，北平临近解放，国民党派飞机尽量鼓动一些人南逃，汤先生也在他们拉拢之列，但却被汤先生拒绝了。汤先生当时对共产党也并不完全了解，但在解放后亲自见到共产党的所作所为，种种怀疑随即一扫而空。他听到解放军进入上海时露宿街头，曾对我说，"这样的军队在中国近代史上是绝无仅有的"。周总理亲自到北京大学孑民堂与教授座谈。他对周总理雍容大度扣人心弦的谈话，感叹不止。汤先生这时担任北大校务委员会主席，院系调整后的新北大成立，他被任命为副校长后，更加勤勤恳恳，全心全意地工作。我有一次曾问这时与他共事的江隆基同志对他的印象如何，江隆基同志说了四个字："忠厚长者。"这就是说，他是一位忠实于发扬中国优秀文化的学者，也是一位忠实于爱国主义教育事业的教育家。

文史大师陈寅恪

黄延复

"当日英贤谁北斗"

"清华园内有趣的人物真多。但其中最有趣的，要算陈寅恪先生了。你们中谁有好奇心的，可以在秋末冬初的一天，先找一找功课表上唐诗校释或佛经翻译文学等科目的钟点，然后站在三院教室前的过道上等一等。上课铃响后，你们将看见一位里面穿着皮袍，外面罩以蓝布大褂青布马褂，头上戴着一顶两旁有遮耳的皮帽，腿上着棉裤，足下蹬着棉鞋，右手抱着一个蓝布大包袱，走路一高一下，相貌稀奇古怪的纯粹国货式的老先生从对面彳行而来，这就是陈寅恪先生了。"这是 1934 年清华大学出版的《清华暑期周刊·教授印象记》中对陈寅恪先生的一段描写。

在清华大学的校史中，流传着许多关于陈寅恪先生的趣谈。例如，哲学家冯友兰的学问可谓不小了。从 1928 年进校起，秘书长、文学院长，以至于代理校长，他都曾做过，在清华可称为上乘人物了。但每回上中国哲学史课的时候，总有人看见冯先生十分恭敬地跟着陈先生从教员休息室里出来，边走边听陈的讲话，直至教室门口，才对陈先生深鞠一躬，然后离开。"这个现象固然很使我们感觉到冯先生的谦虚有礼，但同时也令我们感觉到陈先生的实在伟大。"

在 20 世纪 30 至 40 年代，中国学术界（特别是文史学界）常常有"土产学者"和"出洋学者"互不服气的情况，但这两类学者对陈寅恪先生却几乎是无一例外地推崇。因为陈先生一方面对"旧学"下过功夫，深深地了解中国学术的传统精神；另一方面，对西洋新观点、科学方法及工具，他同样有着很深的造诣。单以语言为例，英文、法文、德文、俄文、日文、意大利文自不必说，蒙古文、满文、阿拉伯文、印度的梵文、巴利文、突厥文、波斯文、暹罗文、希腊文、拉丁文、匈牙利文、土耳其文，以及许多中亚西亚现有的或已经死亡的文字他都通晓。这些语言帮助他能解决别人所无法解决的问题，发现别人所无从发现的历史真相。在国学方面，那时一般读书人能背诵"四书""五经"等就很可以了，而陈先生却能背诵"十三经"，而且对每字必求正解。

清华外文系名教授、曾任清华国学研究院主任的吴宓，素以学问渊博名闻中外。对于陈寅恪，他曾说过这样的话："始宓于民国八年，在美国哈佛大学得识陈寅恪。当时即惊其博学，而服其卓识，驰书国内诸友，谓合中西新旧各种学问而统论之，吾必以寅恪为全中国最博学之人。今时阅十五六载，行历三洲，广交当世之士，吾仍坚持此言，且喜众人之同于吾言。寅恪虽系吾友而实吾师。"（《空轩诗话》）"盖世奇才""最好的教授""教授之教授""太老师"，这是国内以至国外学术界对陈寅恪的尊誉。他来清华后，即为国学研究院著名的"四大导师"之一。稍后，他是清华大学中文系和历史系唯一的一位合聘教授，并任中央研究院史语所研究员兼历史组主任。西南联大时期，还兼有"部聘教授"的荣衔。英国牛津大学曾特聘他为第一位华籍汉学客座教授，因目疾未能应聘。

"当日英贤谁北斗"，这是陈寅恪当年挽王国维诗中的一句。

我们取其意回献给陈寅恪教授本人，看来也是确当的。

"入洛才华正妙年"

陈寅恪（"恪"音"客"，多有读"确"者，实误），江西修水（义宁州）人，1890 年 7 月 2 日（清光绪十六年五月十七）生于湖南长沙。祖父陈宝箴，为"戊戌变法"时期的湖南巡抚。父三立，字伯严，号散原，清末著名诗人，有《散原精舍诗》行世。与谭嗣同、陶宝廉、吴保初齐名，曾为"新江西派"的首领，亦为"戊戌变法"时维新党人。

1902 年春，12 岁的陈寅恪随兄师曾东渡日本。1904 年后返南京，与兄隆恪一起考取留日官费。冬初，同去日本。一年后因病回国。1907 年，插班考入上海复旦公学，1909 年毕业。是年秋赴欧，就读于德国柏林大学，并先后游挪威、瑞士等国。在瑞士，曾入苏黎世大学就读。1912 年秋，自瑞士暂时返国，居上海。1913 年春，再赴欧读于法国巴黎大学。冬又去伦敦，留十日回上海，旋又赴法。是年秋，应江西省教育司电召回江西南昌阅留德学生考卷，并许补江西省留学官费。但"连阅考卷三年"，其间又曾患恶性痢疾几死，故一直在国内留居了五年始再出国。因第一次世界大战尚未结束，赴欧不成，赴美，入哈佛大学学习梵文、巴利文二年。1921 年，离美再赴德国，入柏林大学研究院，研究梵文及其他东方古文字，凡四年。在国外留学期间，他读书不在取得文凭或学位，有如"天马行空"，时来时往，听到哪里有好大学，便去听课和研究，不仅读书而且留心观察风土人情。他在国外断续 20 年，不曾听说他在哪里得过"博士""硕士"之类的学衔，甚至连哪个名大学的文凭也未听说他拿过。

1925 年，清华学校增设大学部和国学研究院。当时在哈佛大学任教的赵元任被聘为清华国学研究院导师，哈佛大学要求赵找人替他，并指名要陈寅恪，而且许以高薪，是时陈寅恪在柏林，赵元任写信征求陈的意见。陈回信说："我不想再到哈佛。我对美国留恋的只是波士顿中国饭馆醉香楼的龙虾。"当时在柏林的中国留学生多数纨绔作风很盛，但陈寅恪生活正派、简朴，有"贾府门前石狮子"的美誉。

义宁之学　声震内外

陈寅恪被聘为清华国学研究院的导师，是由梁启超推荐的。据传，梁启超向清华校长曹云祥推荐陈寅恪时，曹问："陈是哪一国博士？"梁答："他不是博士，也不是学士。"曹说："既不是博士，又没有著作，这就难了！"梁启超生气了，说："我梁某也没有博士学位，著作算是等身了，但总共还不如陈先生寥寥数百字有价值。好吧，你不请，就让他留在国外吧！"接着，梁启超举了柏林大学、巴黎大学几位名教授对陈先生的推崇。曹一听，才决定聘请陈来校任导师。陈寅恪于 1925 年 12 月 28 日取道马赛回国。但由于父病，1926 年 7 月始到校任职。

陈寅恪初到清华时，因无家室，学校分给他工字厅中的单身宿舍，但他却经常住在赵元任先生家里，用他自己的话说是"愿意有个家，但不愿成家"。赵元任同他开玩笑说："你不能让我太太老管两个家啊！"后来，他同唐筼女士（甲午时台湾巡抚唐景松的孙女）结婚，便分开到西院宿舍去住了。

陈寅恪到校后，清华园里不论学生还是教授，凡有文史方面的疑难问题，都愿意向他请教，他也一定会给提问的人一个满意的答复，所以大家都奉他为"活字典""活辞书"。陈寅恪讲课时，研究院主任吴宓是风雨无阻，每堂必到。其他如朱自清、北大的钢和泰（德国汉学家）等水平较高的教授，如有机会亦必来听讲。

陈寅恪在国际学术界的声望非常高，因为他常常能解决外国著名学者所不能解决的问题。有一次，苏联学者在外蒙古发掘到三件突厥文碑，不懂不通，但经陈寅恪先生翻译解释，各国学者毫无异辞，同声叹服。唐德宗与吐蕃《唐蕃会盟碑》，许多学者，如法国之沙畹、伯希和等人均无法解释。经陈先生翻译，国际学者都很满意。又如日本史学大家白鸟库吉（有"日本史学界的太阳"之称），在研究中亚问题遇到困难时写信请教奥国学者。复信说可向柏林大学某教授请教；而柏林的复信则说应请教陈寅恪教授。白鸟库吉说，如无陈教授的帮助，他的问题可能至死不解。

关于陈寅恪的治学道路和成就，他的老同学兼表亲俞大维曾有过一个概略的分析。大意是：从一开始读书到第一次回国，陈寅恪把主要注意力放在了研究文字上。他常说，读书须先识字，因而他幼年时对于《说文》及高邮王氏父子的训诂之学曾下过一番苦功，在外国留学期间，曾随 Lanman 学习梵文与巴利文二年，在柏林大学时又随 Lueders 学习梵文与巴利文近五年，回国后，又在北京与北大教授钢和泰继续研究梵文四五年，因此他的梵文和巴利文的造诣都很深。他一生治学的重心是国史。对于史，他无书不读，而特别注重各史中的志书，如《史记·天官书》《汉书·艺文志》《晋书·天文志》《隋书·经籍志》《新唐书·地理志》等。关于各种会要，他也甚为重视，尤重《五代会要》等。他也重视"三通"，"三通"序文他都能背诵。其他杂史，他也看得很多。陈寅恪特别注重史识。他常说，要"在史中求史识"。因此，凡中国历代兴亡的原因，中国与边疆民族的关系，历代典章制度的嬗变，社会风俗，国计民生，一般经济变动的因果以及中国文化长久流存的原因等，都是他研究的题目。至于其他典籍，他大都有自己的研究和评价，例如他认为：《诗经》《尚书》是我们先民智慧的结晶，不论你的爱憎好恶如何，都乃"人人必读"的。关于《尚书》今古文之辨，他认为古文《尚书》绝非一人可杜撰，大致是根据秦火之后所传零星断简的典籍，采取有关《尚书》部分编纂而成，不可武断地说它是全部杜撰。他喜欢《孟子》的文章，但书中提到的典章制度及有关历史的议论，他认为多不可靠。（参见俞大维《谈陈寅恪先生》）

陈寅恪虽然称不上是一位语言学家，但他的一篇《四声三问》，曾被誉为语言学领域里"千古不朽的论著"。由于有"趋庭之教"，陈寅恪的旧体诗修养是很高的，作品数量也相当可观。

陈寅恪治学涉及面很广，对宗教、史学、语言学、人类学、校勘学、文学等均有独到的研究或见解，而尤以中古史的研究闻名中外。他生平著作达100余种（包括油印本和抄本），其中专著9种，即《唐代政治史述论稿》《隋唐制度渊源略论稿》《陶渊明思想与清谈之关系》《〈秦妇吟〉校笺》《论〈再生缘〉》《历史研究》《述东晋王导的功业》《书〈世说新语〉文学类钟会撰〈四本论〉始毕条后》《元白诗笺证稿》等。论文主要刊登在《史语所集刊》《清华学报》《国学论丛》《北平图书馆馆刊》等刊物上。

辛勤垦拓　悉力耕耘

陈寅恪初到清华时，因其主要职衔是国学研究院的导师，因此所任的课程亦以研究院的学程为主。1928年春，他曾应聘到北大讲授《佛经翻译文学》。同年秋，又改授"蒙古源流研究"。1929年国学研究院结束后，他被清华大学聘为中文系教授，后来（大约是从1933年起）又成为中文、历史两系"合聘教授"。陈寅恪上课地点通常是在三院的一间小教室。因他身体瘦弱，学校有意把他的课时安排在上午第二、三两节（9—11时），他讲课时总是闭目而思，端坐而讲，所论者皆关宏旨，绝无游词。每逢讲到需要引证的时候，他就打开带来的参考书，把资料抄在黑板上，写满一黑板，擦掉后再写。同学们怕粉笔灰吸进他肺里太多，常常替他擦黑板，这一点他倒不拒绝。

陈寅恪学问广博，但也有所侧重。在浩如烟海的史学领域中，他划定魏晋南北朝到隋唐五代一段为自己侧重研究的方面。所以在 30 年代，他经常开的课程是关于魏晋南北朝和隋唐五代的各种专题研究。在文学研究所和中文系开过"佛经文学""禅宗文学"《世说新语》研究""元白刘诗研究"等课。而梵文和南北朝、唐代制度又是他研究重点中的重点。曾经有人这样评述过陈寅恪先生的治学态度："陈先生是一个辛勤的垦荒者。他不多说话，尤其不唱高调，只是一个接着一个地解决历史上的疑案。用很简练的笔法写出来，都是一篇一篇的短论文，登在学术水准很高的杂志上，如《中央研究院季刊》《清华学报》等。最近几年才写出几本小书（如《隋唐制度渊源略论稿》《唐代政治史述论稿》和《陶渊明思想与清谈之关系》等），文章虽然短小，但是内容的分量却不是许多大书所能望其项背的。"（《燕京新闻》，1947 年 3 月 3 日）

陈寅恪刻苦治学，孜孜不倦。在清华时，不论天气多冷，总见他乘车到大商店军机处去看档案。在教学中认真负责，很少辍讲。讲课只是平铺直叙，但听来并不感到枯燥。每当下课铃响，大家都有时光流逝太快之感。由于他讲的都是他的心得和卓见，所以同一门课听上好几次，仍有新鲜感。

坎坷的后半生

1937 年 7 月，卢沟桥事变发生，适逢清华南迁，他携家逃离北平，几经辗转得至长沙。不久，南京沦陷，长沙吃紧，"临大"迁往昆明，于是陈寅恪又携全家再登程西行，经广西，抵香港，因夫人心脏病发作不能同行，遂于春节只身取道海防到云南蒙自西南联大文学院授课。1938 年秋，联大文学院迁到昆明，陈寅恪也随院移居昆明，寓靛花巷青园学会。这时他留在长沙的藏书被"大火"烧光。1939 年春，英国牛津大学约他去讲学同时治目疾，他于暑假后离昆明赴香港，拟全家去英。到香港后，适值第二次世界大战爆发，不得不于 9 月再返昆明，仍任西南联大文史两系合聘教授。未数月，再赴香港等待赴英时机，并任香港大学客座教授。1941 年 12 月，日本侵略军占领香港。这期间他生活十分困难，常将衣物典卖换取食物，但拒不接受敌人的"关照"。1942 年 5 月，他在一个暴风雨的夜晚逃离香港，经广东，6 月末抵桂林，曾任教于广西大学。1943 年 8 月，由桂林北行，途中备历艰辛，年底抵达重庆，应燕京大学（抗战后期迁至成都）之聘任教于该校，并仍任中央研究院之职。至 1945 年春，终因生活艰苦，得不到必要的营养，双目失明。同年旧历五月十七日，他吟《五十六岁生日三绝》，伤其不幸遭遇。第一首云："去年病目实已死 ①，虽号为人与鬼同。可笑家人作生日，宛如设祭奠乃翁！"

　　1945 年 8 月，日本投降。这时陈寅恪的心情可于《乙酉八月十一日晨起闻日本乞降喜赋》一诗中见之：

　　　　降书夕到醒方知，何幸今生见此时。
　　　　闻讯杜陵欢至泣，还家贺监病弥衰。
　　　　国仇已雪南迁耻，家祭难忘北定时。
　　　　念往忧来无限感，喜心题句又成悲。

　　是年秋，英国牛津大学再次约赴英治疗目疾，遂由重庆搭航机去英。但英医对其目疾终告束手。1946 年 4 月，陈寅恪因治目疾无效决定动身回国。当时海运困难，搭乘绕道美国的轮船，在

---

① 　指在成都住院手术治疗无效。陈开始害眼疾是在 1937 年。

船上知美医亦无良策，遂决定不登岸。赵元任夫妇闻讯到船上探视。陈寅恪初闻赵先生之声，顿然悲哽，良久才开始交谈。

陈寅恪回国后，仍回复员后的清华大学，以客厅作教室，继续讲学。北大、清华和中央研究院各配一名助教帮他查书抄写，辅助他的教学。

1948 年 12 月 14 日，北平围城开始，12 月下旬，陈搭乘国民党派来北平迎接"国宝"的飞机到南京，又应广州岭南大学校长（原西南联大法学院院长）陈序经的邀请至该校任教，教课方式如在清华园一样。当时台湾大学校长傅斯年很想请他去台大，"屡电催赴台"，陈不往。又闻梅贻琦有意介绍他到香港大学，也未成。全国解放后，陈寅恪转任中山大学教授。

吴宓教授剪影

傅举晋

　　吴宓是 20 世纪 20 年代至 30 年代初我国文坛上的风云人物。

　　吴宓教授是陕西泾阳人，别号雨僧，1922 年毕业于清华留美预备班。他的旧文学很有根底，旧体诗也很有造诣。后留学美国哈佛大学，专攻西洋文学，信仰该校白璧德教授的人文主义。吴在《红楼梦》的研究上很有心得，曾在哈佛中国同学会上演说《红楼梦》。吴回国后，曾在南京东南大学执教，后移讲席于清华，任该校国学研究所班主任。他曾主编《学衡》杂志，维护文言文，反对白话文，与胡先骕、柳诒徵等，号为"学衡派"。他们的主张曾屡受鲁迅先生的抨击。他在天津《大公报》主编的《文学副刊》版面很大，其中所载西方散文名作都用文言文翻译，诗篇则尽移译为古诗或律诗，他也常有吟咏，自编《吴宓诗集》，由中华书局出版，诗篇中点缀着很多照片，别开生面。吴编《文学副刊》八年之久，因不能顺应新潮流而被《大公报》另辟，先后由沈从文、萧乾主编的新文学副刊《文艺》所取代。吴曾与留美女同学毛彦文相恋，不料毛彦文后来弃吴下嫁下台北洋政府总理熊希龄。吴吞声忍泣，埋首书斋，聊遣愁怀，间以诗文发抒其丢失的恋情。

　　我对吴先生向往已久。1938 年我在昆华南院临时图书馆前，见一脑袋呈炸弹形，身着紧身细腿旧式西服的中年教授，经人指点才知他即是吴宓教授。吴先生作过两次关于《红楼梦》的讲话，并发表过有关"红学"的文章，他用大圈套小圈的方式比喻宇宙、社会、人生，其最内一圈即《红楼梦》的微观形态，认为此书宗旨涉及天人之际，可从一颗沙粒看世界。又认为在艺术手法上，书中一些回目名称妙手天成，得未曾有；又谓凡世界名作，其最高峰都在全书三分之二处，《红楼梦》亦复如此。他对文言文的维护及对白话文的疾恶态度依然如故。由于他孤芳自赏，认识偏颇，穷蹙之余，渐入颓唐，常年蓝布大褂一袭，出入新校舍。

　　吴在联大教授西洋上古文学，条理极为清楚；又开设选修课中西诗的比较（近年不少人提倡比较文学，以我之见，吴先生实开其先河），因他精通中西文学，所以讲来左右逢源，头头是道。他在五十初度时，曾撰写《五十自寿》五古长篇，在课堂中分发学生，现身说法，妙趣横生，记得头两句是"平生爱海伦，至老弥眷恋"。显然，他还在眷恋着毛彦文，因此将毛比之于《荷马史诗》中的希腊美人海伦。抗战胜利后，吴转到武汉大学任外文系主任，并担任《武汉日报》副刊主编。解放前又避地入川，到重庆女师学院任教。重庆解放前不久，他曾应重庆清华中学傅任敢校长之邀，到该校讲演。讲演前，我曾以学生身份敬陪末座。当时，我曾提到抗战前上海一家西报的《中国名人传》栏目中曾有他的小传，他大为兴奋。饭后他作讲演，讲题仍是《红楼梦》。讲演中他仍从为艺术而艺术的角度出发，偏重该书的艺术手法及成就，当时即有学生提出："为什么吴先生认为《红楼梦》不能作为当时封建制度濒于解体的标本加以解剖？"他曾顾左右而言他地回答："这就像解剖尸体不必拿美人的遗体解剖一样。"重庆解放后，他仍留女师学院任教，后与一女助教结为夫妇。1957年大鸣大放时，他曾写了几句话发表在报纸上，大意是他对其他问题没有什么意见，不过中国文字非常优美，不宜任意舍弃云云。他在"文革"时期，曾被作为封资学术权威批斗，并关入"牛棚"。1978 年，他因病溘然去世。吴宓教授将毕生所藏大量图书，包括一些西方文学珍本捐献给国家。

吴宓教授西方文学数十年，门生遍天下，为祖国造就了大批外语外文人才，贡献很大。可惜由于思想呆滞，终于落于时代潮流之后。至于他的功过如何，应由专家根据文化背景、历史条件、社会影响等加以评论。在此，不过就我见闻所及，勾画出他的一个侧影而已。

回忆我的父亲马约翰

马启伟

　　一提到马约翰，人们就会想起一个身材不高，但体魄健壮、精神饱满，不论冬夏总是身着蓝布灯笼裤、戴着黑色领结的体育家。他为人正直可亲，待人热情诚恳，无论是教师、职工，还是学生，也不论是老人、青年，还是少年儿童，都非常愿意和他接近，他给人们留下了深刻的印象。如今，他已离开我们了，但人们还时常谈起他，怀念他。

　　他从事体育工作整整 50 年。在他一生的经历中，既有胜利时的欢乐，也有困难时的烦恼；既有提职提级的舒畅，也有被无理降职降级的委屈。但所有这一切，都从未动摇过他从事体育事业的决心。他在清华大学工作了一辈子，不论遇到什么情况，都始终没有离开过他心爱的岗位。是什么使他愿将毕生的精力贡献给体育教育事业呢？

　　他从小就非常喜爱体育运动，故乡厦门鼓浪屿山青水绿，是他进行体育锻炼的天然场所。上学后，他又特别喜爱田径运动。他具有坚强的意志和好胜的性格，任何事情都是不干则已，要干就干到底，而且一定要干好。无论是读书考试还是运动比赛，从来不服输。一旦输了，就要下更大的功夫，力争下次赢回来。他参加体育运动，始终抱着一个志愿，就是要为民族争气，回击洋人对我们"东亚病夫"的诬蔑。他要通过自己的努力向世人表明：中华民族是勤劳智慧的民族，外国人能做到的，中国人也能做到，而且能做得更好。他在圣约翰大学读书时，曾参加了 1905 年的上海"万国运动会"。他就是抱着这样的决心，拼尽全力，终于在一英里比赛中，战胜了一个外国选手，获得冠军，为中国人争了气。然而，他也深深地感到，要彻底摘掉"东亚病夫"的帽子，还有待于全民族体质的提高。为此，他寄希望于青少年一代，立志献身于学校体育事业。1914 年，他到清华学校（即现在的清华大学）任教不久，就从事体育工作。整整 52 年，他栉风沐雨，不畏艰辛，为推动体育运动，特别是学校体育运动的开展，献出了毕生的精力。

他在从事体育工作的实践中深刻地认识到，体育不仅是增强学生体质的重要手段，更是对学生进行思想品德教育的重要手段。在多年实践和研究的基础上，他写了《体育运动的迁移价值》一书，论述了体育的教育意义和作用。他根据体育运动所具有的社会性、集体性和竞赛性等特点，指出体育运动在增强人民体质的同时，还具有在思想、道德、意志、纪律、礼貌等方面的重要作用，而这种教育的结果还具有广泛的迁移价值。他强调在体育运动中要加强对青少年意志的培养，使其通过身体运动，去克服各种困难，以达到预定的目标。无疑，如果在运动中我们能有意识地加强这种顽强意志的培养，使青少年具有坚强的意志品质，那么，这种作用就会发生迁移，从而使他们能以同样的精神去对待未来所从事的各项工作。因此，父亲在教学或训练中，总是教育青少年要"努力奋斗到底，决不半途而退"。而且以这种精神对待学习和将来的工作。

他强调在体育运动中，要有"互相配合，互相帮助"的集体主义精神，从事体育运动如此，从事任何一项工作也如此。没有他人的帮助、支持和配合，做任何事情只靠"单干"，是很难达到高水平的。在体育运动中，不仅集体性的球类项目如此，个人项目也不例外，如参加一个田径运动会，要想获得团体总分的胜利，就必然有一个整体战略安排问题，即便是个人在单项比赛中要取得优异的成绩，也需要多方面的配合。一个球队在比赛中，没有发挥水平的队员被替换下场，或为了改变战术而换上另一个队员，这在运动中都是很平常自然的事。通过有意识的教育，是可以把学生在体育运动中所培养起来的这种顾大局、识大体的精神迁移到其他工作中去的。

他特别重视对青少年的运动道德教育。他所指的运动道德是广义的。例如，比赛要以正当的方法，不欺骗，不偷巧，不指责对方；要在双方平等的条件下进行比赛，所取得的胜利才是真正的胜利；要自觉、严格地遵守规则，服从裁判；等等。体育教师、教练员、裁判员在体育运动中应当自觉地加强对运动员和青少年优良道德品质的培养。从体育运动中培养起来的这种道德品质，同样是有迁移价值的。

他所以一生从事体育工作，而又一心从事学校体育教育，最根本的原因，正是由于他看到体育运动所具有的深刻的教育因素，及其对人的全面发展的重要作用。

他几十年的呕心沥血，将全副精力都用于体育事业上，结出了丰硕的果实。人们都很敬佩他。清华大学的许多老校友，如今有的已年过八旬，不论是在国内或是在国外，只要碰到一起，总是提到他，总是想起他那"干起来，同学们"的教诲，一直激励着他们前进。

记著名动物学家陈桢教授

孙敦恒

　　陈桢先生（1894—1957），曾任清华大学、西南联合大学教授 20 余载，是著名动物学家、遗传学家，生前为中国科学院动物研究所所长，学部委员。他毕生致力于动物学的教学和研究工作，为我国生物学、动物学和遗传学的发展，以及相应专业人才的培养，作出了重大贡献。

　　青年时代的陈桢目睹国家落后和任人欺侮的情景，极为愤慨，决心努力学习现代科学知识，以待将来为国家效力。1919 年，他考取了清华学校公费，赴美留学，1921 年夏，获硕士学位。由于爱国心切，想早日把自己所学知识贡献给祖国，因此，不等拿到博士学位，便于 1922 年返国，任教于南京东南大学生物系。他教学认真，治学严谨，并积极引进国外先进科学成果，结合教学从事研究和著述。1924 年，所著大学教材《普通动物学》由商务印书馆出版问世。同时，他还根据孟德尔、摩尔根的学说，利用我国特产金鱼进行遗传方面的研究，于 1925 年在《中国科学社生物研究所丛刊》上发表了《金鱼外形的变异》，迈出了他以本国生物为研究对象，进行生物遗传学研究的坚实步伐。

　　1925 年夏，陈桢先生被聘为北京清华学校大学部生物学教授。

一年后，又去南京担任东南大学动物系教授兼系主任。在这期间，曾兼任中华教育文化基金会科学教授，在《中国科学美术杂志》上发表《数种反常环境中的金鱼发育》。1927 年，在《动物学杂志》发表论文两篇，其中一篇为《金鱼的变异进化与遗传》。9 月，复北上任教于北京师范大学。一年后，又回到南京任中央大学动物系教授。1928 年，在《遗传学杂志》上发表了《金鱼的遗传：透明与五花》。此时，陈桢先生已是载誉海内外的动物与遗传学家。

1928 年夏，清华学校改为国立清华大学，聘请陈桢先生来生物系任教，并主持系务。他当时还在中央大学，一时不能离开，不得已请假一学期，但他高度负责地拟定了清华大学生物系的教学方案，及时寄回学校供生物系同人研究。第二年 2 月，他一到校就着手工作，在他主持下制订出一份切实可行的教学大纲，并提出生物系目前要抓紧的几件事：

罗致知名学者，充实师资队伍。这是第一项要务。到 1933 年，生物系先后聘请李继侗、戴立生、李良庆、戈定邦等学者来系任教，到 1936 年，全系共有教授 5 人：陈桢、吴蕴珍、李继侗、彭光钦和赵以炳。

建筑生物学馆。经他多方奔走，解决经费，于 1929 年 9 月初动工，1935 年 5 月落成。

创立博物馆，建设动植物园。生物系既要收藏陈列动植物标本，又要培养活的动植物作为观察试验的对象。博物馆与动植物园是不可缺少的。两者与生物学馆的建筑一同进行。博物馆设在生物学馆内，动植物园建在馆外附近。

陈桢先生一向认为培养人才和进行科研是大学教师不可偏废的两项基本任务。他主张教学与科研要紧密结合，以保证教学质量。要重视实际，研究本国和本地的动植物，不可不切实际地迷信外国教科书。在他的主持下，组织了动植物的调查与动植物分类的研究、结构的研究，生理与生态方面的研究，发生、衰老、遗传与进化方面的研究，都取得了显著的成绩。从1929年到1937年，清华大学生物系师生在国内外学术刊物上发表的论文与书评等，据不完全统计，有70多篇。这些研究成果充实了教学内容，促使教学质量不断提高。这一时期毕业的本科生有50多人，现在中国科学院学部委员中的殷宏章、娄成后、徐成、王伏雄、王志钧、吴征镒，都是这一时期毕业的。当时清华生物系的教学水平，在国内是颇受称赞的。

陈桢先生在致力于生物系的建设时，仍继续进行对金鱼的遗传的研究，1929年、1930年和1943年发表了多篇论文。

1937年9月，清华、北大、南开三校于长沙合组长沙临时大学，陈桢先生作为清华大学教授任教于该校理学院生物系。1938年学校迁昆明改名为西南联合大学后，陈先生仍任教于理学院生物系。此时联大生物系主任由李继侗教授担任，陈先生对联大生物系的建设和教学仍极关心，常有建设性意见提出。鉴于他在动物学方面的杰出贡献，1940年被聘为前中央研究院评议会第二届评议员，1943年被选为中国动物学会会长。

抗日战争胜利后，陈桢教授于1946年9月回到北平清华园，仍任清华大学生物系主任。1947年被聘为前北平研究院动物学研究所通讯研究员；同年被聘为联合国教育科学文化组织中国委员会第一届委员，1948年又被选为中央研究院院士及北平研究院学术会议会员。

1948年12月，陈桢教授和清华广大师生一样欢欣鼓舞迎来了清华园的解放。此后，他作为清华生物系主任带动全系师生积极进行政治学习和努力提高教学质量的工作。1950年底，在"抗美援朝"运动中，清华生物系师生决心加紧时事学习；加紧教学研究工作，并进一步为提高其效率而努力，以抗议美帝国主义对我邻国朝鲜的侵略。通过时事学习，陈先生的视野更加开阔，心中经常考虑的是新中国的命运。从这一年起，陈先生担任了全国科联计划委员会委员，中国科学院动物标本整理委员会主任委员，并任中国动物学杂志编辑，参加教育部改进中学生物学课程标准的工作。1951 年，参加了南方老革命根据地访问团，经武汉、九江、南昌访问了赣东北浮梁、德兴、婺源、乐平等地，回京后在《人民清华》上发表了《访问赣东北老根据地后留下的几个印象》。

陈桢教授知识渊博，为人和蔼可亲，教学认真负责，对学生尤能循循善诱。他对青年学生的成长，充满热情；"青出于蓝，而胜于蓝"，是他对学生的殷切希望。为了进行教学和科学研究，他养了许多金鱼。因此，有人戏称他为"金鱼店的老板"。一位学生在《教授印象记》一文中写道："金鱼店的老板，不，是本校生物系的老板，他对于金鱼的遗传有极大的贡献，他养的许多金鱼，是专为教学和研究用的，所以你可别弄错，当他是金鱼店的老板呢！"

陈桢在清华任系主任时期为生物系制订了当时在全国领先又切实可行的教学计划。他团结全体教师，合理安排教学，科研更是经常考虑的问题，学生毕业后的工作他都不厌其烦地代为联系；但是，却从未放松过自己所担负的教学、科研任务。从 1929 年到 1937 年，他先后讲授过普通生物学、动物学、遗传学、人类生物学、细胞学、无脊椎动物学、组织学、动物生理学、遗传与演化、遗传与实验、生物史学、遗传专题研究和动物学研究等课程。教学中，他重视实验，密切联系实际，深受学生的喜爱，且取得了好的效果。据他后来的学生李建武同志说，陈先生先后讲授如此多科目的课程，在当时国内外生物教学史是罕见的。

在 1929 年至 1937 年间，他由继续进行金鱼遗传变异的研究，转向动物行为的研究。陈先生是国际动物学界研究动物行为学的开创者之一，且取得很好的成绩。

1929 年，他在《中国科学社科学论文集》上发表《金鱼按照孟德尔遗传的初次发现》；1930 年，在《清华学报》上发表《金鲫鱼的孟德尔遗传》；1934 年，在《遗传学杂志》上发表《金鱼蓝色和紫色的遗传》，所著《复兴高中生物学》一书问世；1937 年，在《生理动物杂志》上发表有关蚂蚁社会生活研究论文两篇：《蚂蚁群体对个别蚂蚁造巢动作的影响》和《蚂蚁造巢动作中带头者和随从者》。这些成果很受动物学界重视。

在西南联大期间，教学设备简陋，仪器又极为短缺，许多实验无法进行。对此，他十分苦恼，但是并没有消极，而是千方百计改进教学，提高教学质量，把课讲得深入浅出，生动易懂。这期间，他主要致力于动物学、遗传学、体素学、细胞学等课程的教学。在极端困难的条件下，他仍坚持科研，继续以蚂蚁为对象，进行动物行为学的研究。1944 年于《科学》杂志上发表《动物伦理学》一文，还曾以果蝇为材料研究细胞学，在系内的科学讨论会上作过研究报告。他的教学、科研态度，为青年学生树立了良好的榜样。在 50 年代，他的研究又从动物行为学转向动物学史，且取得了丰硕成果。

1954 年，在《动物学报》上发表《金鱼家化史与品种形成的因素》，受到了动物学界的瞩目，第二年由科学出版社作为单行本出版。1955 年，还在《生物学通报》上发表有关中国生物学史的论文。1956 年，在《生物学通报》上又发表《鸟鼠同穴》《化石起源》《螟蛉有子》等科普文章；在《中国科学》上发表《金鱼家化史》等论文。

1952 年，高等学校进行院系调整，清华大学生物系全部调整到北京大学。陈桢教授愉快地服从调动、担任基础生物学教研室主任，主讲生物学史等课程。1953 年，中国科学院成立动物研究室，陈先生应聘为该研究室主任。1954 年，中国科学院成立动物图谱编辑委员会，陈先生担任主任委员；同时担任中国科学院中国科学史委员会委员，《动物学》编辑委员会主任。他勤勤恳恳，忘我地工作，为我国动物学的发展做出了重大贡献。1955 年，被选为中国科学院生物学部委员。1957 年，中国科学院动物研究室扩建为动物研究所，陈桢教授担任了第一任所长；在动物研究所成立学术委员会时，他又被推选为主任委员。这年 11 月，陈桢教授因甲状腺癌复发，与世长辞，享年 63 岁。

陈桢教授虽然离开了我们，他那为社会主义建设和祖国科教事业奋斗终生，对青年谆谆教导和循循善诱的精神；他那严谨治学，勇于求索，不断创新的学风，永远值得我们学习和纪念。

章名涛老师的言传身教

宗孔德

早在 1942 年我在西南联大工学院读书的时候，章先生任电机系主任并给我们讲授交流电机课程。章先生住在拓东路迤西会馆望苍楼前的一间西厢房里，居住和生活条件很差。听说章先生是单身一人从日本占领下的北平转道香港，在香港教过一学期的书后，才辗转到昆明的。他的这种为了国家的教育事业，甘愿远离家乡过艰苦生活的精神，深为学生们所称道。章先生喜爱读书，每晚都读书到深夜。我们很少看见章先生有其他活动，在我们的心目中，他是一位孜孜不倦刻苦用功的学者，是一个人格高尚、有事业心的人。章先生以他的形象告诉我们：一个人应当有理想，有献身精神——献身于科学，献身于教育事业。虽然章先生口头上很少讲这样的话，但他确实这样做了，我们也感觉到了，并使我觉得终身受益。

章先生的讲课很有特色。概念很清楚，每堂课开始时常用一段话总结上堂课的内容并作为本堂课内容的引入。可惜我当时对这一点领会得不够，直到后来在清华担任章先生的助教时，才更深地领略到这一点。章先生对教学工作很认真，每次讲课都经过精心准备。他对讲授内容的选择、讲话的逻辑性和条理性以及板书、考试都安排得周到妥帖，井井有条。他对自己要求严格，对学生的学习要求也是严格的。所有这一切都影响着我以后的思想和工作。

西南联大的设备和图书无法与现在的清华大学相比，住房、宿舍、校园等各方面的条件也很差。但联大的同学都觉得在大学的学习很有收获，很受教益，其原因就是西南联大有一支宝贵的教师队伍。我认为有了好的教师队伍就有了办好学校的基本条件。若无好的教师队伍，纵然有先进的设备和壮观的校舍还是不能算具备了办好学校的条件。在怀念章先生的同时，我也怀念教过我的和没有教过我的先生们，是他们树立了良好的校风，从而影响着后来的人们。章先生正是他们当中有代表性的一员。

1948 年，章先生在上海毅然辞去了上海公共交通公司总经理的职务，重返清华任教。1949 年，章先生仍继续担任电机系主任，我也在系里工作，辅导同学上章先生的交流电机课程，工作中和他有了较多的接触，对章先生了解得更多了，又从他那里学到了更多的东西。20 世纪 50 年代的头几年里，国家各方面的发展很顺利，教育事业也蒸蒸日上。这个时期，章先生的心情是激动的。他认识到这是自己所向往的社会，是贡献自己力量的大好时机。他感到，在政治上和业务上，国家都对自己有很高的要求。要努力学习，更上一层楼，为祖国贡献更多的力量。他是第四、五、六届的全国政协委员。1953 年他加入了中国民主同盟，后任民盟北京市委委员。1955 年章先生担任中国科学院技术科学部常务委员，1956年他参加了周总理主持的制定全国 12 年长远规划的工作，肩上的担子更重了。章先生认为教学、生产、科研的模式，应该是按照国家工农业发展上的要求，把其中不能解释清楚的现象和解决不了的问题作为科研单位和学校科研的课题，由全国统一安排人力彼此协作进行。这种有见识的设想，反映了章先生的襟怀。

关于电机系的工作，章先生认为，电机系发展最关键的问题是教师学术水平问题，包括当时的教授们在内，也有怎样使之更加成熟的问题。章先生认为只有教师更加成熟，才能发挥更大的作用。这是他针对当时对教师的使用多而帮助其成长少而言的。虽然这个问题还有待今后逐步实现，但也说明章先生早已预见到了学术梯队建设的重要性。

学习《实践论》时，章先生曾谈到他的学习体会，他觉得如果真能按照实践、认识、再实践、再认识的规律去办事，工作就一定能做得更好。他觉得他学了《实践论》以后，对国家的工作会沿着正确的道路前进且充满信心。他说，实践中证明，是正确的东西以后加以发扬，错误的东西加以改正，这样做总会使每一次循环更加接近真理，有了这样的指导思想，办事情还会有错儿吗？这些话是出自内心的。他学到了真正的理论有所收获的喜悦心情也是听得出来的，赢得了在座一起学习的人们的赞成。

章先生可谓桃李满天下。他培养的学生能够踏着他的脚印刻苦读书做个学者；能够勤勤恳恳地工作，做个称职的工作人员；能够洁身自好，诚实正直，做个正派人；能够看得清是非曲直，心中知道什么是对的，什么是不对的。这是章先生留给大家的宝贵财富。章先生对人对事更多的是用亲人的感情来对待。他的这种感情是处处流露的，也时时感动着我们的心灵。

"文化大革命"的到来很突然，粉碎"四人帮"以后，虽然章先生感到了像春天一样的温暖，但已年逾古稀，行动不能自如，只能常常坐在轮椅里，讲话也很吃力，很多事情做起来已力不从心了。就在这样的情况下，1977年到1979年期间，他还主持翻译了《异步电机中谐波磁场的作用》一书，对书中的错误一一作了订正，出版了一本高质量的译著。章先生还主动提出为中年教师讲英语口语。虽然上课是在他家里，"学生"人数也不太多，但章先生是十分认真对待的。他需要克服讲话不方便的困难，上课前的备课仍像过去给学生讲课一样，甚至上课前一定要刮脸，使仪容和过去一样整洁。从章先生身上我们看到了"春蚕到死丝方尽，蜡炬成灰泪始干"的感人形象，他用实际行动教育着后来的人们。

　　章先生已离开我们而去了。他留给我们的许多著作是十分宝贵的。但他留给我们更大的财富是他本人的品格和继续他工作的一代桃李。章先生的言传身教将永远铭记在我们心中。

怀念李辑祥老师

马芳礼　郭世康

　　抗日战争爆发以前，每当清华大学举行开学典礼时，梅贻琦校长总是由两位胸前挂红条子的教授陪同，并率领各院院长、各系系主任和全体教授登上讲台。作为清华的新生，我们第一次见到排列整齐的教授队伍。对走在前面挂着红条子，穿着中国礼服（长袍马褂）的两位教授，大家都感到新奇。后来知道其中一位就是我们所在的机械工程系的李辑祥教授。他又是清华典礼委员会的主席。李老师仪表端庄，才华出众，对人谦和有礼，很受教师们尊敬。所以抗战前在清华教授中他多次当选为典礼委员会主席，在西南联大期间又多次被推为教授代表，列席校务委员会会议。

　　1938 年 7 月，刚从广西大学讲学返校的李老师即被学校任命为机械系系主任，筹建机械系。迁校伊始，百废待兴，校舍和教学设备均尚短缺。机械系任务尤为繁重。不但要解决本系和外系的讲课任务，还要于短期内从无到有建起金工实习工厂和热工实验室，开出实习和实验课，任务十分艰巨。全系师生在李老师领导下，同心协力，克服重重困难，终于在数月之后不但开出了应有的课程，而且安装调整了各种设备，开出了工厂实习和热工实验课。

随着抗日战争形势的发展，与国防技术有关的学科日益受到重视。改组课程，改造和发展机械系势在必行。当时最迫切的问题就是要从机械系分出一部分力量支援成立航空系，还要把原来以动力为主的课程设置逐步扩展划分为动力与机械制造两大类。这就需要想方设法聘请学有专长的教师，壮大教师队伍。此外，学生班次和人数逐年增加，教学任务日益繁重，且通货膨胀，经费不足，西南后方唯一的国际通道（滇缅公路）在太平洋战争爆发，日军侵占东南亚后又被切断。教学器材的供应和师生生活都十分困难。昆明还多次遭日机轰炸，殃及校舍和师生安全。白天空袭时停的课都得在晚上补。在这种艰苦的岁月里，教师们爱国抗日的决心不减，教学工作从未间断。李老师以身作则，以坚强的毅力，团结广大师生披荆斩棘，闯过重重难关，不断提高教学质量，培养了一大批质量较高的人才（这批新秀后来多成为50年代以后国家经济建设中的骨干力量）。同时改造和发展了机械系，壮大了师资队伍。

每年，李老师为给机械系各班学生的选课，尤其是为给应届毕业的同学介绍工作耗尽了心血。他要指导每一个同学选课，从选组（动力或制造组）计算学分，直到登入学生成绩卡。为毕业班同学找职业的工作尤其繁重。当时大学毕业生的职业主要由系主任或名教授向社会推荐，只有少数就业机会是由社会上各单位要求提供。机械系的毕业生主要由李老师自己或由刘仙洲老师向外介绍。待全部毕业生都找到工作后，李老师才如释重负。老师为毕业生介绍工作花费心血之甚，他的助教体会最深。

平时，李老师对少数同学的学习或生活上的困难也主动关怀，积极帮助。例如抗战开始向后方转移时，机械系三年级部分同学申请到陆军机械化学校接受汽车和战车的技术训练，他们得到老师的大力支持。后来这些同学（另外还有原来从电机系去的）从部队陆续回联大复学。李老师在欢迎时勉励他们要结合实践和对理论重要性的认识更好地钻研理论，并与在校同学一同树立良好的学习风气。

李老师非常关心系里的教学质量和助教的培养，积极为他们的教学水平和工作能力的提高创造条件。他曾向系教授会提出并通过一个建议，把工程力学、材料力学、机械原理、热力工程（工程热力学）、机械设计等课程的辅导工作各由一名为主的助教负责，另由其他助教参加。由为主的助教与任课教师联系，了解他的意图和要求，据以全面安排改题、答疑等辅助教学工作。这样既可以保证讲课质量，解决同学疑难，巩固课堂所学，又可锻炼提高助教水平。这种教学方式成为当时机械系和其他系共同执行的有效方法。在老师们的严格要求下，机械系培养出来的毕业生和助教具有较高的水平。

对于教师的生活困难，李老师也积极关心。他支持师母为教师眷属介绍工作以贴补家用，还想方设法为青年教师增加收入。一次，校外委托设计一台螺旋手压机，老师决定在他具体指导下，由当时的两位机械设计助教完成全部的设计和制图工作。这样不但使他们提高了设计能力，而且还得到一笔酬金。

李老师对自己担任的教学工作非常负责。他教的机械设计是三年级的一门重要技术基础课。水力机械设计是继机械设计之后的另一门课程设计课。李老师历来认真备课，注重教学方法。因之讲课条理清晰，重点突出，很受同学欢迎。他精心指导课程设计，要求同学们认真工整地写设计报告，画出水力机械总装图，并要上墨。为了培养同学们的外语能力，他专门用英语讲授，还要检查同学们的笔记，予以修改评分。他重视考试，精心设计考题，使试题内容不但能反映学习水平，而且难易适度。学得好的可得八九十分，中等的七十分左右，学习差一些的也可及格，不及格的极少。当时工学院同学办的《引擎》壁报曾专文赞扬李老师试题出得好。

工学院校舍紧张，机械系办公室面积不过六七平方米。与李老师一起工作的还有一名文书，一名助教。李老师就是在这区区斗室内运筹全系工作、备课并兼顾其他。当时他除任系主任和校教授代表外，还兼任本系实习工厂管理委员会及稽查委员会主任委员。他曾多次代理工学院院长职务，有时还要替个别教授授课，自己还担任两门 9 学分的教学工作。每周上课时间最多时达 17 小时。

抗战后期，由于物价飞涨，教师收入入不敷出。为了不影响工作，李老师把家中全部负担交给师母，由师母自行设法增补收入，维持生计。他则坚持每天在系办公室工作，寒暑假均不例外。

早年留美时，李老师即患肝包囊症。包囊虽经切除，但因手术不彻底，加上系内工作繁重，不得休息，乃旧病复发。事后推测在联大时，包囊当已突破肝脏外长，且严重下坠。因此老师每天上班腰部必须包扎宽带以支托下坠的包囊。（1950 年在北京友谊医院开刀切除的包囊重达 1 公斤，囊皮已钙化成硬壳。）有时肝部疼痛难当，须以手压迫来坚持工作。只是到病情发展到难以忍受无法坚持后，才不得不暂时辞去系主任职务。可是一待健康稍有恢复，又重新挑起全系重担。

在生活条件每况愈下的时期，有的教师或兼职校外，或另谋出路。李老师却坚守岗位，努力工作着。学校要他任校总务长之职，他不去；广西大学拟聘他为该校工学院院长，他婉言谢绝。他更愿留在基层，勇挑重担。对于他自己休假考察的应得待遇，他宁可放弃也不屑与人争。个别同事曾对他进行造谣诬蔑，他不仅一笑置之，不予计较，相反，更以事业为重，工作上仍给这些人以正当支持。他工作时严肃认真，不苟言笑，但对待同事则和蔼可亲，工作之余，谈笑风生，幽默诙谐。

总之，李老师是一位难得的系主任和教授，是我们深受其熏陶的好老师。

忆德高望重的刘仙洲教授

董树屏

　　刘仙洲教授是我国当代著名的机械学家、机械工程教育家。他以毕生精力致力于工科大学教育，为我国培养了几代机械工程技术人才。他的教育思想、治学态度、工作作风，深得西南联大工学院广大师生的尊敬和爱戴。

　　刘先生是一位教育革新家。早在20世纪20年代初，我国工程教育事业刚刚兴起的时候，他正在河北育德中学留法预备班任教，就以其远见卓识倡导了"工读协作制"，从而培养了理论联系实际的人才。后来在西南联大多年的教学实践中，他更是身体力行。机械原理是工学院各系的一门必修课，他在讲授这门课程时，采取了理论与实际相结合的教学法，让学生在听课的同时，观摩和接触实物或模型。在条件允许下，拆装有关机械，学会使用它们，以加深对理论方面的理解及其应用。刘先生讲课概念清楚，深入浅出，理论联系实际，能使学生扎扎实实地打好学习机械工程的知识基础。

　　在教学工作作风上，刘仙洲先生素以严格认真著称。他在授课期间，从不迟到早退，更不缺课。课前总是做了充分准备，对于讲课用的比较复杂的图形就提前到教室用不同颜色粉笔画好，以求层次分明。或者事先制成教学挂图，当场灵活使用。他的讲课，语句简练，条理清晰，论述透彻，板书极其工整，一丝不苟，同学们都感到比较容易接受，很易记笔记。刘先生严于律己，对学生也严格要求。他把严格的科学作风作为工程师的基本素质，在教学过程中精心塑造。有不少同学毕业后在自己的工作岗位上能够勤勤恳恳，认真负责，做出成绩，是和刘先生当年潜移默化的影响分不开的。

刘先生的勤奋治学、开拓精神，令人钦佩。他是我国自编工科大学教材的创始者。早在 20 世纪初，他就认为中国高等教育事业带有浓厚的半殖民地色彩，大学教学中都采用外国教材，长此下去，我国学术地位永无独立之日。他本人发愤编写中文教材。他坚持讲什么课，就编什么教材。1935 年列为《大学丛书》的《机械原理》一书就是他的代表性著作。在教书和编书的过程中，他深感机械名词不统一之苦。他接受中国工程师学会的委托，编订了《英汉对照机械工程名词》，受到工程界普遍热烈欢迎。抗日战争爆发后，西南联大处于抗战的大后方，工作条件很差，图书资料缺乏，又经常遭受敌机轰炸的威胁，生活不安定。在那动荡不安、生活艰苦的岁月中，刘先生除了担任相当繁重的机械原理课程的教学任务外，仍利用课外和跑警报的空隙时间，孜孜不倦地阅读有关机械工程方面的书籍和文献。不仅丰富了教学内容，而且积累了大量资料，为其编写新书、扩大汉语机械名词以及撰写《中国机械发明史》作了必要的准备。他在西南联大任教期间，先后完成了《热工学》《燃气轮及其发展》等教科书，并发表了《中国在热机历史上的地位》《三十年来之中国机械工程》等多篇论文。此外又两次增订《英汉对照机械名词》，使词汇逐步增加到两万多个。特别值得提出的是，他对于有些概念很难翻译的英文专门名词，创造出新字，如热工学中重要名词"熵""焓"等字，作为后人有所模仿的范例。

刘先生还以其高度责任感关注机械工程教育的发展。西南联大机械系实质上是由清华大学原机械系为基础组成的，刘先生以其多年从事机械工程教育工作的经验，对于机械系的课程设置、师资人选、充实教学设备等方面提出许多宝贵建议。例如四个学年课程安排应构成原动力机械设计和机械制造两个体系，在第四学年设置选修课，学生毕业前要写出专题报告，一、二年级的数理化课程请理学院教授担任，工程骨干课程工程力学、材料力学、热力学、水力学、机械原理、机械设计等课，要由教学经验丰富的教授担任。专门课程及选修课程请学有专长的专任教师或兼任教师讲授，实验和工厂实习也要由实际经验比较丰富的教师担任。鉴于实验室和工厂设备比较简陋（搬迁来的仅是抗战前清华机械系的一小部分），而每年的教育经费又很少，实践教学这一环节比较薄弱。在刘先生担任清华服务社机械部的财务监督工作时，他极力主张将一部分收入专用于充实实验室和工厂设置，使热工实验和金工实习内容更丰富，质量也有所提高。在抗战胜利西南联大即将解散时，刘先生借休假之机到美国考察，利用清华服务社机械部的外汇结余，为清华机械系购买了一些图书仪器及电影教学设备。

刘先生生活朴素，待人诚恳。他住在迤西会馆内望苍楼上一间单人宿舍。室内布置简单，除床铺、衣箱、书桌和书架以外，别无其他陈设。他身着粗布长袍，穿一双黑布鞋，是大家天天看得见的。他加入教师伙食团，每日三餐都是和大家一样的粗茶淡饭，晚饭后总是到望苍楼后边的田野散散步，从不参加庸俗的社交活动，绝大部分时间用于读书、教书和写作。刘先生日常生活极其俭朴，公私分明。人们称他为"刘老夫子"。当过刘先生助教的年轻教师都感到他待人诚恳，非常耐心细致地指导如何做好教学工作，而且创造条件使其学术水平不断提高。尤其是遇到带家眷的教师在艰苦生活中有了困难时，他总是解囊相助。西南联大解散，三校各自回到原址复校，刘先生继续执教于清华。在刘仙洲教授生前，每逢在北京举行西南联大、清华校友集会活动的时候，总是有校友到他家里去看望这位德高望重的老师。

结构学权威蔡方荫老师二三事

庞　瑞　杨玉玮

　　蔡方荫老师是位严肃的人，虽身材不高，但体态匀称，双目有神。他注重仪表，头发梳得整整齐齐，西装笔挺，皮鞋锃亮，走起路来目不斜视，急匆匆地总像忙着什么。蔡老师在学生中威望很高，是同学们最敬爱的老师之一。

　　蔡老师是海内外著名学者，在清华大学工学院土木系执教多年，专讲授结构学。在昆明西南联大工作时，任工学院土木系主任。他讲课认真，专攻重点与疑难问题。听人说：蔡老师的课，前十几分钟可以不必太注意，常是就这一讲的疑难问题，说自己曾与海外某某学者通信讨论过，该学者在某杂志上发表过论文。有时还拿来与自己有交往的外国学者们的照片，让同学们传阅，谈得津津有味。最终，常是慨叹自己的好东西被别人写进书里，而自己则不为人所知，并每每表示要自己写书。十几分钟后，蔡老师只要一说出"Now，then"二字，便开始在黑板上边画边讲，讲的全是要点。只要同学们注意听，抓紧记笔记，下课后，全章的疑难处都可迎刃而解。

　　蔡老师果然下功夫写书了。蔡老师的许多学生帮着用描图纸抄写和绘图。到1941届同学在大学三年级读结构学时，终于不再选用英文课本而代之以蔡老师写的书了。该书是国内第一部中文本结构学，这本巨著的问世堪称创举，它凝聚了蔡老师多年研究的心血。正如蔡老师著《普通结构学》下册《后记》中所说："著者日间忙于课业及教务，鲜有握管之暇。惟晚间八时以后，始能努力工作。夜阑人静，思路通顺，效率既高，兴趣自豪。因此常继续至翌晨三时左右而不倦，如是者十六阅月如一日，所谓'夙夜匪懈'殆非虚语。"

记得在 1939 年秋季，蔡老师上第一堂结构课时，衣着十分整洁，面有得色。他指着蓝晒本巨著《普通结构学》微笑着说："这本书里，吸收了当代最新的结构理论和成果，是我的心血结晶……"果然"Now，then"之后，便是精彩的讲解和一片沙沙的记笔记声，一堂课似乎很快便结束了。听当时的助教朱宝复等学长说，习题中有许多是考公费出国留学的试题，这更引起同学们的敬佩。后来这部书由商务印书馆出版，分为上、中、下三卷，堪称鸿文巨著。它不仅是西南联大的传统教材，也成为国内各大学工学院和土木建筑工程师们的重要参考书。

1936 年暑假后，我们清华土木系十级（1938 级）的同学们就要进入三年级了。有一天，突然接到蔡老师的通知，约我们到他的寓所做客，地点是清华园西院。那是一座灰砖房子，屋子里陈设不多，但十分整洁。由于事出突然和对教授的敬畏心理，见面后大家都有点拘束，怕闹出笑话，所以一个个都像木偶似的端坐在那里，等候着老师发话，空气有点沉闷。蔡老师觉察到这个情况后，便开始活跃起来。先是请蔡师母散发茶点，人手一份。接着，他率先漫谈。三句话不离本行，在讲了一点别的问题后，便转入结构学正题。他说，他的结构学最容易通过，要大家不必害怕，他出的试题也很容易，一般一个小时的测验，半个小时就可以做完，在分数上他也不像别的老师那样，一定要 60 分才算及格。他说，他在上一年的学年里就是以 29 分为及格的。这样，我们好似吃了定心丸。觉得不管怎样，20 多分的成绩总还是可以取得的。岂知大谬不然，我们完全搞错了。一次测验下来，不要说 20 多分难到手，不得零分就算不错了。因为蔡老师的试题以巧为主，你必须真正懂得了它的关键所在，然后才能较快地解出，否则你别想在规定的时间内得出答案来。真难呀！

当然，这并不是说蔡老师故弄玄虚，有意难为学生。而是说他在治学上以高标准要求学生，希望学生在上课时能用心听讲，在课后复习时能真正地理解。对此，我们在事后都深有体会。正是由于老师的严格要求，才使得我们在以后的工作中，能比较从容地解决一些实际问题。正是，难得的 29 分！可敬的蔡方荫老师！

蔡老师既是一位严肃的学者，又是一位风趣的人。他酷爱打桥牌，是清华的四位种子选手之一。还是在清华园的时候，一次有四位同学于课余之暇在绘图室打桥牌。正在酣战之际，有位同学出错了一张牌，忽听背后有人大喊："错了，不能这样打！"大家惊讶地抬头一看，原来是蔡老师不知什么时候站在一旁观战，情急而大呼。说着便推开那位同学，竟"鸠占鹊巢"，兴致勃勃地坐下打了起来。师生玩得很高兴，尽欢而散。

西南联大工学院一年级最难过的关是微积分和普通物理。任何一门不及格或是成绩欠佳者，到二年级就有被拒诸院外的危险。二年级入系时，十分紧张，各系均由系主任亲自把关。土木系的把关人自然是方荫老师。蔡老师铁面无私，系门把得紧。凡在可准与不准之间者，一律不准。因而一年级同学落马者大有人在。

蔡老师的结构学确是不容易念。每周有小考，每月有月考，期终有大考。小考由助教掌管，月考与期考全由蔡老师亲自出题，并亲自批阅试卷。他上课从不点名，不记学生姓名，及格与否，全凭试卷而不讲半点情面。因而同学们若不全力攻读，就难以过关。每学期终了，公布成绩时，挂红者（不及格者用红笔写）常在三分之一左右，可谓严矣！

蔡方荫老师于 1940 年秋离开西南联大，回家乡江西中正大学任工学院院长。

大概是 1954 年吧，庞瑞同学在北京一个报告会的院子里，碰见了久别的蔡老师。当时他亲自开着一部小轿车前来赴会，进退裕如，十分熟练。庞瑞问他为什么亲自驾驶。蔡老师笑着说，自己开车方便。当时因为他要进入会场，没有来得及多谈，但看上去他的精神状态极好。虽然相隔多年，可他好像没有什么变化，仍是那样风风火火地像一个活泼的青年，什么事都愿意自己动手。我们万万没有想到，这以后就再没有见到过他，成为永别。听说在以后没有多少年，他便病逝作古了。去世时不过 63 岁，这使我们祖国过早地失去了一位结构学权威。但他的言行和趣事，仍在学生中流传着；他的鸿文巨著，依然是工学院校和结构学者们的重要参考文献，更为同学们所珍视。

李继侗教授在西南联大

李建武

在那难忘的抗战年代里，在长沙临大、西南联大校园里，在长沙到昆明的征途上，昆明到叙永的路程中，人们都能见到一位刚过 40 岁的身着长衫、中等身材、不修边幅的教授的身影，他的言谈举止给每个认识他的联大人都留下深刻、难忘的印象。他就是学识渊博、热爱祖国、忠诚于教育事业的李继侗老师。

他是一个不避艰险的人。

长沙临大刚刚摆脱华北日军的侵略战火，走上教学正轨，不久，战火又逼近长沙，学校决定迁至昆明。当时交通条件十分困难。除部分年老体弱师生和女同学乘火车到广州，经香港、越南入滇外，近 300 师生在李继侗、曾昭抡、闻一多、黄子坚和袁复礼等教授和几位青年教师的组织带领下，历时 68 天，途经衡山湘水，奔走在云贵高原上。跋山涉水，步行 3400 多里，完成了学术界史无前例的"长征"。听说，当时继侗老师患有腿病，需经生物系教师吴征镒等同志搀扶一段路程后，自己才能起步。如此艰苦的条件，也没能改变继侗老师坚持步行，完成这次"长征"的决心。是什么精神在鼓舞他？那就是一颗火热的爱国之心所迸发出的"抗战连连失利，国家存亡未卜，倘若国破，则以身殉"（临行前家书）之情感。1946 年和 1985—1986 年，我先后三次乘汽车、火车途经与当年征途大致相同的路线，途中回忆起当年，对继侗老师等人这种不畏艰险、英勇刚毅的行动十分激动，钦佩不已。

他是一个学识渊博的人。

当年，在西南联大南区某教室里，时而鸦雀无声，时而哄堂大笑。那是继侗老师在深入浅出、生动活泼地讲授普通生物学、普通植物学等课程。同学们的学习紧跟着继侗老师的语言、感情节奏进行着。尽管继侗老师考试给分很严，即使考得 59.5 分也不给及格成绩，对待他儿子也不例外，同学们都有些畏惧心理，但大家还是兴致勃勃、聚精会神地听他讲课，因为每一堂课都有许多收获。继侗老师教学效果好，不仅仅是由于他讲究教学方法，更重要的是他生物学学识渊博，造诣精深；还注意结合本国、本地实际来教学。

继侗老师是第一个获得美国森林学博士学位的中国学者。1924 年，他年仅 29 岁，他的博士论文《森林覆被对土壤温度的影响》便突破了森林学研究长期沉闷的空气，填补了森林生态学空白，为祖国争得荣誉。当时美国耶鲁大学以专著出版了他的博士论文；他的导师写文章时也引用他的研究成果。1925 年他载誉回国后，曾受聘南开大学，后长期在清华大学执教。听说，他当时是南开大学生物系唯一的教授，几乎讲授生物系全部课程。他备课认真，为了讲授一小时非本人专长的课程，常用两三天时间做准备，实验也要自己先做一次。继侗老师的学术活动，一贯注重理论结合实际。早在 1921 年他 26 岁时，就发表了我国最早的森林生态学详尽调查报告《青岛森林调查记》一文。战前在清华大学执教期间，又以燕麦、银杏为材料进行了多方面研究，发表多篇研究论文。他还探讨植物气候组合论。1928 年，他观察到光照改变对光合作用速率的瞬间效应；30 年后终被公认。他经常组织学生到野外去调查，他的足迹遍布北平附近山区。在西南联大执教期间，物质条件十分艰苦，他因陋就简，开展科学研究。他考察了滇西的荒山、荒地植被，详细观察紫花地丁的闭花受精现象，探讨花生结果生理。继侗老师孜孜不倦，探讨创新和联系实际的科学精神，永远值得我们学习。

他是一个热心为他人服务的人。

在长沙临大、西南联大八年多漫长的日子里，继侗老师并非学校的主要领导，但工作头绪之多、负担之重，并不亚于那些学校领导人。哪儿有需要，哪儿就有他的身影。他除担任生物系和先修班主任外，他还先后参加了学校理工设备设计委员会、建筑设计委员会、战区学生救济寒苦学生贷金委员会、理学院学生生活指导委员会、防空委员会、大一课业指导委员会、叙永分校校务委员会、学生入学资格审查委员会、毕业成绩审查委员会和学校迁移委员会等工作，甚至具体负责其中某些委员会工作。应特别提到的是，在战时，物资缺乏，物价昂贵，西南联大教工经济拮据，生活困难。继侗老师本着热心为师生服务的精神，在教职员消费合作社工作中做出了成绩。由于他和张为申"自接办本大学教职员消费合作社以来，为本大学教职员利益，多所宣劳"，受到校方"专函致谢"。他还是学校福利会委员、昆明北门街员工宿舍食堂管理员。他工作如此繁重，在当时西南联大是首屈一指的，恐怕在我国高校发展史上也是少有的。熟悉他的人反映，从未听到过他叫苦说累，也从未看到过他面有难色。他总是忙忙碌碌，夜以继日，年复一年，走路都带着小跑。

他是一个乐于助人的人。

他除给人以严肃、严格的印象外，他也是个满腔热情、乐于助人的人。当时西南联大的学生绝大多数来自沦陷区。由于他们失掉了经济来源，生活十分困难，影响了学习。李老师一经知道后，就设法帮助解决。他曾不止一次地将自己省吃俭用节约下来的钱资助有困难的同学，但从未听到他向人讲过，也不愿别人提起它，甚至设法不让被帮助的人知道。想当年，国民党统治区通货膨胀，物价猛涨，职工生活入不敷出，继侗老师本人也是靠工薪为生，还得维持两个儿子上大学，他经济拮据是可以想见的。但他还是慷慨解囊，这种舍己为人的精神是难能可贵的。

综上所述，继侗老师之所以严肃认真、俭朴热情，抗日救国思想是他的精神支柱。他热爱清华和西南联大，以校为家，为办好大学，为国造就人才是他饱满精力的源泉。严于律己，按西南联大校训"刚毅坚卓"去做，是他实现理想、完成任务的重要保证。

李继侗老师高尚的道德情操，坚持不懈从事科研和教育事业，为祖国乐育英才的崇高精神，永远激励我们前进！

深切怀念饶毓泰老师

虞福春

饶毓泰先生，字树人，是我国著名的物理学家，1891 年 12 月 1 日生于江西临川。饶先生生前是北京大学物理系教授、中国物理学会名誉理事、中国科学院学部委员、全国政协常务委员。

饶毓泰先生终身勤奋刻苦，他孜孜不倦地把毕生精力献给祖国科学和教育事业，培养了许多出色的人才，为发展我国物理学作出了重要贡献。在青年时代，饶先生目睹贫穷落后的旧中国遭受帝国主义的侵略和欺凌，内心十分愤慨，一心想走科学救国的道路，拯救中华。他于 1913 年去美国留学，先在芝加哥大学获得学士学位，后在普林斯顿大学获得哲学博士学位。于 1922 年回国。那时国内有物理系的大学不多。为了培养物理人才，他毅然在南开大学创办了物理系，任理学院院长兼物理系系系主任。当时物理系教授只有饶先生和陈礼二人。陈先生学电工，负责管实验室，讲交流电和无线电课，其他课程都由饶先生自己讲授。

1929 年 10 月，饶先生离开南开大学，接受中华文化教育基金会奖学金到德国，在莱比锡大学波茨坦天文物理实验室从事科学研究，研究原子光谱的斯塔克效应。1932 年发表了 Rb、Cs 原子光谱线的倒斯塔克效应的论文。

1932 年 8 月，饶先生自德国回国后，在北平研究院物理研究所任研究员一年。1933 年 9 月到北京大学担任物理系主任，后兼任理学院院长，同时担任过中国物理学会常务副理事长、《中国物理学报》编委。

抗日战争爆发后，饶先生辗转跋涉，历尽艰苦，先到湖南长沙，后到云南昆明，任西南联合大学物理系主任。

西南联合大学由北京大学、清华大学、南开大学三校组成。在抗日战争前夕，北京大学以不动一草一木为原则，未运出任何设备，只有物理系将一个得来极为不易的凹面光栅及光谱仪的玻璃和水晶三棱镜等极少数部件带出。北京大学自己只有很少经费，用以维持一个驻昆明的北大办事处外，没有力量维持多项研究工作。饶先生为了鼓励教师的研究精神，为了扶植及训练战后研究工作所需人才，在这样艰苦的条件下，仍主张不放弃科学研究。那时他身体不好，住在离校十多里路的乡间，交通不便，只能坐农村的马车或步行到校上课或办公。西南联大物理系有许多包括饶先生在内的著名教授，如吴有训、叶企孙、赵忠尧、吴大猷、周培源、张文裕、霍秉权等先生。有这些好的老师，在他们精心培养下，不少优秀人才脱颖而出，其中很多同志现在肩负重要的任务，正在各自的岗位上发挥重要作用。

北平解放前夕，饶先生已看出国民党反动统治必然要垮台，决心留在北平迎接解放，迎接新中国诞生。当时北京大学校长胡适先生是饶先生在中国公学时的高班同学，曾教过饶先生英语，和饶先生关系较好。饶先生不为胡适劝说所动，毅然留下，并劝其他教授不要南飞，说你到了那里，那里也会解放，不如留下为好，表现了热爱祖国、热爱人民的知识分子的崇高气节。

解放后，他看到伟大的社会主义祖国在中国共产党领导下那种朝气蓬勃、欣欣向荣的景象，深受鼓舞，深切感到"只有社会主义才能救中国"。他热爱党、热爱社会主义祖国，并以实际行动投身于社会主义建设事业中。

1952 年院系调整后，他已不担任物理系的领导工作，但仍对系的发展很关心，积极提出建议，并亲自参加光学专门化的建设工作。这时他已是 60 多岁的老年人了，且体弱多病，医生只允许他工作半天。他除指导研究生外，还亲自上图书馆查阅文献、资料，编写讲义，先后开设了原子光谱、光的电磁理论、气体导电基本过程等课程，为中、青年教师和外校进修教师以后开设这些课程打下了良好的基础。尤其使人难以忘怀的是，当激光问世后，光学和光谱学得到迅速的发展，饶先生为了帮助中、青年教师提高业务水平，专门为他们讲授了光的相干性理论、光磁双共振等反映当时科学发展的课程。他不顾年老体弱，认真编写课程的讲义，花费了不少心血，为后人留下了宝贵的资料。

饶先生是一位实验物理学家。他治学严肃认真，经常以物理学发展史上的事例来教育学生和青年教师，对他们要求严格，期望甚殷，要求他们重视实验工作。

饶先生十分重视和关心青年学生和教师的成长，对他们抱有极大的期望，尽力为他们创造可能的条件，给予帮助。但对他们要求十分严格，有时甚至不讲情面，严厉批评。作为他的学生，我能够体会这位老师的生活坎坷，性情孤僻，原谅他有时使人难以忍受的态度，深深体谅他的内心关怀之情。这一切是为了我国物理人才的迅速成长和我国物理学的发展。

饶毓泰先生虽已故去了，但他培养出的一代又一代科技工作者，正在各条战线上为社会主义建设作出贡献，这是可以告慰饶毓泰老师的。

科学的楷模

——我们的理学院长吴有训

金恒年

吴有训先生 1921 年赴美留学，入芝加哥大学，1923 年即在 A. H. 康普顿的指导下进行研究工作，1926 年获博士学位后回国，1928 年受聘为清华大学物理学系教授、系主任，并任理学院院长。他对清华大学的教学工作很有建树，并在大学中开展研究工作，使理学院颇具规模。然而七七事变，平津沦陷，使清华弦歌中辍，吴先生抱着强烈的爱国热忱，毅然离别刚刚分娩的妻子，南下长沙，转道昆明，受任西南联大理学院院长。在国难深重的日子里，在艰苦的条件下，他团结三校的同仁，统筹各系的教学活动，为生活困难而好学的青年创造有益的学习环境，培育出众多的人才。抗战胜利后，他离开联大去重庆出任中央大学校长，这时离联大结束、三校复员北返还不到半年。吴先生曾被选为中央研究院院士、评议员，还担任中国物理学会理事长。

1949 年，吴先生毅然从美国回到北平，参加新政协的工作。中华人民共和国成立不久，他便担任中国科学院副院长，1955 年受聘为数学物理学化学部学部委员和学部主任，直到逝世。吴先生为新中国科学事业的发展作出了重要贡献。

吴先生 20 世纪 20 年代在美国协助康普顿，以精湛的实验技术，透彻的理论分析，证实了康普顿效应。这是当时开始建立并发展为 20 世纪重大科学的分支——量子力学的重要基石，此成果是吴先生早期的卓越贡献。1923 年，康普顿和他一起研究 X 射线散射光谱，这一年 5 月，康普顿第一次公布这一成果。然而，享有盛名的哈佛大学的实验物理学家 P. W. 布里奇曼却没能重复康普顿的结果，布里奇曼对康普顿的重大发现有怀疑。吴先生为此来到哈佛作演讲，亲自以精巧熟练的技术给同行们演示出他们的结果，从而使物理学界为之信服。1924 年，康普顿与吴有训合作发表了《经过轻元素散射后的钼 K_2 射线的波长》。1926 年，吴先生又单独发表两篇论文：《在康普顿效应中变线与不变线的能量分布》和《在康普顿效应中变线与不变线的能量比率》。这些实验结果肯定地证实了康普顿效应。康普顿的重大发现，终于得到普遍承认。1927 年，康普顿被授予诺贝尔物理学奖。康普顿和 S. K. 艾利森合著的《X 射线的理论和基础》一书中，有 19 处引用吴先生的工作成果，特别是吴先生一张被 15 种元素所散射的 X 射线光谱图被称为"吴氏谱"，康普顿把它与自己的一张石墨所散射的 X 射线光谱图并列，是当时验证其理论的重要依据。因此在国内外都曾有人把康普顿效应叫做康普顿 - 吴效应。吴先生自己则坚决不同意这样的称谓。康普顿十分赞赏吴先生的精辟独到的见解和实验才干，他曾对杨振宁说，吴先生是他一生中最得意的学生。

吴先生归国后，为了使科学在中国生根，除了教学工作外，首先在清华组织学者，置备实验设备，在大学中开展科学研究。他自己继续关于 X 射线散射和吸收的研究。他曾在《自然》杂志上发表《单原子气体所散射的 X 射线》的论文，这是在国内完成的研究成果。他还先后在国际科学期刊上发表论著 50 多篇。

吴先生是中国优秀的教育家，他工作严谨认真，注重授课艺术。他讲课准备充分，选择内容适当。他上课常只带个提纲，但却阐述透彻，合乎逻辑，还辅以课堂演示。尽管他说话带有江西口音，但口齿清楚，声音洪亮，学生总是全神贯注地听讲。他要求学生首先打好基础，这也是清华的传统。普通物理学是物理学系的重要基础课，总是由吴先生自己来讲。在课堂上，他对于重要的基础概念，总是反复讲解，务求学生理解透彻。在清华物理学系有一位老实验员阎裕昌，是实验方面的专才。吴先生称他为阎先生，并要学生也这样称呼。吴先生一边讲，阎先生一边做实验演示，配合得很好。学生获得了感性知识，加深了理解。抗战以后，在昆明西南联大，吴先生还是开普通物理学课，只是没有阎先生配合他做课堂演示了。

60年代初，中国科技大学成立。已60多岁的吴先生担任中国科学院副院长多年，行政和学术工作的担子已很重，但仍到该校兼课，讲授普通物理。学生们唯恐失去这难得的机会，将课堂挤得满满的，在北京教育界引起轰动。

当然，吴先生的主要研究是近代物理，他是中国近代物理学的奠基者之一。在清华和联大都开过近代物理学的课程，讲课时同样生动风趣，引人入胜。

凡是到过卡文迪许实验室的学者都不会忘记，在那里做研究工作，要自行设计并动手制作仪器设备，那里造就出了世界上第一流的科学家。康普顿把这一传统带给了吴先生，使吴先生深有体会，他在芝加哥大学已掌握了好几种工艺技术，具有精湛的实验技能，这是他获得突出成就的基础之一。吴先生回国后，在清华同样注重实验，积极扩建实验室。他自己做木工活，拔石英丝，安装实验设备。他给学生讲玻璃工艺课，训练吹制玻璃仪器、拉毛细管的技术。他要求物理学系的学生学化学须和化学系的学生做同样多的化学实验，还提倡学生选修制图、车工、钳工工艺、电工学、化学热力学等工学院的课程。他经常告诫学生要锻炼动手的本领，曾说："实验物理的学习要从使用螺丝刀开始。"

　　吴先生对教学工作的严谨认真还表现在他经常检查自己的教育思想和方法，不自以为满足，唯恐有了差错而贻误后人。对讲课的内容，他也每次开课都修改充实，把新的信息传授给学生。他反对读死书，重分数，一次考试就影响前程，认为这样不利于人才的脱颖而出。这与他重实验的思想是一致的。他曾用 E. O. 劳伦斯在芝加哥大学时成绩一般，可后来发明了回旋加速器，对现代核物理和高能物理的发展产生重大作用等例子来鼓励学生。吴先生关心爱护年轻人，为后来者铺路。前面所提的阎先生原是学校工友，会工艺技术，能琢磨着制造和维修仪器，吴先生选任他为物理学系的仪器管理员。吴先生曾说过，物理学系只有两位职员，即他自己和阎先生。①在临逝世前一天，他还给钱学森写信，推荐湖南山区一位农村青年教师写的一篇论文《略论宇宙航行》。

　　吴先生科学视野广阔，注重基础理论研究，关心新兴技术科学的发展，倡导科学研究应为国民经济和国防建设服务。中科院建院初期，调整充实科学院数理化领域的研究力量和布局，就体现出他的这种思想。1956 年制订中国 12 年科学发展远景规划时，吴先生把握科学发展方向，参与拟订加速发展新技术的紧急措施，为半导体、计算机、自动化、电子学等新学科技术的迅速发展做了大量工作，许多新研究所陆续建立起来。他注意到国内科学技术的动向，促进其发展。如 1957 年了解到上海天文台的授时工作已达到世界先进水平，即组织有关部门采用它的授时信号，中国授时工作从此开始了独立自主的新时代。他利用中国和苏联学者共同观测 1958 年日环食的时机，为中国发展射电天文学打下了基

① 阎裕昌同志抗战时参加了革命队伍。1942 年，日寇在冀中大扫荡时，他在河北省安平县武莫营村，为隐蔽军工生产用的器材和火药来不及转移而被俘，并壮烈牺牲。

267

础。他亲自主持人工合成胰岛素研究成果的鉴定会，实事求是地统一观点，终于理直气壮地向世界宣布中国的这一成果。

他注重人才的培养，亲自领导研究生委员会的工作，关怀有研究潜力的青年物理学家，使他们能发挥自己的才能。他广泛团结各方面的科学家，使他们安心开展工作。他虽然始终不是共产党员，但在科学院一贯贯彻党的方针政策，向党组织积极提出建议，使自己的意见融合在党的决议中。

忆爱国学者陈序经先生

林 元

  1938年，一场民族求生存的飓风烈火把北大、清华、南开平津三所大学的师生卷到遥远的边陲春城落户、生根，成立了国立西南联合大学，接着吸引了全国以至海外华侨的许多青年从不同角落来到昆明。我是由全国统考录取从广东经越南海防在1938年冬来到昆明西南联大的。联大当时像一座刚驻扎下来的兵营，杂乱而有章。不管是由平津万里跋涉到昆明的师生，或远涉重洋从海外归来共赴国难的青年，在蜂窝似的宿舍里找到了自己的铺位，并开始注册、选课。我读的是中文系，但一年级有许多共同必修课，社会学即其一。我正在填写社会学课程卡片，听到一位南开的老同学在旁说："社会学是陈序经先生教，他是主张'全盘西化'的！"联大继承了北大的校风，兼容并蓄，有各种各样的思想，各种各样的政治主张，各种各样的救国救民之道，"全盘西化论"便是其中之一。

  由于"全盘西化论"的吸引，我第二年又选了陈先生开的文化学。文化学是选修课，听课的人比社会学少多了。师生间接触、往来、交流思想的机会就更多。有时陈先生还约我们到他家里讨论问题。他当时住在翠湖畔的一座富有民族情调的四合院，院子整洁雅静。陈先生是联大法商学院院长，平日工作、学习、生活极有规律。一般情况下，他每天清晨 4 点起床写作，8 点半到学校上课或办公。若不去学校，便约同学到家中辅导。

记得一个冬天的上午，我 8 点半准时走进陈先生那座静悄悄的四合院，他已在书房里等我了。这次我们谈的是"全盘西化论"问题。没有什么寒暄，我一坐下，陈先生就顺手从书架上拿下几册《全盘西化论文集》递给我，然后给我沏茶去了。我翻了翻目录，其中有一篇胡适先生的《我完全赞同陈序经先生的"全盘西化论"》，很大一部分文章是跟梁漱溟、冯友兰先生等的"本位文化论"论战的，也有论张之洞的"中学为体，西学为用"的。陈先生就从这些文章谈起，他说现在有一股"久矣吾不复梦见周公"的复古思潮，他提出"全盘西化论"，主要是针对这种思潮的。他认为中国要富强，必须效法西洋工业化。工业发达了，物质文化发展了，精神文明必然随之而变化，道德、伦理、生活习惯等必然会起变化。他说，所谓"全盘"，是指"基本上"或"大多数"。说到这里，他指了指墙上的一幅照片说："这幅照片上面写着'国立西南联合大学全体教职员工合影'，所谓'全体'，难道真的是百分之百全体教职员工都合影了吗？"他说："而更重要的，是要看问题的实质……"但显然，这个提法是不准确或不科学的。因为不管物质文明的发展会带来精神文明怎样的变化，而民族的东西是不可能全被"化"掉的。再说这个口号还会给一些文化虚无主义者或崇洋媚外的人找到理论的借口呢。当时我觉得陈先生的说法有道理，现在细想，陈先生在解释"全盘"的意义时，已感到这个提法不够周全，但其本质上，则是希望学习西方的科学、技术，希望国家工业化、现代化，这是很显然的。

陈先生为人正直，明辨是非。虽然他从不参与学校或社会上的任何政治活动，但对政治上的是非，他心里却是十分清楚的。

记得 1941 年前后，国民党政府通令各大学院长都要加入国民党。陈先生把此事告诉我之后淡淡一笑说："如果一定要我参加国民党，我就不做这个院长！"

联大在当时是国民党和三青团的一个重要据点。同时，联大中共地下党也领导了一个庞大而坚强的、公开合法的外围组织——群社。群社的活动很多，很活跃，参加活动的同学也很多。在国民党的心目中，群社就是共产党在联大的代称。

1941 年春皖南事变发生后，虽然我当时并不是共产党员，但因我是群社《群声》壁报的编辑之一，一个地下党员劝我利用自己的社会关系隐蔽一下。我便通过一个广东同乡的关系，隐蔽到了昆明郊区的一个村庄里，走时没有向任何师友告别。在乡间躲了几个月，失去了同进步同学的联系，十分寂寞苦闷，我便想起陈先生来。一个秋风瑟瑟的夜里，我化了装，戴了一顶大草帽，回到昆明城内。翠湖已萧条了。我踩着堤上的落叶走到那座四合院，轻轻敲开了门。一个用人引我到陈先生房间。陈先生正在灯下看书，见有人来，猛一愣，仔细看了看，认出是我，便又惊又喜迎上来，连说："进来，进来。"我在群社的活动是公开的，陈先生当然知道，忽然在学校不见我了，陈先生也自然心里有数。但他不知道我到哪里去了。我把离开学校后的经过告诉他，并向他了解学校近来的情况。陈先生分析了社会和学校的形势，劝我返回联大继续将课程学完。我同意考虑他的意见，不久便返回学校，补上了上学期的功课，仍然在 1942 年夏天毕业。这是由于陈先生的爱护和保护。广州解放前夕，国民党想迫害广州长风中学的老师——联大群社的同志，也由于陈先生的报信、掩护，才免遭于难。

陈先生是一个很重乡情的人。他生在广东海南岛文昌县。在联大，他似乎对海南岛的同学特别亲，其次是广东同学；还有南开、岭南的同学；在社会上则对整个联大同学都抱有一种特殊感情。他父亲是轮船水手，他从小跟父亲流浪海外，特别是东南亚一些国家，他在这些国家有很多亲戚朋友。他的深厚的乡情，深厚的民族感情及爱国主义思想，来源于炎黄子孙传统的伦理观念和他长期的生活实践。

正是由于陈先生的这种丰富的乡情，广东的同学在学习、工作、生活上遇到困难，都去找陈先生。有的同学没钱交饭费，找陈先生；没有工作，找陈先生；找到了工作要人担保，找陈先生……1942年夏天，我毕业了。职业问题摆在我的面前。没办法，只得又去找陈先生。恰巧昆明两广同乡会办的粤秀中学的董事长、广西的一位赫赫有名的军界人物刘震寰要陈先生推荐一位校长，陈先生对我说："你可以去当教务主任，但不能当校长，因为你刚大学毕业。"他要我推荐一位当校长的人，我推荐王力先生（当时很多联大教授都在中学兼课）。陈先生说好，他便亲自去找王力先生了。

陈师母和孩子长期住在重庆南开中学，陈先生寒暑假就到重庆看他们。1942年寒假，陈先生从重庆回来，我去看他。他问了问粤秀中学的情况，叫我好好干。他说中等教育很重要，他和张伯苓先生商量，打算抗战胜利后，在全国东南西北中办五所南开中学。天津南开中学是全国有名的质量最高的学校之一，毕业生大部分考上清华、北大。他说，这五所中学都能办成天津南开中学的水平，就可为全国的大学培养大量优质学生，为国家的富强准备条件。他希望我在粤秀取得经验后，将来回广东办南开中学。陈先生不但是个学者，而且是个很有远见、很有组织能力、很能团结人的教育家。在他准备办五所南开中学的计划上，在他参加西南联大的校务工作中，在他出长岭南、中山、暨南、南开等大学的任内，他的这些才华都放出了异彩。

抗战胜利后，1947年我回广州中山大学教书，当时陈先生随校复员回天津南开大学。1948年陈先生回广州担任岭南大学校长，我却离开广州到上海工作了。我们没有机会见面。

陈先生对南开的感情像有一根剪不断的地下电缆在联系着。每年寒暑假他总要回南开看看。解放前我在上海工作，解放后我到北京，他北来南往，途经这两地时，总约我去见面，有时是先写信通知我，有时是到达后打电话约我去。见面时，总是我先把别后的工作情况向老师汇报；然后陈老师也把他的情况告诉我。

1949年冬我和陈先生在上海这次见面，是解放后我们第一次见面。记得这次见面我们谈的话特别多，也特别兴奋。广州解放前夕，不知从什么地方传来的消息，说陈先生到美国去了，又有说到南洋当大学校长去了。陈先生听了后，淡然地笑了笑说："新加坡有个大学确想聘我去当校长，我婉辞了。"陈先生不但自己没有离开祖国，他还尽力说服当时有些想到外国去的专家、学者包括国际上很有名望的学者留下来。比如陈寅恪先生，最终留在广州，陈寅恪先生离京前早有此意，但陈序经先生的恳切相留，也是陈寅恪先生同意留在中山大学的原因之一。新中国成立后，陈先生又动员联大毕业的一些同学从美国回来工作。陈先生还说，1948年还有人劝他把岭南大学搬到香港，他拒绝了。像金子在烈火中一样，在关键时刻，陈先生用行动回答了人们：提出"全盘西化论"的立意，不是崇洋媚外！

1952年院系调整后，陈先生到中山大学任副校长，后又从暨南大学调到天津南开大学。

忆雷海宗师

王敦书

雷海宗先生是西南联大的名教授之一，担任历史系主任职务，曾代理文学院院长。

雷先生字伯伦，1902年生于河北省永清县，自幼在旧学和新学两方面都打下相当扎实的基础。1917年，入北京崇德中学肄业，1919年转入清华学校高等科学习。在五四运动和新思潮的影响下，年轻的雷海宗具有强烈的爱国思想和研究科学的志向。1922年从清华毕业后，公费留学美国，在芝加哥大学主科学习历史，副科学习哲学。1924年入该校研究院历史学研究所深造，撰写博士论文《杜尔阁的政治思想》。1927年获哲学博士学位，时年25岁。在美求学期间，他刻苦研读，成绩卓著，深受导师、著名历史学家詹姆斯·汤普逊的器重，为中国留美学生赢得了声誉。

雷海宗1927年学成返国后，任南京中央大学史学系副教授、教授和系主任，兼任金陵女子大学历史系教授和中国文化研究所研究员。1931年，转任武汉大学史学系和哲学教育系合聘教授。1932年后，返母校清华大学和抗日战争时期昆明西南联合大学，任历史系主任、教授。1952年秋，因全国院系调整，离清华大学任天津南开大学历史系教授，直至逝世。

博古通今，学贯中西，这是雷师治学的特色。他一贯主张，历史学家只有在广博的知识基础上才能对人类和各个国家民族的历史文化有总的了解，才能对某些专门领域进行精深研究，得出真正有意义的认识。他一生读书孜孜不倦，精通多种外语，不仅兼通古今中外的历史，而且在哲学、宗教、文学、艺术、地理、气象、数学、生物和科技等方面都有渊博的知识和精辟的见解。在30多年的教学实践中，曾讲授史学方法、中国通史、殷周史、秦汉史、西洋通史、世界上古史、世界中古史、世界近现代史、基督教史、外国文化史、外国史学史、外国史学名著选读、施本格勒《西方的没落》研读、物质文明史等各种课程。学生赞扬他是贯通中外史学的专家。

雷先生讲课声音洪亮，极有条理，深入浅出，鞭辟入里，内容丰富，生动活泼。他讲授历史事件、人物既有丰富内容，又将因果关系分析得清晰透彻，使人听了感到余兴未尽。他每节课的讲授计时很精确，每节课结束时，恰巧讲完一个题目，告一段落，下节课再讲新的，前后衔接自如。有的同学反映，课后把他讲授专题的笔记稍加整理润色，就是一篇有头有尾的文章。

雷师记忆力极强，他走上课堂，只拿几支粉笔，不带片纸只字，但讲得井井有条，滔滔不绝，人名、地名、史实年代准确无误，不仅能说出中国历史纪年，而且同时指出公元纪年，每次讲课都顺口说出一二十个年代，从无差错。

这一切都表明雷先生学问渊博，研究深到，口才好，思路清楚透彻，教学认真负责，又讲究教学方法，这才能使讲课成为一门艺术，挥洒自如，引人入胜。他在西南联大为外系开设中国通史课，不仅文科的，许多理工科的学生也选此课，还有不少慕名而来的旁听者，课堂总是挤得满满的。

雷师治史的特点是：以一定的哲学观点来消化史料，解释历史，自成体系。他掌握丰富的史料，重视史实的准确性，他强调真正的史学不是烦琐的考证或事实的堆砌，于事实之外须求道理，要有哲学的眼光，对历史作深刻透彻的了解。一部有价值的史学著作应为科学、哲学和艺术三部分的统一体。写作历史要下三方面的功夫，即审查、鉴别与整理材料的分析工作；以一贯的概念与理论来贯穿说明史实的综合工作；用艺术的手段以叙述历史的表现工作。在三者之间，分析是必要的历史基础，有如选择地点，准备建筑材料；综合为史学的主体，乃修建房屋本身；艺术则是装饰而已。他着重从当今的时代出发，对中国和世界各地区国家的历史与文化进行比较研究，探讨中国历史发展的特点，评价中国传统文化的积极和消极方面，探求在20世纪建设中国的途径。他主张史学家应吸取外国比较先进的理论和方法，来整理研究本国的历史和文化。

在历史认识论方面，雷师认为，历史学研究的对象普遍称为"过去"，而过去有二：一为绝对的，一为相对的。把过去的事实看为某时某地曾发生的独特事实，这个过去是绝对的和固定不变的。但是，史学的过去是相对的，历史学应研究清楚一件事实的前因后果，在当时的地位，对今日的意义，使之成为活的历史事实。历史的了解虽凭借传统的事实记载，但了解程序的本身是一种人心内在的活动，一种时代精神的表现，一种宇宙人生观用于过去事实的思想反应。所以，同一的过去没有两个时代对它的看法完全相同。

就历史观和整个体系而言，雷先生受到德国历史哲学家施本格勒的影响，认为有特殊哲学意义的历史，其时间以最近5000年为限。历史是多元的，是一个个处于不同时间和地域的高等文化独自产生和自由发展的历史。这些时间与空间都是不同的历史单位，虽各有特点，但发展的节奏、时限和周期大致相同，都经过封建时代、贵族国家时代、帝国主义时代、大一统时代和政治破裂与文化灭绝的末世这五个阶段，最后趋于毁灭。

他认为5000年来确知的七个高等文化——埃及、巴比伦、印度、中国、希腊罗马、回教、欧西，无不按照上述的历史进展的大步骤发展。但是中国的历史有其独特之点。其他文化除欧美历史因起步晚尚未结束外，皆经过产生、发展、兴盛、衰败一周期而亡。唯独中国文化4000年来却经历了两个周期，以公元383年泥水之战为分界线，由殷商西周到"五胡乱华"为第一周期，这是纯粹的华夏民族创造中国传统文化的古典中国时期。它经历了殷商西周封建时代、春秋时代、战国时代、秦汉帝国时代和帝国衰亡与古典文化没落时代（公元88年至383年）。中国文化与其他文化不同，至此并没有因"五胡乱华"而灭亡，却返老还童，直至20世纪又经历了第二周期。泥水之战是一个决定历史命运的战争。然而，第二周期的中国，无论民族血统还是思想文化，都有很大的变化。胡人不断渗入和侵入与汉族混合为一，印度佛教与中国原有文化发生化学作用，这是"胡汉混合、梵化同化"的一个综合的中国时期。第二周期的中国文化在政治和社会上并无新的进展，大致墨守秦汉已定的规模，但在思想艺术上，却代代都有新的活动，可与第一周期相比，共经五个时期，即宗教时代、哲学时代、哲学派别化与开始退化时代、哲学消灭与学术化时代以及文化破裂时代。

对于中国的传统文化，雷先生着重由军队、家庭和皇帝制度三个方面来考察，作出评价。他认为文武兼备的人有比较坦白光明的人格，兼文武的社会也是坦白光明的社会，这是武德的象征。东汉以下，兵的问题总未解决，这是中国长期积弱的一个重要原因。就家族而言，春秋以上是大家族最盛的时期，战国时代渐衰，汉代又恢复古制，大家族成为社会国家的基础，一直维持了2000

年。但大家族似乎与国家不能并立，古今还没有大家族下面国家的基础可以巩固的。近百年在西洋文化冲击下，大家族制遭到破坏。大、小家族制度各有利弊，如何去弊趋利，能否调和，皆堪玩味探索。在政治制度方面，中国4000年间，国君最初称王，下有诸侯；其后诸侯完全独立，自立为王；最后其中一王盛强，吞并列国，统一天下，改称皇帝，直至近代。皇帝视天下为私产，臣民亦承认天下为皇帝私产。秦以下的中国，是静的历史，没有真正的兵，没有国民，没有政治生活，没有本质的变化，可称为"无兵的文化"。

从西安事变到卢沟桥事变，这是雷先生一生中的一个重大转折点。前此，他是一个基本上不参与政治的学者，史学体系也尚未完全建立。抗日战争的烽火，燃起了他满腔的爱国热情。他开始积极议政，将学术与政治紧密联结起来，不仅确立中国文化二周说，并进一步提出第三周文化的前景。他强调中国之有二周文化是我们大可自豪于天地间的。当前，欧西文化已发展到帝国主义时代，相当于中国古代战国中期阶段，其时代特征是大规模的战争和强权政治，发展趋势是走向大一统帝国的建立。而中国文化已发展到第二周的末期，抗日战争不只在中国历史上是空前的大事，甚至在整个人类历史上也是绝无仅有的奇迹。它比淝水战争更严重，更重要。中国前后方应各忠职责，打破自己的非常纪录，使第三周文化的伟业得以实现。他在西南联大的校园里慷慨激昂地写道：生逢2000年来所未有的乱世，身经4000年来所仅见的外患，担起拨乱反正，抗敌复国，更旧创新的重任——那是何等难得的机会！何等伟大的权利！何等光荣的使命！

抗日战争前夕，雷先生的主要著述有《皇帝制度之成立》《中国的兵》《无兵的文化》《世袭以外的大位继承法》《断代问题与中国历史的分期》和《中国的家族制度》等论文。1938年后，他将以上诸篇题目略有改动，再加上《此次抗战在历史上的地位》《建国——在望的第三周文化》两篇，合编成《中国文化与中国的兵》一书，由商务印书馆于 1940 年出版。此后，他为《战国策》半月刊和重庆《大公报·战国副刊》撰稿，其中主要文章《历史的形态与例证》《中外的春秋时代》《外交：春秋与战国》和《历史警觉性的时限》，后编入林同济主编的《文化形态史观》一书，由上海大东书局于 1946 年出版。此外，他还写过不少带学术性的文章和政论性杂文。

1948 年后期，全国解放的形势日益明朗，尽管有关当局给雷先生提供机票，动员"南飞"，但他出于对祖国的热爱，不愿到失去独立的地方生活，决定留在北平清华园，迎接解放，与人民同呼吸、共命运。新中国成立后，他积极参加土地改革等运动，从思想感情上体会到了"为人民服务"的丰富内容和真正意义。他开始系统学习马克思主义，感到发现了一个新的世界，似乎恢复了青年时期的热情。

雷先生来到南开大学后，主要讲授世界上古史，后编写出《世界上古史讲义》，教育部定为全国高等学校交流讲义。此外，他还发表了《上古中晚期亚欧大陆之游牧世界与土著世界》和《世界史分期与上古中古史中的一些问题》等学术论文及其他学术批判文章，并特别为《历史教学》杂志撰写了一系列比较通俗易懂、深入浅出的教学参考性文章，体现了一位史学大家对普通中学历史教学事业的关注。

1958 年后，雷先生健康急剧恶化，精神抑郁，患慢性肾脏炎不治之症，严重贫血，全身浮肿，步履艰难。但他仍精心译注施本格勒所著《西方的没落》一书的有关章节，其译文和注释有许多独创精到之处。为了把有限余生和满腹学识献给人民，他于 1962 年春毅然乘着三轮车来到教室门口，拖着沉重的步伐重上讲台，精神抖擞地为 100 多个学生先后讲授"外国史学名著选读"和"外国史学史"两门课程，一直坚持到该年 11 月底难以行动时为止。

雷先生关心青年学生的成长，和蔼可亲，不仅在讲堂上认真讲课，循循善诱地引导研讨班学习讨论，而且课外悉心尽力地指导他们读书写作，并热情地关怀照顾他们的生活。雷师一生靠大学教书薪俸收入，勤奋读书，别无他好，律己甚严，俭以养廉，因父早逝，作为大哥负起了将弟弟、妹妹抚养成人，供应他们上学成家的重担。雷师母张景莆毕业于南京中央大学生物系，为了照顾雷先生，放弃工作，操持家务，伉俪情深，伯伦师所取得的成就是与雷师母的支持帮助分不开的。凡到过雷师家的学生，无不从雷师母的亲切接待中体会到了温暖和关怀。

1962 年 12 月 25 日，雷先生因尿毒症和心力衰竭，在津病故，享年 60 岁，他毕生为建设祖国的历史学科和发展教育事业献出了力量。

怀念严师杨石先教授

申泮文

1936年秋，我考入南开大学化工系，杨石先教授是我步入高校化学大门的启蒙老师，他给我们理工学院一年级学生讲授普通化学。那时石先师整40岁，因他早年是足球运动健将，身材魁伟，器宇轩昂。他讲究仪容，总是衣冠整洁。他的西装背心的小口袋里揣着一只金壳怀表，表链上悬挂着他在国外学习时获得的荣誉纪念物——一枚金钥匙，同时手腕上还带着一只手表。上课时为掌握讲课节奏，他不时看表，有时看怀表，有时看手表。奇怪的是，有时他又从西装裤的小口袋里拿出一只无链怀表摆在讲台上看时间，学生们都很惊异，说杨先生带了好几只表，一时传为美谈。

石先师讲课非常认真，第一次上课就给学生约法三章。规定女生坐第一、二排，男生坐在后排；把学生座椅按行列编号，每人座位固定，不许更动。这样，谁不到课，座位就空着，他从讲台上一眼望去就可知道谁缺课。每次上课他很快便点完了名，学生迟到超过10分钟，就不准进入课堂，记为旷课。这些微细的地方都显示出杨先生对学生的严格要求和追求课堂效率。

石先师讲课采用英文教本，用流利的英语加上汉语注解讲课。

每讲新内容时，他都先用英文在黑板上写下标题，然后口述讲课要点，口齿流利，语言简练，问题讲得极为清楚。他善于运用启发式教学，又在讲课时辅以课堂演示实验，生动地吸引着听课者倾心听讲。

石先师平时表情严肃，不苟言笑，所以学生在尊敬之余都有些心怀畏惧，不敢轻易接近他。记得有一次，一年级上普通化学实验课，孙毓驷同学正在用移液管吸取稀盐酸标准溶液，恰好杨老师巡视实验，走近孙毓驷身旁。孙毓驷一紧张，一下子吸空，把盐酸吸入口呛入喉咙。这是违反操作规程的，孙毓驷一时手足失措。杨先生看到这种尴尬局面，却莞尔一笑，说："吃一点稀盐酸到胃里没有什么害处，倒是可以帮助消化呢！"我们大家都笑了，局面转为活跃。实际上，石先师是平易近人，愿意和学生们交谈的，只是他的严肃表情起了障碍作用。老同学大都怕他，我们到老年时仍然如此。我们把石先师看作一位敬畏的严师，对他，我们是永怀尊敬与热爱的。

我在南开大学一年级时，为了解决生活困难，每个星期要为南开中学数学老师张信鸿先生批改五个班的数学习题，所以学习和工作都很紧张，学习几门基础课就不能不抓重点。我上课时注意听讲，哪些内容是石先师讲得有兴致的，那就是重点。又向二年级同学请教，得知石先师喜欢出论述性的大型考题。我就在课下按讲题用英语组织读书笔记，把各个讲题做整理，未雨绸缪。石先师每个学期都有两次小考，一次大考。每次上课有 10 分钟左右的提问，我坐在后排，常常幸免。考试时，差不多每道考题都是我准备过的，我就毫不犹豫地用英语写出答案。每次考下来，我总是全班百余人中成绩最好的。但杨先生却从来不给高分，每次我至多得 89 分，学年最终成绩也是 89 分。

第一学年结束后，卢沟桥事变发生，平津相继沦陷，南开校园于 1937 年 7 月 29 日被日军夷为废墟。经国民政府命令，南开大学内迁，与北大、清华合组长沙临时大学。我在南开被毁一个月后离开天津，流亡到南京，9 月初投笔从戎。12 月初，淞沪抗战形势逆转，我军全线溃败，形势至为险恶。我身临其境，心情沮丧，便借机脱离部队，辗转到长沙回临时大学复学。

到了长沙后，由于南开大学化工系已迁到重庆上课，我当时已无力再事长途跋涉，便去找石先师。那时他是长沙临时大学化学系主任，兼管南开大学学生入学选课事宜。我向他提出申请转入化学系学习，石先师欣然同意，在我的选课单上签了字。

由于我迟到，又害了一场病，加上情绪低沉，我没有好好上课。到次年 2 月初第一学期结束时，我好几门选课没有成绩，被学校出布告退学。这时长沙临时大学因武汉危急奉命迁往昆明。南开大学秘书长黄钰生教授接受学校委托负责师生步行迁滇，组织了长沙临时大学湘黔滇旅行团。我去找了黄先生，请求带我去昆明，得到钰生师和他的夫人梅美德老师的热情支持，由他们资助我旅费，按自费参加随团去昆明，因我已被取消学籍，不是临时大学的学生了。黄钰生老师也是给我以直接帮助的另一位严师，对我一生的事业也起到了关键性影响。

1938 年 4 月 28 日，旅行团经过 68 天行程 1663.6 公里到达昆明市。5 月 4 日，第二学期开始上课，校名已改称为国立西南联合大学。杨石先老师仍任化学系主任，特许给我以机会继续入学。在湘黔滇的长途步行旅程中考察了三省的风土人情，了解到人民贫苦落后的状况，激发了我的责任感，涤荡掉悲观失望情绪，精神重新振作。老师们（包括黄钰生老师）给我以继续学习的良机，我当然应全力以赴，勤奋学习。我用了两年时间，以较好的成绩完成了三年的课业，于 1940 年夏毕业于西南联合大学化学系。

联大化学系由清华、北大和南开三校化学系组成。清华和北

大两化学系阵容很强，名教授云集。石先师被让

他有很强的业务和行政工作能力以外，最主要的

直正派，处事公道，善于团结同事，待人以礼，

受到所有教师的尊重和爱戴。他任系主任后不久，

成为师生团结得最好、学风最正的学系之一。虽然面临经费短缺、设备简陋等困难，但在石先师的正确领导和组织下，全体师生员工群策群力，第二年（1939 年）就把实验室因陋就简地建设起来了，我们也都能做有机化学和物理化学实验了。

石先师以他在化学系的卓越工作成绩，1941 年底又被选任为西南联合大学教务长，同时仍兼任化学系主任。在教务长任中，他全面管理联大的教学工作。西南联合大学在昆明办学之成绩斐然，在百般困难的历史条件下培养出大批国内外知名的专家学者，这与石先师的努力是分不开的。

石先师虽然身兼两级教学领导工作，但他仍以普通教师的身份坚持参加讲课。在联大，他教过化学系一年级的基础课普通化学，也曾给工学院学生开普通化学课。工学院距理学院约有 5 公里之遥，石先师每周要两次步行到工学院去上课，不以为苦，而且从不迟到，从不误课，受到全校师生的尊敬和爱戴。

我读到四年级时，系里开了高等有机化学选修课，由曾昭抡、钱思亮、朱汝华和杨石先四位名教授分头主讲，各讲授自己专长的专题，每人一个学期，两年开完一轮。我限于时间只能听其中的一半，听了朱汝华教授讲的甾体与激素化学专题和石先师讲的植物碱与天然产物专题。石先师在这门高年级选修课中更突出地显示出他的精湛和高超的讲课技能。我记得，在讲植物碱的结构判定工作中，因那时还没有今日测定物质结构的精密物理仪器，石先师讲授中外有机化学家如何运用分解与合成两个方面的化学手段，巧妙地确定了植物碱的精细结构，并最后如何用全合成的

方法人工制得了天然产物的复制品，讲得由近及远，由此及彼，一气呵成，极为精彩。学生在课堂上的思维随着石先师的讲授线索，被引入化学科学的天地，陶醉在化学知识的海洋中。下课了，同学们还舍不得离开课堂，三三两两地在议论赞美。我记得我的同班同学北大的唐敖庆就是最热衷于在课后盛赞石先师讲课精湛的一人。

在校的最后一年里，我的经济状况又处于劣境。原来学校发给沦陷区学生每月生活补助费 8 元，刚到联大时，昆明生活费用很低，每月伙食费只 6 元钱，所以生活好过。但由于当时通货膨胀，生活费不断上涨。我需要经常出去给昆明当地准备考大学的高中生进行家庭辅导，谋些收入补助生活用费。到了 1939 年下半年，每月需 30 多元才能维持最低生活水平，距我实际可能的收入尚有十几元的差额。我的课业又相当重，最后一年必须坚持读满学分，不能更多地到外面去谋求收入。考虑再三，没有别的办法，只有求助于石先师，请他给予帮助。这本是一件难以启齿的事，但当我向石先师谈及此事后，石先师便安慰我说："你有困难为什么不早来找我呢？南开大学办事处还有点钱，可以借给你。"于是石先师给我开了一张纸条，让我每月到南开大学驻昆明办事处支取 10 元补助费。在石先师如此关怀和帮助下，我得以顺利地完成大学的学习任务。

1940 年夏，我大学毕业，经杨石先和朱汝华两位老师的介绍，到航空委员会新建的油料研究室当助理员。由于是老师介绍去的，我极努力地工作。然而三个月后，日军侵入越南，云南告警，油料研究室奉命内迁成都。我去向石先师辞行，他当即告诉我，西南联大也有迁川的准备，目前先在四川叙永办一年级，要我把一箱贵重图书运到泸州交给应用化学研究所所长郦堃厚。妥交后，郦所长愿意我到他那里工作。由于这两个所都是军事单位，到那

里工作需要加入国民党，我便拒绝参加，终于□□□□
州找我哥哥，开始了一段动荡的生活。

抗战胜利后，我回到昆明。石先师为我的□□□□□
久他就出国赴美考察。1946年春，我经黄钰生和□□□
介绍参加南开大学化学系工作，并受命承担清华、北大、南开三
校复员北上的公物押运工作整整一年。1947年夏回到天津南开大
学。这时石先师已从美国归来，为南开延聘了高振衡、朱剑寒、
姚玉林等教授，加强了化学系的力量。石先师依然做研究工作并
讲授药物化学。他在学术上坚持不懈的精神，永远值得我们学习。

在母校南开工作，得到杨石先和邱宗岳两位老师的扶持，我
进步得很快。1959年南开大学承担援建山西大学的任务，经我要
求，上级批准我去了山西。但从1964年起，我便开始遭到迫害。
粉碎"四人帮"后，情况也未见好转。后在石先师的帮助下，我
终于在1978年底回到了南开。

回到南开后，石先师让我先在元素有机化学研究所工作。他
要求我发挥主观能动作用，而不必以他的意见为转移。石先师的
信任，给我创造了老龄来临之前工作和创造的黄金时代。对此，
我将永生难忘。一年后，我回到化学系无机化学教研室工作。这
时形势已与前大不相同。十一届三中全会后，排除了极"左"路
线的干扰，人人都可以发挥抱负有所作为了。这几年，我做出了
几个方面的成绩，一是我的著译出版工作取得了丰硕成果，已经
达到50卷册，共1300余万字。每出一本，我都亲自给石先师送
去一册样书，请他老人家指正。二是仿效石先师对青年一代的关
怀和提携，注意设法创造条件帮助中青年教师迅速成长，取得了
成效。1979年的南开大学无机化学教研室，除了我以外没有高级
职称的教师，现已有教授4位、副教授16位、讲师12位，形成
强大的队伍。三是教学和科研人员都形成了良好的梯队。在校的

士和硕士研究生已达 20 余人。1980 年以来已发表论文 90 余篇，通过技术鉴定的成果达到 12 项，其中 4 项实现技术转让。1986 年，一项系统科研获得国家教委科技进步二等奖。这些成绩，都应归功于石先师的帮助与培养。